Gerhard Schröder
Fleißig, billig, schutzlos

Gerhard Schröder

Fleißig, billig, schutzlos

Leiharbeiter in Deutschland

© 2009 Fackelträger Verlag GmbH, Köln
Alle Rechte vorbehalten
Satz: Bild1Druck GmbH, Berlin
Gesamtherstellung: Verlags- und Medien AG, Köln
Printed in Germany

ISBN 978-3-7716-4394-2

www.fackeltraeger-verlag.de

Inhalt

EINLEITUNG   9

KAPITEL 1   17
Rettungsanker in der Not – Die rot-grüne Regierung reformiert den Arbeitsmarkt
Von Andreas Baum

KAPITEL 2   41
Eine Branche im Aufwind – Die Reformen zeigen Wirkung
Von Andreas Baum

Kapitel 3   61
Der Jobmotor in der Krise – Leiharbeiter in Zeiten der Rezession

KAPITEL 4   86
Die Schattenseiten – Lohndumping und prekäre Beschäftigung durch Zeitarbeit

KAPITEL 5   130
Gemobbt und ausgegrenzt – Die Probleme im Betriebsalltag

Kapitel 6 — 155
Beschäftigte ohne Lobby –
Wer kümmert sich um Leiharbeiter?

Kapitel 7 — 170
Ein neuer Trend – Konzerne verlagern Personal
in hauseigene Leiharbeitsfirmen

Kapitel 7.1 — 174
Kirchen und Sozialverbände –
Lohndumping auf umkämpften Märkten

Kapitel 7.2 — 190
Krankenhäuser – Die Suche nach neuen Sparmodellen

Kapitel 7.3 — 202
Medien – Verlage auf Konfliktkurs mit
der Belegschaft

Kapitel 8 — 211
Zeitarbeit in Europa – Wie machen es die Nachbarn?

Kapitel 8.1 — 213
Österreich: Klare Verhältnisse

Kapitel 8.2 — 227
Niederlande: Reform mit Augenmaß

Inhalt

KAPITEL 8.3 Frankreich: Mehr Geld, weniger Sicherheit *Von Heinz-Peter Arndt*	**239**
SCHLUSSWORT	**248**
Anmerkungen	253
Literatur	256
Ratgeber von A bis Z	258

Einleitung

Torsten Sturm* hat den Absprung gerade noch rechtzeitig geschafft. Im Sommer 2008 war das, ein leises Grummeln war da bereits zu vernehmen, die Wirtschaft lief nicht mehr ganz rund. Und auch für den 28-jährigen Westfalen waren die Aussichten eigentlich nicht gut. Er war wieder einmal arbeitslos, seine Zeitarbeitsfirma hatte ihm gekündigt, weil er die schweren Schreibtische und Schränke nicht mehr schleppen konnte. Torsten Sturm arbeitete als Umzugshelfer und hatte sich eine Sehnenscheidenentzündung zugezogen; er ließ sich krankschreiben und verlor prompt seine Stelle. Vielleicht war das sein Glück. Denn sonst wäre er nicht zur Arbeitsagentur gegangen, hätte nicht das Gabelstaplerfahren gelernt und hätte nicht seinen neuen Job gefunden. Stattdessen hätte er das getan, was er schon seit vier Jahren tat: sich als Leiharbeiter durchgeschlagen. Seit die Wirtschaft ins Stocken geraten ist, haben Tausende Leiharbeiter ihre Stellen verloren. Sie waren die Ersten, die gehen mussten, als in der Autoindustrie und in den Chemiefabriken die Aufträge ausblieben.

Torsten Sturm hat Glück gehabt. Er rettete sich auf einen festen Arbeitsplatz, kurz bevor der Sturm losbrach. Er arbeitet nun im Lager eines Handelskonzerns, er fährt den Gabelstapler, entlädt die

* Name geändert

Lastwagen und rangiert die Paletten in die Regale. Keine spektakuläre Arbeit, für Torsten Sturm aber trotzdem etwas Besonderes. »Ich habe jetzt wieder einen richtigen Job«, sagt er. Und meint damit: einen Arbeitsplatz auf Dauer. Nicht so wie in den vergangenen vier Jahren. Mal schraubte er Handys bei Nokia zusammen, dann schleppte er als Umzugshelfer schwere Schränke und Tische. Mal kratzte er Giftfässer in einer Chemiefabrik aus, dann baute er DVD-Player auseinander. Immer als Leiharbeiter. Immer auf Abruf. Immer schlecht bezahlt. Mehr als 800 bis 900 Euro bekam er selten am Monatsende, obwohl er immer Vollzeit arbeitete. »Man wird von einer Firma zur nächsten gereicht. Und wenn es gerade keinen Job gibt, dann steht man auf der Straße. Man fühlt sich wie Müll, der einfach weggeworfen wird«, sagt Sturm. Er ist gelernter Tankwart, ein Beruf ohne Zukunft. Jetzt hofft er als Gabelstaplerfahrer auf einen neuen Anfang. Die Probezeit hat er überstanden, sein Vorgesetzter ist mit ihm zufrieden, weil er überaus engagiert bei der Sache ist. »Es läuft wirklich sehr gut, die Kollegen sind nett, die Stimmung im Betrieb ist gut«, so Sturm. Seine Firma blieb bislang von der Krise verschont, weder Kurzarbeit noch Entlassungen stehen derzeit auf der Tagesordnung. Und Torsten Sturm hofft inständig, dass das so bleibt. Denn eines will er auf keinen Fall: Er will nicht wieder als Leiharbeiter arbeiten.

Dabei ist die Branche nach Meinung vieler Ökonomen der Grund für das kleine Wunder auf dem Arbeitsmarkt, das Deutschland in den vergangenen Jahren erlebt hat. Und auch die Branche selbst sieht sich als Jobmotor, als Brücke in den Arbeitsmarkt, über die jene wieder in Lohn und Brot kommen, die sonst kaum eine Chance haben: Geringqualifizierte und Langzeitarbeitslose. Fragt man Betroffene wie Torsten Sturm, dann erstrahlt die Branche in nicht ganz so hellem Glanz. In Internet-Foren sprechen Leiharbeiter von modernem Sklavenhandel. Und auch in Gewerkschaftskreisen ist die

Zeitarbeit sehr umstritten. Dabei hat sich die Zeitarbeitsbranche inzwischen zu einem festen Bestandteil der Arbeitswelt entwickelt. Kaum ein anderer Sektor der Wirtschaft hat in den vergangenen Jahren einen derart steilen Aufstieg erlebt. Die Personal-Leasing-Agenturen sind in den vergangenen Jahren wie Pilze aus dem Boden geschossen, die Zahl der Leihkräfte hat sich allein seit 2004 mehr als verdoppelt, auf weit über 700 000 im Jahr 2008. Inzwischen ist die Zahl deutlich zurückgegangen. Aber das dürfte nur ein zwischenzeitlicher Einbruch sein. Es spricht viel dafür, dass die Zeitarbeitsbranche gestärkt aus der Krise hervorgeht, denn sie bietet den Unternehmen etwas, was sie dringend benötigen: Flexibilität.

Wie wohltuend dieselbe ist, stellen Firmen wie Ford, BMW oder MAN nun in der Krise fest. Sie streichen Tausende von Stellen, ohne jemanden entlassen zu müssen, ohne Abfindungen zu zahlen und den komplizierten Kündigungsschutz beachten zu müssen. Es sind ja nur Leiharbeiter, die die Fabriken verlassen und fortan auf der Straße stehen.

Überraschend ist diese Entwicklung nicht, sie war politisch gewollt. Sie ist das Resultat der sogenannten Hartz-Reformen, jener Neuordnung, die die rot-grüne Koalition in großer Bedrängnis einleitete, um noch eine politische Wende herbeizuführen. Der damalige Kanzler Gerhard Schröder war in großer Not, die Wiederwahl 2002 mehr als unsicher, weil er bei seinem Amtsantritt 1998 allzu forsch ein schwerwiegendes Versprechen gegeben hatte. Er wollte die Zahl der Arbeitslosen halbieren, hatte in seiner ersten Amtszeit aber nur wenig bewirkt. Nun sollte es Peter Hartz richten, der einstige VW-Manager, er sollte eine Strategie entwickeln, um die Massenarbeitslosigkeit zu vermindern. Und ein entscheidendes Instrument im großen Werkzeugkoffer des neuen Wunderheilers sollte die Zeitarbeit spielen; sie sollte dafür sorgen, dass die Firmen schneller einstellen, sie sollte dafür sorgen, dass Arbeitslose schneller vermittelt werden.

Die Wirtschaft erkannte schnell die Vorzüge der Zeitarbeit, die Regierung hatte ja auch alle Fesseln beseitigt. Ein Großteil der neuen Arbeitsplätze im Aufschwung von 2006 bis 2008 wurde von Zeitarbeitern besetzt. Die sind nicht nur flexibel, sondern auch billig. Mitunter geht's in der Branche zu wie im Supermarkt: »Geile Preise, geile Leute«, so pries die Firma Discount-Zeitarbeit im Internet ihre Kräfte an. »Helfer ab 11 Euro 59, Kaufleute ab 16 Euro 49.« Damit war allerdings nicht der Lohn gemeint, sondern der Preis, den die Entleihfirmen an den Discounter zu zahlen hatten. Nur die Hälfte davon kommt in der Regel beim Beschäftigten selbst an.

So hat der Boom der Branche eine hässliche Schattenseite hervorgebracht. Leiharbeiter werden für die gleiche Arbeit schlechter bezahlt als Festangestellte, im Schnitt verdienen sie 30 bis 45 Prozent weniger. Jeder achte bekommt sogar so wenig, dass er Hartz-IV-Gelder beantragen muss, um über die Runden zu kommen.

Dabei hatte die Bundesregierung die Zielrichtung der Reform klar formuliert, was in Kapitel eins beleuchtet wird: Leiharbeiter sollen genauso bezahlt werden wie Festangestellte, heißt es im Arbeitnehmerüberlassungsgesetz. Aber gleichzeitig öffnete die rot-grüne Koalition eine Hintertür, die die Unternehmen natürlich nutzten, um den Gleichbehandlungsgrundsatz zu umgehen. In Tarifverträgen dürfen demnach abweichende Regelungen vereinbart werden, was dazu führte, dass die Zeitarbeitsbranche etwas getan hat, wovor andere Branchen eher flüchten: Sie hat ein dichtes Netz an Tarifverträgen geknüpft. Für die Unternehmen war das die Chance, um niedrigere Tarife durchzusetzen, was vor allem, wie in Kapitel zwei erklärt wird, Hochlohnbranchen wie die Metallindustrie nutzten, jeder dritte Zeitarbeiter war anfangs dort beschäftigt.

Inzwischen schwingt das Pendel in die Gegenrichtung, in der Krise müssen die Zeitarbeiter als Erste gehen, und es stellt sich die Frage, was vom Boom der Zeitarbeit übrig bleibt. Was von der neu

Einleitung

gewonnen Flexibilität? Gibt die Leiharbeit jenen eine Perspektive, die sonst kaum Chancen haben? Hilft sie den Langzeitarbeitslosen und Geringqualifizierten, wieder Fuß zu fassen in der Arbeitswelt? Studien kommen zu eher ernüchternden Resultaten, die insbesondere in Kapitel drei hervorgehoben werden. Der sogenannte Klebeeffekt ist gering, nur wenige schaffen es über die Zeitarbeit zu einer dauerhaften Anstellung. Und auch die strahlende Bilanz am Arbeitsmarkt verliert bei genauerem Hinsehen an Glanz. Am Ende des Booms waren zwar so viele Menschen in Lohn und Brot wie lange nicht, aber es sind vor allem die prekären Beschäftigungen, die neu hinzukamen. Schlecht bezahlte Minijobs, Ein-Euro-Stellen oder eben Arbeitsplätze in der Leiharbeit. »Die Arbeitsplätze haben nicht die Qualität von früher«, räumt auch der Chef der Bundesagentur für Arbeit, Frank-Jürgen Weise, ein. Die erstaunliche Bilanz: Es gab im Herbst 2008 fast eine halbe Million sozialversicherungspflichtige Arbeitsplätze weniger als zu Beginn der Dekade, im Herbst 2000.

Die Verschiebungen sind auch der Globalisierung, dem verschärften internationalen Lohnwettbewerb zuzuschreiben. Die Kräfteverhältnisse im Land haben sich verschoben, das Lohnniveau ist ins Rutschen geraten. Die Einheitsgewerkschaften unter dem Dach des DGB sind immer weniger in der Lage, das Erreichte zu halten. Ihre Basis bröckelt, sie haben viele Mitglieder verloren, Unternehmen entziehen sich den Branchenlöhnen durch Tarifflucht. In der Zeitarbeitsbranche, das zeigt sich in Kapitel vier, ist die schwindende Kraft der DGB-Organisationen besonders auffällig. Sie müssen inzwischen sogar eine Konkurrenz fürchten, die sie jahrzehntelang getrost links liegen lassen konnten: die christlichen Gewerkschaften. Die eröffneten früh das Rennen um neue Niedriglöhne, und diesem Abwärtssog vermochten sich die DGB-Organisationen nicht entscheidend zu widersetzen.

Es ist aber nicht nur die schlechte Bezahlung, die das Image der Zeitarbeit prägt, wie in Kapitel fünf deutlich wird. Leiharbeiter werden auch schneller gekündigt. Jeder zweite Zeitarbeiter ist nicht länger als drei Monate bei einer Zeitfirma beschäftigt. Sie haben sich zu einer flüchtigen Randbelegschaft entwickelt, die wenig Fürsprecher hat. Leiharbeiter wechseln oft den Arbeitsplatz, Gewerkschaften und Betriebsräte tun sich schwer, das »neue Subproletariat« für sich zu gewinnen. Weil sie die Leiharbeiter allzu lang links liegen ließen, fehlt ihnen dort nun die Basis, um anständige Tarifbedingungen durchzusetzen.

Die IG Metall hat zwar eine schlagzeilenträchtige Kampagne für eine bessere Bezahlung der Leiharbeiter gestartet, dringt an der Basis aber mit der neuen Botschaft oft noch nicht durch. Der Grund ist einfach: Viele können insgeheim mit der neuen Zweiteilung der Belegschaften ganz gut leben. Überspitzt ausgedrückt: Weil die Leihkräfte weniger verdienen, bleiben die Privilegien der Stammkräfte unangetastet. Symptomatisch ist hier die Kündigung von Tausenden Leiharbeitern bei BMW Ende des Jahres 2007. Was bei Stammkräften für einen großen Aufschrei gesorgt hätte, war für den bayerischen IG-Metall-Sprecher Matthias Jena kein Grund, die Pferde scheu zu machen. »Das ist völlig normal, wir sind vollkommen unaufgeregt«. Den Zeitarbeitern fehlt im Grunde genommen jegliche Lobby, wie in Kapitel sechs zu sehen ist.

Für manche Unternehmen, das zeigen wir in Kapitel sieben anhand einiger Fallbeispiele, ist die Zeitarbeit inzwischen so verlockend, dass sie eigene Tochterfirmen gründen, in die sie einen Teil der Belegschaft auslagern. Volkswagen mit seiner Tochter AutoVision etwa zählt inzwischen zu den führenden Zeitarbeitskonzernen in Deutschland. Aber auch die Deutsche Bahn und die Telekom mischen mit und haben, wie es so schön heißt, einen konzerninternen Arbeitsmarkt errichtet. Hier lässt sich viel Geld sparen, das haben

Einleitung

inzwischen auch Krankenhäuser und Verlage erkannt. Und selbst jene Organisationen sind dabei, die eigentlich für das Edle und Gute zuständig sind: die Wohlfahrtsverbände und Kirchen.

Sind dies unvermeidliche Entwicklungen in Zeiten, da die globalen wirtschaftlichen Machtverhältnisse kräftig durchgeschüttelt werden? Müssen wir mehr Unsicherheit, mehr Ungleichheit akzeptieren, wenn wir erfolgreich sein wollen? Der Blick über den nationalen Tellerrand in Kapitel acht zeigt, dass dies kein zwingender Schluss ist. Länder wie Österreich oder die Niederlande haben andere Wege gefunden, um den Arbeitsmarkt beweglicher zu machen und gleichzeitig die Belegschaften zu schützen. Ihnen ist es besser gelungen, die Balance zu halten zwischen der notwendigen Flexibilität, die die Unternehmen fordern, und der Sicherheit, die die Leihkräfte wünschen. In Österreich etwa gilt die Gleichbehandlung vom ersten Tag der Beschäftigung an, in Frankreich wird sogar noch ein Branchenaufschlag fällig. Und die Niederlande, Vorreiterland auf dem Feld der Zeitarbeit und als Vorbild für Flexibilität gerühmt, haben ein kompliziertes Stufenmodell erfunden, um Lohndumping in der Zeitarbeitsbranche zu verhindern. Die bisherigen Ergebnisse zeigen: Ein besserer Schutz der Beschäftigten muss nicht unbedingt zum Nachteil der Wirtschaft sein. In allen drei Ländern hat die Zeitarbeit einen kräftigen Aufschwung erlebt, in Österreich und den Niederlanden ist die Arbeitslosigkeit so niedrig wie in keinem anderen EU-Land. Diesen Ländern ist offenbar gelungen, was Deutschland noch schwerfällt: Sie haben pragmatische Lösungen gefunden, mit denen alle Akteure zufrieden sind.

Zuletzt sei auf den Ratgeber mit wertvollen Tipps und Adressen für Leiharbeiter am Ende des Buches aufmerksam gemacht. Bedanken möchte ich mich zudem bei Andreas Baum, freier Korrespondent im Hauptstadtbüro von Deutschlandradio, und bei Heinz-Peter Arndt, freier Journalist in Köln, für ihre Mitarbeit.

Kapitel 1

Rettungsanker in der Not – Die rot-grüne Regierung reformiert den Arbeitsmarkt

Von Andreas Baum

Der Kanzler in Not, die Wirtschaft am Boden und ein uneingelöstes Versprechen: Wie halbiere ich die Arbeitslosigkeit?

Die Kommission hätte sich kaum einen weihevolleren Ort aussuchen können, um ihren Abschlussbericht zu präsentieren. Mitten im Zentrum der Hauptstadt, ein festlicher Rahmen und Mauern, die Geschichte atmen. Am 18. August des Jahres 2002 stellte Peter Hartz, damaliges Mitglied des Vorstands im VW-Konzern, im Französischen Dom zu Berlin seine Thesen zur Beseitigung der Massenarbeitslosigkeit in Deutschland vor. Der VW-Manager wollte sie mit seinen Reformen halbieren – und einen historischen Schritt nach vorn machen.

Die Wahl des Ortes hatte für reichlich Spott gesorgt. Die Opposition von Union und FDP hatte der rot-grünen Bundesregierung vorgeworfen, ein Hochamt zelebrieren zu wollen – zahlreiche Unionspolitiker und viele Wirtschaftsbosse waren der Veranstaltung trotz verbindlicher Einladung ferngeblieben.

VW-Vorstand Peter Hartz, Vorsitzender der 15-köpfigen Kommission »Moderne Dienstleistungen am Arbeitsplatz«, hatte auch die Warnungen der Hausherrin des Französischen Doms in den Wind geschlagen. Die Evangelische Akademie zu Berlin wollte den Bericht nur ungern von der Kanzel herab veröffentlicht sehen. Auch wenn nach diesem Einspruch ein schlichtes Rednerpult unterhalb der Kanzel aufgebaut wurde, blieb der Eindruck, dass hier die Reformation und die liberalen Traditionen Preußens, vielleicht auch die hohe Arbeitsmoral der französischen Religionsflüchtlinge, für die die Kirche einst erbaut worden war, vereinnahmt werden sollten. Peter Hartz' Sturheit tat ein Übriges. Der Französische Dom steht für besondere Werte, versicherte er den wartenden Journalisten, die sich noch aus ganz anderer Perspektive an diese denkwürdige Inszenierung erinnern sollten. Knapp drei Jahre später musste Hartz seinen Vorstandsposten bei Volkswagen räumen, Grund dafür war ein Ermittlungsverfahren wegen Untreue. 2007 ist er zu zwei Jahren Haft auf Bewährung verurteilt worden. Die Summe, die er veruntreut haben soll, wird mit 2,6 Millionen Euro angegeben.

Im August 2002 aber war Peter Hartz' Welt noch in Ordnung und die Korruptionsaffäre beim Wolfsburger Autobauer noch weit davon entfernt, ans Licht der Öffentlichkeit gekehrt zu werden. Im Foyer der neobarocken Kirche überreichte er einem grimmig wirkenden Bundeskanzler Gerhard Schröder den Bericht; Schröder taute erst auf, nachdem Hartz im Blitzlichtgewitter der Fotografen zugesagt hatte, die 343 Seiten jetzt nicht vortragen zu wollen. Dem Kanzler ging es um den großen Wurf, nicht um kleinliche Details.

Denn Gerhard Schröder war unter Druck. »An den Arbeitslosenzahlen sollt ihr mich messen!«, hatte er in der ihm eigenen vollmundigen Art zu Beginn seiner Amtszeit getönt und dies mit dem Versprechen verbunden, sie in der laufenden Legislaturperiode zu halbieren, sie also von knapp vier Millionen bei Amtsübernahme im Herbst 1998 auf unter zwei Millionen zu drücken. Andernfalls habe er es nicht verdient, wiedergewählt zu werden. Im Frühjahr 2002, als die sogenannte Hartz-Kommission die Arbeit aufnahm, war die Zeitspanne bis zu den Bundestagswahlen im Oktober überschaubar und das Wahlvolk den Demoskopen zufolge entschlossen, das Kanzlerversprechen einzulösen und ihn nicht mehr wiederzuwählen. Denn die Bundesagentur für Arbeit wies im Februar 2002 noch immer 4,3 Millionen Arbeitslose in Deutschland aus, mehr also als zu Beginn der Regierungszeit und mit einer Tendenz, die leicht nach oben zeigte. Daran änderte auch die gebetsmühlenhaft wiederholte Formel der rot-grünen Regierungsmitglieder nichts, man habe doch mehr als 650 000 Arbeitsplätze geschaffen: Schröder stand als Maulheld da. Er hatte hoch gepokert und verloren. Die Umfragewerte waren entsprechend: Sie zeigten einen deutlichen Vorsprung der Union und der FDP, Rot-Grün kam im Frühjahr nicht einmal auf 40 Prozent.

Am Ende reichte es doch, weil das Elbehochwasser dem Kanzler Fernsehbilder schenkte, die ihn als Macher in Gummistiefeln zeigten. Am 18. August 2002, dem Tag der Verkündung des Abschlussberichtes im Französischen Dom zu Berlin, hatte das Hochwasser seinen Scheitelpunkt bereits überschritten und die Umfragewerte stiegen mit den fallenden Wasserständen. Ende September lagen die beiden Lager gleichauf. Das hatte in der SPD ein halbes Jahr zuvor kaum jemand für möglich gehalten. Die Gründung der Hartz-Kommission im Februar 2002 war der verzweifelte Versuch des Kanzlers, das Ruder kurz vor der Wahl doch noch herumzureißen. Nötig war ein glaubhaftes Konzept zur Bekämpfung der Arbeitslosigkeit, um die offene Flanke zu schließen.

Die Arbeitsmarktpolitik von Rot-Grün war ohnehin durch einen veritablen Skandal in Misskredit gebracht worden, in dessen Zentrum stand der langjährige Chef der Bundesanstalt für Arbeit, Bernhard Jagoda. Der CDU-Mann, noch von Schröders Vorgänger Helmut Kohl ins Amt gehievt, hatte Monat für Monat die Aufgabe, die Arbeitslosenzahlen der Öffentlichkeit mitzuteilen – es waren in den Jahren um die Jahrtausendwende die höchsten seit Kriegsende. Gleichzeitig verkündete Jagoda aber stets hohe Vermittlungsquoten. Für das Jahr 2000 etwa wiesen seine Arbeitsämter aus, 3,9 Millionen Arbeitsplätze vermittelt zu haben, und dies bei gut vier Millionen Arbeitslosen insgesamt. Wären diese Zahlen korrekt gewesen, hätte die Langzeitarbeitslosigkeit schon längst der Vergangenheit angehören müssen: Eine Prüfung durch den Bundesrechnungshof war unausweichlich. Das Ergebnis legte zum Jahreswechsel 2001/2002 jedoch den Verdacht nahe, dass bei nicht weniger als 70 Prozent der erfassten Vermittlungsvorgänge gemogelt worden war. Anfang Februar wurde der Prüfbericht der *Süddeutschen Zeitung* zugespielt. Die Bundesanstalt für Arbeit musste sich nun Vorwürfen aussetzen, nicht nur die Vermittlungszahlen, sondern überhaupt alle ihre veröffentlichten Daten könnten falsch sein. Jagodas Behörde hatte angegeben, dass jeder zweite Arbeitslose durch die Vermittlung des Arbeitsamtes eine neue Stelle gefunden hatte. Der Bundesrechnungshof bezweifelte dies. Sein Bericht schätzte die wahre Vermittlungsquote auf höchstens 20 Prozent.

Der Skandal weitete sich aus. Walter Riester, Bundesminister für Arbeit und Sozialordnung im Kabinett Schröder, bekam einen Brief eines Mitarbeiters der Bundesanstalt für Arbeit, der ungenannt bleiben wollte. Er berichtete nicht nur von dauerhaft geschönten Statistiken, sondern auch von falschen Angaben darüber, wie nachhaltig Arbeitslose vermittelt worden waren. So seien schon Umschulungen und Arbeitsbeschaffungsmaßnahmen als erfolgreiche Vermittlungstätigkeit verbucht und zur Zentrale nach Nürnberg gemeldet worden. Bernhard Jagoda wollte von dieser Praxis über Jahre nichts gewusst haben.

Hinter den Betrügereien stand ein strukturelles Problem: Die einzelnen Arbeitsamtsmitglieder hatten Angst um den eigenen Job. Denn die Zuweisung von Mitteln und Stellen an die Arbeitsämter vor Ort richtete sich nach der Zahl der Arbeitslosen – intern waren die Ämter deshalb bemüht, nicht allzu viele von ihnen zu verlieren.

Gleichzeitig wollten sie durch hohe Vermittlungsquoten den Erfolg ihrer Arbeit dokumentieren.

Bernhard Jagoda wurde im Februar 2002 vor den Ausschuss des Bundestages für Arbeit und Sozialordnung zitiert, wo er über dreieinhalb Stunden versuchte, die Recherchen des Bundesrechnungshofes in Zweifel zu ziehen – vergeblich. Nach der zermürbenden Befragung gab er den Widerstand auf und bot seinen Rücktritt an. Nachfolger von Bernhard Jagoda wurde Florian Gerster. Bundeskanzler Gerhard Schröder hatte plötzlich einen Sündenbock für seine misslungene Arbeitsmarktpolitik gefunden, und der Hartz-Kommission, Ende Februar 2002 ins Leben gerufen, wurde eine weitere, dringliche Mission aufgetragen: Die komplette Neustrukturierung des guten alten Arbeitsamtes.

Bernhard Jagoda zog sich verbittert ins Privatleben zurück. Ein Schuldeingeständnis hat er nie abgegeben, dafür rechtfertigt er sich regelmäßig für sein Vorgehen und bezweifelt bis heute, dass eine Umstrukturierung der Bundesanstalt für Arbeit das Problem der Massenarbeitslosigkeit zu lösen vermag. In einem Interview mit dem *stern* im Jahr 2004 gab er sich beinahe prophetisch: »Die Bundesanstalt für Arbeit hat in den vergangenen 50 Jahren geräuschlos einen gigantischen Strukturwechsel am deutschen Arbeitsmarkt bewältigt. Für Neuerungen habe ich daher großes Verständnis. Doch der Arbeitsmarkt ist ein bizarres Gebilde. Er funktioniert nicht nach dem Prinzip Befehl und Gehorsam. Es ist eine Illusion zu glauben, wir könnten auf einen Schlag Millionen Arbeitslose unterbringen.«

Genau diese Herkulesaufgabe aber war der Kommission »Moderne Dienstleistungen am Arbeitsmarkt« übertragen worden. Bis zum Wahltermin war sie nicht zu lösen. Dennoch waren die 15 Mitglieder unter Druck, einen Bericht vorzulegen, der die Ziele und den Weg dorthin klar formulierte. Die Berufenen waren allesamt hochrangige Spitzenkräfte aus Politik und Wirtschaft, unter ihnen zum

Beispiel der damalige Oberbürgermeister der Stadt Leipzig und heutige Minister für Verkehr, Bau und Stadtentwicklung, Wolfgang Tiefensee, und Manager wie Eggert Voscherau von der BASF und Norbert Bensel von DaimlerChrysler; bemerkenswert aus gegenwärtiger Sicht ist der Einfluss, der Beraterfirmen zugestanden wurde, sowohl McKinsey & Company wie auch die Roland Berger Strategy Consultants hatten Top-Leute in der Kommission.

Die Hartz-Gesetze: Mehr Druck auf Arbeitslose und Umbau der Arbeitsämter

Die Kommission wollte nicht weniger als einen kompletten Systemwechsel erreichen. Aus ihren Vorschlägen strickte die Bundesregierung die Hartz-Gesetze, die in kürzester Zeit verabschiedet und in Kraft gesetzt wurden.

Das erste Gesetz für moderne Dienstleistungen am Arbeitsmarkt, kurz Hartz I, mit Wirkung ab 1. Januar 2003, sollte neue Formen der Arbeit erleichtern. Insbesondere die Leiharbeit wurde liberalisiert. Zudem sollten von den Arbeitsämtern gegründete Personalserviceagenturen (PSA) das Leihgeschäft ankurbeln. Sie sollten in Konkurrenz zu den privaten Vermittlern dafür sorgen, dass die Firmen kurzfristig auf Personal zugreifen können.

Hartz II trat am gleichen Tag in Kraft, es verwandelte die Arbeitsämter in Jobcenter, führte Ich-AGs ein und fand Regelungen für niedrigschwellige Beschäftigungsarten wie Minijobs und Midijobs – nicht alle Ideen, die damals in Gesetze gegossen wurden, konnten sich unter den Bedingungen der Wirklichkeit bewähren.

Hartz III, am 1. Januar 2004 in Kraft gesetzt, zog die Konsequenzen aus dem verheerenden Bericht des Bundesrechnungshofes und sorgte für die grundlegende Neuordnung der Bundesanstalt für Arbeit, die in Bundesagentur für Arbeit umbenannt wurde. Das Ziel war eine bessere und schnellere Vermittlung. Im Gegenzug allerdings wollte man die Arbeitssuchenden nicht nur fördern, sondern auch fordern. Es wurden neue Maßstäbe für Freiwilligkeit definiert und die Regeln für die Zumutbarkeit von Arbeit verschärft. Jungen und alleinstehenden Arbeitslosen etwa sollten auch Jobs zugemutet werden, die längeres Reisen, Pendeln oder Umzüge nötig machten, andernfalls drohte der Entzug von Leistungen. Kanzler Schröder wollte Druck auf diejenigen ausüben, die das System angeblich ausnutzten.

Der schwerwiegendste und folgenreichste Eingriff aber war die unter Hartz IV geführte Zusammenlegung von Arbeitslosenhilfe und Sozialhilfe zum Arbeitslosengeld II. Sozialpolitik aus einer Hand, so hieß das Motto. In der Öffentlichkeit verdichtete sich allerdings der Eindruck, dass es vor allem um Kürzungen im Sozialetat ging. Hartz IV entwickelte sich zum politischen Kampfbegriff, zum Synonym für eine unsoziale Politik. Das Image der Hartz-Gesetze ist heute fast ebenso ramponiert wie das ihres Namensgebers. Die nun entfesselte Leiharbeit dagegen trat einen erstaunlichen Siegeszug an, wenngleich bis heute umstritten ist, ob sie tatsächlich hilft, Menschen dauerhaft in Arbeit zu bringen.

Dabei hatte Peter Hartz damals im Französischen Dom gute Argumente. Das statistische Material, über das er referierte, schien eindeutig zu belegen, dass die Branche, die sich selbst am liebsten Zeitarbeitsbranche nennt, schon vor den Reformen sehr hilfreich bei der Beseitigung von Arbeitslosigkeit war. Denn bereits vor dem Boom der Zeitarbeit, der nach 2003 einsetzte, waren die professionellen Vermittler, Firmen wie Randstad, Manpower oder Adecco, enge Partner der Arbeitsämter gewesen.

Das von Peter Hartz langatmig vorgetragene Datenmaterial war nicht ganz neu, daran konnten auch Wortschöpfungen wie »Bridge-System« und »Clusterungs-Ideen« nicht hinwegtäuschen. Die Leiharbeit wurde gleichwohl zur neuen Wundermedizin gegen die chronische Krankheit der Langzeitarbeitslosigkeit erklärt. Wenn man nur die heilenden Kräfte richtig zur Entfaltung kommen lasse, wenn man die gesetzlichen Fesseln löse, die die Branche bislang hemmten, so meinte Hartz, dann werde ein Großteil der Arbeitslosigkeit ganz von allein verschwinden. Die Zeitarbeit sollte die Brücke sein, über die Arbeitslose den Weg zurück in den Beruf finden. Schon für das Jahr 2000 fand die Hartz-Kommission eindrucksvolle Belege: 500 000 Menschen waren im Jahresverlauf bei 3800 Leihfirmen angestellt, über 60 Prozent von ihnen hatten zuvor keine feste Stelle. Über den Umweg der Zeitarbeit – so heißt es in dem backsteinschweren Bericht – sollen 236 000 Menschen eine feste Stelle gefunden haben – fast die Hälfte also.

Wie erfolgreich die großen, international agierenden Arbeitsvermittler waren, zeigt auch ein Blick auf die Aktienkurse. In den neunziger Jahren schnellten die Notierungen in die Höhe. Der Wert der Randstad-Aktie hatte sich an der Amsterdamer Börse zwischen 1993 und 1997 fast verzehnfacht, der Kurs von Manpower verdreifachte sich an der New Yorker Wall Street. Ähnliche Zuwächse vermeldete der weltgrößte Personaldienstleister Adecco. Die Bundesregierung wollte Teil dieser Erfolgsgeschichte werden.

Die Zeitarbeit sollte frischen Wind auf den erstarrten deutschen Arbeitsmarkt bringen, die Leasing-Agenturen sollten eine Dynamik entfalten, die die verbeamteten Vermittler in der Arbeitsbehörde schon lange vermissen ließen. Schnelle kurzfristige Arbeitseinsätze sollten so organisiert werden, dass sie sich in der Biografie des Arbeitsuchenden als eine Art Probezeit einfügen lassen sollten. Wer sich in dieser Zeit bewährt, könnte auf eine dauerhafte Anstellung hoffen – für beide Seiten, für Bewerber und Betrieb, eine vorteilhafte Situation. In Peter Hartz' Bericht von 2002 wird so die Schaffung von 780 000 Arbeitsplätzen in Aussicht gestellt, langfristig, so schätzte

Hartz, könnte jeder zweite Leiharbeiter damit rechnen, in eine feste Anstellung übernommen zu werden. Prognosen, die sich als allzu optimistisch erwiesen haben.

Wunderwaffe Zeitarbeit und ein erster Flop: Die Personalserviceagenturen scheitern

Glaubt man Wissenschaftlern wie dem Arbeitsmarktexperten des Deutschen Instituts für Wirtschaftsforschung (DIW), Karl Brenke, dann muss dieser Effekt schon damals herbeigeredet worden sein. Denn es gab Brenke zufolge gar kein Datenmaterial, das den Schluss zuließ, in welchem Umfang Zeitarbeit Menschen zu einer regulären Anstellung verhilft. Bis heute ist umstritten, wie stark der sogenannte Klebeeffekt ist, der Leiharbeiter in eine dauerhafte Anstellung bringt. »Man kann feststellen«, sagt Brenke, »dass es doch eine erhebliche Fluktuation gibt. Sehr viele kommen aus der Arbeitslosigkeit und gehen wieder in die Arbeitslosigkeit hinein. Mit festen Arbeitsplätzen ist es in der Zeitarbeit, jedenfalls bei der großen Zahl der Arbeitnehmer, nicht weit her.« Brenke hält es zwar für möglich, dass es bei bestimmten Arbeitskräften anders aussieht, etwa bei Facharbeitern. Insbesondere bei Geringqualifizierten aber sei ein beständiges Kommen und Gehen die Regel, die Effekte für die Beschäftigten- oder Arbeitslosenzahlen eher gering.[1] Auch der Arbeitssoziologe Markus Promberger vom Institut für Arbeitsmarkt- und Berufsforschung (IAB) ist skeptisch, er schätzt, dass gerade mal 15 Prozent der Leiharbeiter in einen festen Job übernommen werden. Bei aller gebotenen Vorsicht: viel ist das nicht.

Im Sommer 2002 indes schien die Euphorie ungebrochen. »Als Instrument der Einschleusung in den Arbeitsmarkt ist Leiharbeit nicht mehr wegzudenken«, wird der Direktor des Münchener Arbeitsamtes, Erich Blume, im Jahr 2002 in der ZEIT zitiert. Allein im

Juli 2002 stammten ein Drittel der 17 000 offenen Stellen in München von Leiharbeitsfirmen. Diesen Weg wollte man nun in erhöhtem Tempo fortsetzen. Es sollten nicht nur die privaten Leihfirmen gestärkt werden. Die Arbeitsämter selbst, so die Idee der Kommissionsmitglieder, sollten eigene Zeitarbeitsfirmen gründen, die sogenannten Personalserviceagenturen. Eine der vielen Wortschöpfungen aus der Zeit der Agenda 2010, von denen Job-Floater und Ich-AG, Minijob und Midijob nur die unfreiwillig komischsten, nicht aber die wirklichkeitsfremdesten waren. Es war nicht nur die Freude an der Wortschöpfung, die die Mannen um Peter Hartz zu bemerkenswerter rhetorischer Produktivität trieb. Sie wollten ihre Ideen vielmehr von altem Ballast befreien: Leiharbeit, das klang nach Schmuddelbranche und sollte der Vergangenheit angehören. Personalserviceagentur dagegen, das roch schon eher nach moderner Dienstleistungsgesellschaft.

»Ich verschweige normalerweise, dass ich Leiharbeiter bin.« Dieser Satz ist bis heute selbst von hoch qualifizierten Zeitarbeitskräften zu hören, von Akademikern, die im Baugewerbe oder bei Bundesbehörden, als Architekten oder als Ingenieure beschäftigt sind. Wenn die Leiharbeit als Instrument zur Schaffung von Arbeitsplätzen dienen sollte, musste das Image gründlich poliert werden.

Mit den umfangreichen Änderungen des Sozialgesetzbuches, die am 1. Januar 2003 in Kraft traten, setzte die Bundesregierung die Empfehlungen der Hartz-Kommission beinahe buchstabengetreu um. Nach Bundeskanzler Gerhard Schröders zur Redensart gewordenem Ausspruch in einem Interview, dem zufolge es kein Recht auf Faulheit gebe, galt es nun, den Fleiß und die Tatkraft der Zuständigen zu zeigen.

In Paragraph 37c des Dritten Sozialgesetzbuches wurde deshalb festgelegt, dass jedes Arbeitsamt in Deutschland für die Einrichtung mindestens einer Personalserviceagentur zu sorgen hatte. Diese sollten Arbeitslose als Leiharbeiter an Firmen vermitteln und in den verleihfreien Zeiten weiterbilden. Da die Vermittlungskompetenz der Arbeitsämter nicht gerade in hellstem Licht glänzte, sollten private Zeitarbeitsfirmen helfen. »Zur Einrichtung von Personalserviceagenturen schließt das Arbeitsamt namens der Bundesanstalt mit erlaubt tätigen Verleihern Verträge«, heißt es im Gesetzestext. Und weiter: »Das Arbeitsamt kann für die Tätigkeit der Personalserviceagenturen ein Honorar vereinbaren. Eine Pauschalierung ist zulässig.« Das hieraus abgeleitete Prinzip der Fallpauschale war ein erster Stolperstein, der zum Scheitern der Personalserviceagenturen führte.

Im Februar 2004 meldete die deutsche Tochter des niederländischen Arbeitsvermittlers Maatwerk Insolvenz an. Damit wurde ein ganzes System infrage gestellt. Denn Maatwerk hatte in Deutschland vor allem Personalserviceagenturen betrieben und, so wie es etwa ein Jahr zuvor festgelegt worden war, Arbeitslose in Neun-Monats-Verträgen übernommen, als Leiharbeiter weitervermittelt und dafür hohe Prämien kassiert. Zwischen April 2003 und April 2004 hatte die Bundesagentur für Arbeit bereits 175 Millionen Euro an private Vermittler überwiesen. Das Ergebnis war mit 6375 neuen Festanstellungen mehr als dürftig. Die Vermittlungsquote lag zwischen drei und 22 Prozent.

Maatwerk hatte 200 der 985 neu eingerichteten Agenturen betrieben, war also der wichtigste Partner der Bundesagentur und hatte den Löwenanteil der Versichertengelder erhalten. Je Leiharbeiter betrug die Prämie zwischen 500 und 2500 Euro im Monat. Allerdings sanken die Prämien mit der Beschäftigungsdauer alle drei Monate um 25 Prozent, um einen Anreiz für die Vermittlung in Festanstellungen zu schaffen. Es geschah jedoch etwas Unerwartetes: Maatwerk ging dazu über, die Leiharbeiter bereits nach drei Monaten zu kündigen. So sicherte sich der PSA-Betreiber die höchsten Pauschalen. Doch damit nicht genug: Maatwerk verfeinerte seine Methoden und füllte sich die Taschen, indem Leiharbeiter zum Ende eines Monats eingestellt und zu Beginn eines Monats wieder entlassen wurden. Denn die Prämie wurde für jeden Monat voll ausbezahlt.

Während Maatwerk also für etwas mehr als einen Monat einen kümmerlichen Lohn an den Leiharbeiter zahlte, höchstens 1500 Euro brutto, kassierte das Unternehmen die Prämie für drei Monate aus der Arbeitslosenversicherung – in manchen Fällen bis zu 7500 Euro. Diese Praxis verstieß ausdrücklich nicht gegen das Gesetz. Es war ein Fehler im System, der den Steuerzahler viel Geld gekostet hat und auch der Zeitarbeitsbranche durch indirekte Subventionierungen zu gewissem Auftrieb verholfen haben dürfte. Arbeitslose haben aber kaum von ihm profitiert.

Dennoch haben die unseriösen Geschäftsgebaren die Pleite nicht verhindern können. Maatwerk meldete Konkurs an. Und plötzlich verloren 600 Angestellte und 9500 Leiharbeiter ihren Job – die Personalserviceagenturen hatten sich nach nur einem Jahr als Flop erwiesen. Damit war der Weg frei für jene Firmen, die die Personalserviceagenturen von Anfang an als unerwünschtes Konkurrenzmodell empfanden: die privaten Zeitarbeitsfirmen wie Randstad und Adecco, die nun das Terrain absteckten.

Rückblick: Die Anfänge der Zeitarbeit

Die ersten Versuche, die Tätigkeit von Leiharbeitsfirmen – wie die von gewerblichen Arbeitsvermittlern – gesetzlich zu regulieren, gehen auf Ende des 19. Jahrhunderts zurück. Bis zum Ersten Weltkrieg aber gelang es nirgendwo im Deutschen Reich, diesen Bereich tatsächlich zu kontrollieren, was, je nach Arbeitsmarktlage, die Geschäfte von Vermittlern und Verleihern florieren ließ. So ist beispielsweise das Berlin der Gründerzeit von Kolonnen von Bauarbeitern errichtet worden, die heute als Leiharbeiter bezeichnet werden würden, da sie zum Teil tage- oder wochenweise unter der Regie kommerzieller Vermittler an den großen Baustellen der Mietskasernen eingesetzt wurden. Erst 1914, nach Ausbruch des Ersten Weltkrieges, wurde eine »Reichszentrale der Arbeitsnachweise« eingerichtet, vor allem um den Einsatz von Arbeitskräften in der Rüstungsindustrie zu kontrollieren und zu koordinieren.

Das erste Gesetz, das die Leiharbeit in Friedenszeiten einschränkte, wurde 1922 verabschiedet. Deutschland steckte mitten in einer Phase der Hyperinflation. Zwar war dies noch nicht die Zeit, in der Geldscheine Wäschekörbeweise nach Hause getragen wurden, dennoch hatte sich der Dollarkurs im Vergleich zu 1914 etwa verhundertfacht, die Reichsmark fiel ins Bodenlose. Arbeiterfamilien waren die Ersten, die faktisch enteignet wurden – selbst wenn die Lohntüte regelmäßig kam. Oft wurde die Lohnhöhe erst am Morgen eines Arbeitstages festgelegt, und erst dann wurden vor der Fabrik wartende Arbeiter nach Bedarf und Vermögen eingestellt – manchmal waren die am Morgen ausgehandelten Löhne am Abend bereits entwertet. In einer solchen Situation die Lage der Leiharbeiter zu verbessern, ist bemerkenswert und mutig. Der Architekt des Gesetzes, Reichskanzler Joseph Wirth, ein Mann der katholischen Zentrumspartei, galt als sozial. Selbst Sohn eines Handwerkers, hatte ihn der Weg über die katholischen Wohlfahrtsverbände in die Politik geführt, nach heutigen Maßstäben würde man ihn wohl dem Arbeitnehmerflügel der Union zuordnen. Sein soziales Gewissen allein dürfte aber nicht den entscheidenden Anstoß gegeben haben, den bisher völlig rechtlosen Leiharbeitern Rechte zu verleihen. Kurz zuvor, im Juni 1922, war der liberale Außenminister der Republik, Walther Rathenau, von Anhängern der rechtsextremen Organisation Consul ermordet worden. Das Arbeitsnachweisgesetz vom 21. Juli 1922 ist ohne Zweifel als Versuch zu verstehen, das Abdriften eines Teils der Arbeiter zu den Nationalsozialisten zu verhindern. Dafür spricht auch, dass gleichzeitig mit dem Gesetz, das die Arbeitsvermittlung regelt, auch das Republikschutzgesetz verabschiedet wurde, das sich gegen politische Extremisten richtete.

1927 wurden viele der Regelungen von 1922 in einem Gesetz zusammengefasst, das bis heute eine wichtige Grundlage des Arbeitsrechts bildet. Das Gesetz über Arbeitsvermittlung und Arbeitslosenversicherung galt als Sieg der Arbeiterbewegung in der Weimarer Republik. Es sicherte im Wesentlichen das staatliche Vermittlungsmonopol. Dennoch gab es noch einige Verleihunternehmen. Vier Jahre später wurde ihr Wirken weiter eingeschränkt. 1931 sorgte die Weltwirtschaftskrise dafür, dass Leiharbeiter in ihren Rechten gestärkt wurden. Eine Notverordnung zwang die Verleiher, alle regulären Arbeitnehmerpflichten gegenüber den Leiharbeitern zu übernehmen. Auch dies dürfte der am Ende vergebliche Versuch gewesen sein, den Nationalsozialisten, die von der Not der Menschen profitierten, das Wasser abzugraben. Gerade die SA hatte in den Jahren vor der Machtergreifung der Nationalsozialisten Zulauf vor allem von Arbeitslosen und Gelegenheitsarbeitern.

Mit der Gründung der Bundesrepublik wurde das Gesetz über Arbeitsvermittlung und Arbeitslosenversicherung von 1927 wieder eingesetzt. Leiharbeit war also möglich, aber mit der Auflage versehen, dass Leiharbeitern die gleiche Sicherheit und die gleichen Leistungen wie regulär Beschäftigten gewährt werden musste. Im Jahr 1956 gab es in der gesamten Bundesrepublik ganze 3000 Leiharbeiter. Mit dem Wirtschaftswunder begann die Nachfrage nach Arbeitskräften zu wachsen, und im gleichen Jahr riss der Staat die Arbeitsvermittlung wieder in voller Gänze an sich. Die gewerbliche Arbeitnehmerüberlassung war in der Bundesrepublik fortan verboten.

Rettungsanker in der Not

Das Bundesverfassungsgericht hebt das Verbot der Leiharbeit auf

Zu Beginn der sechziger Jahre versuchte ein Leiharbeitsunternehmen aus der Schweiz, das Verbot zu unterlaufen. Denn das Vermittlungsgeschäft war in Zeiten des Arbeitskräftemangels in der Bundesrepublik lukrativ. Die »ADIA Bop« – später hieß sie »ADIA Interim« – hatte sich auf kaufmännische Berufe spezialisiert, Buchhalter und andere Bürokräfte wurden zu Stoßzeiten in große Betriebe geschickt. Dabei wurde ihnen der fingierte Status eines freien Mitarbeiters zugewiesen, im Vertrag wurde eine Entlohnung ausschließlich für Arbeiten in dem Entleihunternehmen vereinbart. Dieser Trick funktionierte nur für kurze Zeit, 1963 wurde die ADIA vor dem Hamburger Landgericht verklagt, ihr wurde jede Verleihtätigkeit untersagt. ADIA ging jedoch mit dem Verweis auf freie Berufswahl durch die Instanzen und erwirkte 1967 ein Urteil des Bundesverfassungsgerichtes, das das Verbot der Leiharbeit als für nicht mit dem Grundgesetz vereinbar bezeichnete. Begründet wurde dies – neben dem Argument der freien Berufswahl, die von der Verfassung garantiert wird – mit der Freiheit des Arbeitnehmers auf Flexibilität. Denn niemand dürfe dazu gezwungen werden, eine Dauerstellung anzunehmen, wenn er dies, etwa aus persönlichen Gründen, nicht wolle. Im Übrigen müsse den Unternehmen die Möglichkeit gegeben werden, auf konjunkturelle Schwankungen zu reagieren. Aber viele Fragen blieben offen. So legte das Bundessozialgericht 1970 fest, dass die Zeitarbeitsfirmen auch dann Löhne zahlen müssen, wenn sie keine Aufträge für die Beschäftigten haben. In dieser Frühphase erlebte die Branche ihren ersten kleinen Boom, 1968 waren 145 Vermittler angemeldet, vier Jahre später waren es über tausend – unter ihnen internationale Anbieter wie die holländische Agentur Randstad, die seit 1968 in Deutschland Niederlassungen betreibt.

Die Branche expandierte, allerdings zeigte sich rasch, dass die unklaren Regelungen nicht ausreichten, um unseriöse, gar kriminelle Machenschaften zu verhindern. Ganz im Gegenteil: Solange die Causa Leiharbeit von einem Gericht zum nächsten geschoben wurde, wucherte sie in der Halblegalität. Bis heute leidet das Image der Branche unter den Wild-West-Methoden ihrer Gründerzeit. Da Leiharbeiter oftmals weder arbeitslosen- noch sozialversichert waren, wurden am Ende die Sozialkassen belastet; der Druck auf die Bundesregierung wuchs, ein Gesetz zu verabschieden, das einerseits dem Bundesverfassungsgerichtsurteil Rechnung trug und die Leiharbeit erlaubte und andererseits die schlimmsten Auswüchse verhinderte. 1970 übernahmen die Gewerkschaften – spät genug – ihre Mitverantwortung für das wachsende Heer an Leiharbeitern, auch wenn diese in der Regel nicht organisiert waren. Die Deutsche Angestellten-Gewerkschaft unterzeichnete einen ersten Tarifvertrag mit dem Unternehmensverband für Zeitarbeit. Doch man blieb skeptisch. Die Bundesregierung war aufgerufen, alle vier Jahre zu überprüfen, ob Zeitarbeit überhaupt sinnvoll genutzt wurde. 1971 dann wurde das Arbeitnehmerüberlassungsgesetz verabschiedet, das Votum des Bundestages war einstimmig. Am 12. Oktober 1972 trat es in Kraft.

1972: Erste Versuche, einen wildwuchernden Markt zu ordnen

Erst seit 1972 gibt es in der Bundesrepublik Deutschland eine eindeutige Unterscheidung zwischen Arbeitnehmerüberlassung und Arbeitsvermittlung – zumindest in juristischen Termini war von nun an definiert, was legal und was illegal war. Das Arbeitnehmerüberlassungsgesetz (AÜG) schuf darüber hinaus erstmals seit dem Verbot der Zeitarbeit von 1956 Mindeststandards für den Schutz der Leiharbeiter selbst. Das AÜG ist in den Jahrzehnten darauf immer wieder verändert worden, ist aber bis heute das grundlegende Regelwerk für die Branche. 1972 durften Zeitarbeiter maximal drei Monate beschäftigt werden – eine Frist, die im Lauf der Jahre schrittweise ausgedehnt wurde. Es wurde festgelegt, dass das Verleihunternehmen der alleinige Arbeitgeber ist, der im Krankheitsfall auch den Lohn fortzahlen muss. Außerdem galt das sogenannte Synchronisationsverbot: Damit sollte verhindert werden, dass die Zeitarbeitsfirmen Arbeitskräfte nur gezielt für einen Einsatz anheuerten und danach wieder entließen. So sollte einer allzu freizügigen Hire-and-Fire-Mentalität entgegengewirkt werden. Die Zeitarbeitsfirmen sollten die Leihkräfte über einzelne Arbeitseinssätze hinaus beschäftigen.

Der Gesetzgeber war also anfangs, nachdem er die Leiharbeit zähneknirschend legalisieren musste, nur bereit, sie als Übergangslösung hinzunehmen. Diese Haltung hat sich mit den Jahren geändert und mit ihr der grundsätzliche Charakter des Arbeitnehmerüberlassungsgesetzes: das Synchronisationsverbot wurde nach und nach gelockert, 2004 fiel es ganz weg.

»Ganz unten« – Haarsträubende Zustände in der Leiharbeitsbranche

Nach 1972 waren die Beschränkungen der Leiharbeit vergleichsweise streng, wie wenig Bestand diese Vorschriften jedoch in der Realität hatten, beschrieb Günter Wallraff in seinem Bestseller »Ganz unten«. Für seine Recherche begab sich Wallraff, verkleidet als Türke Ali, ab März 1983 zwei Jahre lang in die Grauzonen der bundesrepublikanischen Arbeitswelt – und berichtete über Zustände, die an Beschreibungen aus dem 19. Jahrhundert erinnern. 1985, als das Buch erschien, löste es eine Lawine von Prozessen aus. An und für sich ist »Ganz unten« ein Buch über alltäglichen Rassismus, den die Gastarbeiter der ersten und zweiten Generation in der Bundesrepublik erdulden mussten, das Thema der Leiharbeit ist nur ein Randaspekt. Dennoch sind die positiven Reaktionen auf Wallraffs Buch – es verkaufte sich in den ersten sechs Wochen nach Erscheinen 1,6 Millionen Mal – vor allem durch die Beschreibungen der Machenschaften der Leiharbeitsfirmen zu erklären.

Das Buch führte zu einer Reihe von Verschärfungen der Sicherheitsbestimmungen bezüglich der Einsätze der Leiharbeiter, etwa in Atomkraftwerken, besonders aber bei einem der größten Arbeitgeber Deutschlands, der Thyssen AG. Dort, an verschiedenen Einsatzorten im nordrhein-westfälischen Kohle-Revier, war Wallraff undercover als Teil einer Reinigungstruppe unterwegs:

»Fein- und Grobstaub, Giftschlamm und -müll, stinkende und faulende Öle, Fette und Filterreinigung bei Thyssen, Mannesmann, MAN und sonst wo immer. Allein der Wagenpark der Firma Remmert ist an die 7 Millionen Mark wert. In die Firma Remmert integriert ist wiederum die Firma Adler: wie die Puppe in der Puppe. Adler verkauft uns an Remmert, und Remmert vermietet uns weiter an Thyssen. Den Hauptbatzen, den Thyssen zahlt – je nach Auftrag und Staub-, Schmutz- oder Gefahrenzulagen zwischen 35 und 85 DM pro Stunde und Mann –, teilen sich die Geschäftspartner. Ein Almosen von fünf bis zehn DM wird von Adler an den Malocher ausgezahlt.«[2]

Wallraff beschreibt haarsträubende Zustände: Arbeiten ohne Schutzanzug in eisiger Kälte, ohne Helm und ohne Atemmaske inmitten ausströmender Koksgase. Doppelschichten werden den Arbeitern aufgezwungen, und während der Leiharbeitertrupp auf dem Betriebsgelände arbeitet, wird er von der Stammbelegschaft isoliert, um keine Solidarität entstehen zu lassen. Gleiches gilt für die Zusammenstellung der Arbeitstrupps. Jeden Tag stellt der »Sheriff«, der Vorarbeiter, die Mannschaften auf andere Weise zusammen, damit die Männer sich untereinander nicht gut genug kennenlernen, um Misstrauen, Konkurrenz und Angst voreinander zu überwinden. Dass eine Mehrzahl der Leiharbeiter nur schlechtes Deutsch spricht, begünstigt diesen Vorgang. Die Stammbelegschaften zeigen den Leiharbeitern bei den wenigen Kontakten deutlich, dass sie in dieser Kälte, in diesem Dreck und Gestank niemals arbeiten würden. Die Leiharbeiter erledigen die Aufgaben, mit denen sich kein Festangestellter abgeben würde – für einen Bruchteil des Lohns.

»Wir werden an einem Förderturm abgesetzt, und im Halbdunkel kraxeln wir mit Schippen, Hacken, Schubkarren und Pressluftbohrer etliche Etagen hoch, um unter Förderbändern übergelaufene und aneinandergepappte Erdmassen loszukloppen. Der Wind bläst bei mehr als zehn Grad minus durch und durch, und wir legen von selbst ein Mordstempo vor, um uns von innen etwas aufzuwärmen ... Kein Thyssen-Arbeiter braucht bei diesen Temperaturen im Freien zu schuften, in der gesamten Bauindustrie gibt's Schlechtwettergeld, und wir müssen ran.«[3]

Wallraff macht deutlich, dass diese Form von Ausbeutung nur in einem Klima der Angst möglich ist – die meisten der Leiharbeiter sind ohne gültige Papiere angeheuert worden und müssen bei einer Entlassung nicht nur auf Lohn verzichten, sondern unter Umständen die Ausweisung befürchten. Trotz harter Einsätze und Schichten von bis zu 40 Stunden Länge werden die Leiharbeiter nicht selten um ihren Lohn betrogen. Eine andere Art der Ausbeutung der rechtlosen Leiharbeiter ist die Anordnung von Akkordarbeit. Wallraff muss als Ali ein Metallgeländer für einen Förderturm anstreichen und wird pro Meter bezahlt – am Ende kommt er auf einen Stundenlohn von zwei Mark.

Einmal wird Wallraff Zeuge, wie der Vorarbeiter nach getaner Schicht die Arbeiter zur Doppelschicht nötigt. Wer nicht zustimmt, muss damit rechnen, entlassen zu werden.

Sheriff: »Ihr müsst länger machen heute, bis 22 Uhr.« Algerischer Kollege: »Ich muss nach Haus, dringend.« Sheriff: »Da brauchst du morgen auch nicht mehr zu kommen. Dann geh' raus. Dann ist hier Ende für dich. Für immer.«[4] Thyssen hat als Reaktion auf das Buch eine große Zahl von Leiharbeitern fest angestellt.

Wallraffs »Ganz unten« zeigt extreme Formen der Leiharbeit, die heute, mehr als 20 Jahre später, schwer vorstellbar sind. Die Kontrollen sind besser und die großen Firmen sorgen sich um ihr Image und engagieren keine Leiharbeitsunternehmen, die in der Halblegalität agieren. Dennoch sind einige Merkmale der Leiharbeit aufgezeigt worden, die auch heute noch nachweisbar sind, selbst bei Firmen mit relativ gutem Leumund: Wenn Leiharbeiter ausländischer Herkunft sind, werden sie oftmals doppelt diskriminiert.

So berichtet Guillaume Cottenceau, ein 38-jähriger französischer Leiharbeiter, der bei Randstad fest angestellt ist und auch an große Firmen wie Siemens oder Canon verliehen wird, davon, dass er aufgrund seines nicht perfekten Deutschs am Arbeitsplatz benachteiligt wird. »Die Sprache ist während des Arbeitens eine Hürde, besonders technische Wörter verstehe ich oft schlecht«, sagt er. Er weiß, er darf keine Fehler machen, sonst ist er seinen Job schnell los. Er weiß, wie unsicher seine Lage ist. Nach anderthalb Jahren Einsatz bei Siemens wurde ihm an einem Mittwoch gesagt, dass er am Freitag seine Sachen packen kann. Das führt zu einer klaren Trennung: Die fest angestellten Kollegen sehen meist keinen Grund, sich auf die Gäste im Betrieb einzustellen, wenn diese von heute auf morgen wieder weggeschickt werden können. Persönliches bleibt außen vor, die Leiharbeiter bleiben isoliert.

»Man entwickelt selbst sehr stark das Gefühl, nicht dazuzugehören«, stellt Cottenceau resigniert fest. »Bei manchen Firmen ist es kein Problem. Bei Siemens zum Beispiel war es okay. Es gibt aber auch eine Firma hier in Berlin, wo kein Kollege von Randstad mehr

Guillaume Cottenceau, 38 Jahre alt, Zeitarbeiter

Ich bin seit 1996 in Deutschland.
Man wird ja nicht automatisch anders behandelt, weil man Leiharbeiter ist, aber man entwickelt selbst sehr stark das Gefühl, nicht dazuzugehören. Es gibt eine Firma hier in Berlin, wo kein Kollege von Randstad mehr hinwill. Das ist eine Knochenarbeit. Die bauen Fensterrahmen, da ist man den ganzen Tag nur am Schieben. Man kann manchmal nicht mal fünf Minuten Pause machen ohne Erlaubnis, selbst wenn man eingearbeitet ist, kann man sich nicht mal kurz hinsetzen, da wird man, hopp hopp hopp, sofort wieder auf Trab gebracht. Manche Vorarbeiter haben vielleicht Probleme zu Hause und lassen sie an uns aus. Bei Canon in Krefeld war einer, der war wie ein Offizier bei der Armee. Der hat sehr wohl gesehen, dass unsere Arbeit in Ordnung war. Da kommen die Pakete auf dem Band und man muss sie auf Postwagen packen. Ich glaube, das kann ich ziemlich gut und schnell. Dann, nach einer Ladung, hast du eine Minute, in der du dich mal hinsetzen willst. Und dann kommt dieser Offizierstyp und meckert. Festangestellte müssen sich das nicht anhören, die setzen sich hin, wenn sich meinen, dass sie sich hinsetzen müssen.
Ich hatte einmal eine böse Überraschung, nach zwei Wochen war der Einsatz zu Ende. Eigentlich sollte er einen Monat dauern, aber dann gab es »keine Arbeit mehr«, das war erst mal okay, wir haben Tschüss gesagt und gelächelt. Bei Randstad hatte ich dann ein Gespräch in diesem kleinen Zimmer, in dem man unter sich ist, und es hieß: der Kunde, der war überhaupt nicht zufrieden. Und ich habe keine weitere Begründung dafür bekommen. Da bin ich wirklich ausgeflippt, das war scheiße, dass mir das keiner direkt gesagt hat. Wenn die mir was vorwerfen, will ich doch die Details wissen. Wahrscheinlich habe ich einen kleinen Riss übersehen. Es wird alles noch mal nachkontrolliert, aber mein Teil ist offenbar rausgegangen, und die Kunden haben sich beschwert. Die Palette ist raus, und der andere, der es nachkontrolliert, hat es auch nicht gesehen. Aber ich fliege raus deshalb. Das setzt einen echt unter Druck.

hinwill. Das ist eine Knochenarbeit, die bauen Fensterrahmen. Man kann manchmal nicht mal fünf Minuten Pause machen ohne Erlaubnis, selbst wenn man eingearbeitet ist, kann man sich nicht mal kurz hinsetzen.«

Wachstumsbranche Leiharbeit – Die rot-grüne Koalition löst die Fesseln

Seit 1985, als Wallraffs »Ganz unten« erschien, hat sich die Zahl der Leiharbeiter in Deutschland etwa verfünfzehnfacht, von rund 50 000 Mitte der achtziger Jahre auf über 720 000 im Jahr 2007. Grund dafür waren zahlreiche Reformen des Arbeitnehmerüberlassungsgesetzes. Die Überlassungsdauer wird von anfangs drei Monaten bis 2002 schrittweise auf zwei Jahre ausgedehnt. Gleichzeitig wird die Synchronisation von Arbeitseinsatz und Beschäftigungsdauer beim erstmaligen Verleih erlaubt.

Am 1. Januar 2003 treten die als Hartz I bekannt gewordenen Gesetze in Kraft, sie führen zu einer weitreichenden Liberalisierung der Leiharbeit und lösen damit einen bemerkenswerten Boom der Branche aus. Die Überlassungshöchstdauer wird gestrichen, Leihkräfte können nun von den Unternehmen zeitlich unbegrenzt engagiert werden. Auch das Synchronisations- und Wiedereinstellungsverbot fällt ganz weg, die Leasingfirmen können Zeitarbeiter nun gezielt für einzelne Arbeitseinsätze engagieren – und minimieren so das Arbeitgeberrisiko erheblich. Wenn die Zeitarbeitsfirmen keinen Anschlussauftrag haben, müssen sie auch keinen Lohn fortzahlen. Auch das 1982 von den Gewerkschaften durchgesetzte Entleihverbot für die Baubranche wird 2003 gelockert.

Gleichzeitig gilt der Gleichbehandlungsgrundsatz. »Equal Pay« und »Equal Treatment« werden im Gesetz verankert, Leiharbeiter müssen im Betrieb grundsätzlich so behandelt und bezahlt werden

Rettungsanker in der Not

wie Festangestellte. Im Vorfeld hatte man in Umfragen bei Zeitarbeitsunternehmen ermittelt, dass ein verbindliches Gleichbehandlungsgebot die Leiharbeit um rund 20 Prozent verteuern würde.[5] 70 Prozent der Befragten rechneten mit einem Umsatzrückgang, 90 Prozent mit steigenden Personalkosten. Dennoch bestand die Bundesregierung auf dem Grundsatz der Gleichbehandlung, denn es galt ja, der Zeitarbeit ein besseres Image zu verschaffen. Leiharbeiter sollten künftig flexibel eingesetzt werden können, gleichzeitig sollten ihre Rechte gestärkt werden. Im Bericht der Bundesregierung heißt es dazu: »Unter der Bedingung, dass die Arbeitsbedingungen der Leiharbeitnehmer den Arbeitsbedingungen vergleichbarer Stammarbeitnehmer der Entleiher entsprechen oder in einen tariflichen Rahmen eingebunden sind, konnten bisherige spezifische, im Arbeitnehmerüberlassungsgesetz vorgesehene Beschränkungen entfallen ... Insgesamt sollen durch die Neuregelungen auch die gesellschaftliche Akzeptanz und die Qualität der Leiharbeit zunehmen.«[6]

Das Hintertürchen, das dieser Ausschnitt andeutet, wird von der Zeitarbeitsbranche heute weidlich genutzt. Denn Equal Pay und Equal Treatment gelten dort nicht, wo gesonderte Tarifvereinbarungen getroffen wurden. Noch im Jahr 2003, kurz nach Inkrafttreten der Liberalisierung, wurde der erste Tarifvertrag geschlossen, und zwar von der kleinen Tarifgemeinschaft Christlicher Gewerkschaften für Zeitarbeit und Personalserviceagenturen mit dem Interessenverband Nordbayerischer Zeitarbeitsunternehmen (INZ), der später im Arbeitgeberverband Mittelständischer Personaldienstleister (AMP) aufging. Der Einstiegslohn wurde auf 5 Euro 20 festgelegt – eine erste Orientierungsmarke für das nun beginnende Rennen. Die Gewerkschaften des DGB standen unter Druck. Sie konnten nun nicht mehr darauf setzen, das Equal-Pay-Prinzip durchzusetzen, indem sie sich den Arbeitgebern verweigerten. Denn die hatten mit den christlichen Gewerkschaften alternative Verhandlungspartner, die zudem ausgesprochen kompromissbereit waren. Und denen wollten die DGB-Organisationen nicht das Feld überlassen. Deshalb schloss auch der DGB Tarifverträge mit den Arbeitgeberverbänden Bundesverband Zeitarbeit (BZA) und Interessenverband Deutscher Zeitarbeitsunternehmen (iGZ) ab, er kam nur zu leicht besseren Ergebnissen. Die Unternehmen erkannten schnell, dass es lohnend war, Tarifverträge abzuschließen, weil sie so den im Gesetz formulierten Gleichbehandlungsgrundsatz aushebeln konnten. Inzwischen weist die Leiharbeit die höchste Tarifbindung aller Branchen in Deutschland auf. Die Ausnahme ist zur Regel geworden. Equal Pay und Equal Treatment dagegen, die konsequente Gleichbehandlung von Leiharbeitern im Betrieb, ist graue Theorie geblieben.

KAPITEL 2

Eine Branche im Aufwind –
Die Reformen zeigen Wirkung

Von Andreas Baum

Manchmal muss man für seinen Traum einen Umweg gehen

Tugay Turans Traum war es, bei Siemens zu arbeiten. Immer schon. Denn in Berlin-Spandau, wo Tugay wohnt, gilt Siemens als guter Arbeitgeber. Einerseits, weil man in Spandau bleiben kann und nicht pendeln muss. Und andererseits, weil man dann mit dazugehört. So wie man in Stuttgart voller Stolz erzählt, dass man »beim Daimler schafft«, trägt Siemens hier in Berlin einen guten Namen – ein weltumspannender Konzern, der seine Leute gut behandelt, heißt es, eine Firma mit Tradition. Ein ganzes Stadtquartier wurde nach dem Gründer der Firma benannt: Siemensstadt. Wenn du zu Siemens willst, hatte Tugays Kumpel gesagt, dann musst du dich bei Randstad bewerben. Du musst den Weg über die Leiharbeit gehen.

Da war Tugay bereits zwei Jahre arbeitslos gewesen, am Ende war er auf Hartz IV angewiesen. Und er hatte ein paar Erfahrungen mit Leiharbeit hinter sich, keine guten. Zum Beispiel als er über die Leiharbeitsfirma ELITE nach Wustermark im Speckgürtel Berlins verliehen wurde, für den Konzern Mahle Ventile produziert hatte und plötzlich, von einem Tag auf den anderen, seinen Arbeitsplatz verlor – mit reichlich schwammiger Begründung. »Mir kam es vor, dass die Arbeit reibungslos lief, jetzt aber ein Festangestellter da hinsollte und der Leiharbeiter schauen kann, wo er bleibt«, so Tugay heute. Da kam der Tipp von seinem Kumpel, der selbst bei Siemens fest angestellt ist, gerade recht. Denn bei Siemens arbeiten heißt: man gilt etwas in Spandau.

Das war im Herbst 2007, seitdem arbeitet Tugay Turan, 27 Jahre alt, Fertigungsmechaniker, ohne Unterbrechung bei Siemens – als Leiharbeiter. Das Dynamowerk von Siemens ist über hundert Jahre alt, die Arbeitsbedingungen sind gut, auch für die Leiharbeiter. Trotzdem gibt es auch hier Probleme. »Von manchen Kollegen kommen herablassende Bemerkungen«, hält Tugay fest. »Es gibt die Einstellung, dass Leiharbeiter ein bisschen tollpatschig sind.« Als Tugay noch fest angestellt war, musste er selbst Leiharbeiter anlernen. »Da hat man schon manchmal etwas hochnäsig über die geurteilt. Wenn jemand es darauf absieht, jemanden herabzusetzen, ist er da an der richtigen Stelle.« Einzelfälle, die sich nicht verallgemeinern lassen, die aber doch mit der Zeit am Selbstbewusstsein der Leiharbeiter kratzen.

Hoffen auf die Festanstellung

Tugay ist trotzdem hoch motiviert, denn Siemens hat ihm eine Übernahme in Aussicht gestellt. Aber darauf hoffen alle Leihkräfte des Elektrokonzerns. Das, sagt Tugay, führt schnell zu Spannungen. »Wenn jemand anderes übernommen wird, frag ich mich schon: warum nicht ich? Liegt es daran, dass ich aus einer Einwandererfamilie bin und der nicht?« Tugays Eltern stammen aus der Türkei. »Dann vergleicht man sich: Liegt es daran, dass der Kollege keine Fehltage hat? Das hab ich ja auch. Liegt es an der Qualifikation? Die hab ich auch.«

Aber Tugay träumt davon, eines Tages fest bei Siemens zu sein, wie der Kumpel, wie so viele seiner Bekannten. Dann würde er auf einen Schlag 800 Euro mehr in der Tasche haben, monatlich, mindestens. Vor allem aber hätte er einen sicheren Arbeitsplatz, eine solide Zukunftsabsicherung. Das würde sich gerade jetzt in der Krise gut machen. Tugay weiß, die Leihkräfte sind die Ersten, die nach Hause geschickt werden, wenn die Aufträge ausbleiben. Er muss durchhalten und hoffen. Hoffen, dass er den Aufstieg zu einem echten Siemensianer schnell schafft.

Auch Nicole Peters* hofft auf einen festen Job bei Siemens. Ihren echten Namen will sie hier nicht nennen, denn zu groß ist ihre Angst, wegen Aufmüpfigkeit ihren Einsatzort wechseln zu müssen. Nicole ist 30 Jahre alt und gelernte Elektrikerin. Sie arbeitet im Schichtdienst bei Siemens im Schaltwerk, auch das ist ein guter Arbeitsplatz, er hält einiges an Renommee bereit. Das Ziegelsteinhochhaus steht als eines der Wahrzeichen der Siemensstadt an der Nonnendammallee, ein Industriedenkmal aus den 1920er Jahren, in den Flachbauten nebenan befindet sich das größte Schaltgerätewerk der Welt, 80 Prozent der Hochspannungstechnik, die hier gefertigt wird, wandert ins Ausland. Wer in dieser Abteilung arbeitet, ist Teil dessen, wofür Siemens in der Welt steht: Kompetenz, Zukunftstechnologie und verlässliche Qualität. Nicole Peters hat wie Tugay nur ein Ziel: sie will richtig dazugehören.

Im Schaltwerk von Siemens arbeiten rund 500 Leiharbeitskräfte, das sind knapp 30 Prozent der Belegschaft. Dass sie nur eingesetzt werden, um Spitzen in der Produktion abzufedern, glaubt schon lange keiner mehr, die Leiharbeiter nicht, die Festangestellten nicht, der Betriebsrat schon gar nicht. Nicole Peters hatte sich eigentlich direkt bei Siemens beworben und war auch eingeladen worden. Als ausgebildete Elektrikerin mit Berufserfahrung, jung und ungebunden, sollte sie gute Chancen haben. So war es auch. »Siemens hat

* Name geändert

mich direkt eingeladen und gesagt, dass sie mich haben wollen, mich aber nicht einstellten dürfen«, sagt Nicole.»Wir können nur über Leiharbeit einstellen, hieß es. Kümmere Dich darum, hol dir einen Vertrag und dann kannst du am Montag anfangen. Die haben mir einen Zettel gegeben, da standen die Leiharbeitsfirmen drauf, ich konnte mir aussuchen, zu welcher ich gehe.« Bei IK Hofmann gab es die besten Konditionen. Nicole hat sich als Elektrikerin beworben und ist auch als Elektrikerin eingestellt worden, aber eben als Leiharbeiterin.

Der Boom der Zeitarbeit

Viele Unternehmen haben das auf diese Art und Weise praktiziert. Als sich die Auftragsbücher nach der langen Schwächephase Ende 2005 wieder zu füllen begannen, benötigten sie zusätzliches Personal. Und das orderten sie vorzugsweise bei den großen Personaldienstleistern, bei Adecco, Randstad und Manpower. Statt die neuen Arbeitskräfte fest an sich zu binden, buchten sie sie auf Leihbasis, mit der Option, sie auch kurzfristig wieder zurückschicken zu können. Noch war ja nicht sicher, ob die Konjunktur richtig Tritt fassen würde, ob sich die noch zarten Aufwärtssignale zu einem breiten Aufschwung verfestigen würden. In dieser Situation war der Rückgriff auf Zeitarbeiter die ideale Lösung. Zumal der Gesetzgeber gerade einige hinderliche Beschränkungen aus dem Weg geräumt hatte. Kein Wunder also, dass die Zahl der Zeitarbeiter in die Höhe schnellte. Im Dezember 2007 zählte die Bundesagentur für Arbeit 720 000 Leiharbeiter, doppelt so viel wie vier Jahre zuvor.

Tatsächlich hatte die Branche schon zum Höhenflug angesetzt, als die deutsche Wirtschaft noch in großer Apathie verharrte. Bereits 2004 und 2005, als die Arbeitslosigkeit im Land noch zunahm und die großen Konzerne die Stammbelegschaften verkleinerten, fanden

Eine Branche im Aufwind

die Personaldienstleister die Lücken, die es zu besetzen galt. Mit der Reform und dem einsetzenden Aufschwung gab es dann kein Halten mehr. Die Zeitarbeit entwickelte sich zum Jobmotor, sie besetzte den Großteil der neuen Arbeitsstellen, die entstanden. Mitte 2006 gingen 75 Prozent der neuen Jobs auf das Konto der Zeitarbeitsfirmen. Bis zum Herbst 2007 sank die Rate schrittweise auf 16 Prozent.

Die Bundesagentur für Arbeit sah die große Dynamik der Branche mit Wohlwollen. In Zeiten, in denen aus Nürnberg nur trübe Nachrichten kamen, sorgte zumindest die Zeitarbeit für eine gewisse Entspannung. Schon 2004 war die Zahl der Zeitarbeiter um 26 Prozent gestiegen. Und 2005 verbuchte die Zeitarbeit noch ein Plus von zwölf Prozent. Im Folgejahr waren es sogar 33 Prozent. Vorstandsmitglied Heinrich Alt gehört in der Bundesagentur für Arbeit zu den energischsten Verfechtern von Leiharbeit, insbesondere im Niedriglohnsektor. Auch wenn die Löhne im Bereich der Hartz-IV-Sätze liegen, selbst wenn der Staat aufstocken muss, hält Alt sie für unerlässlich, um den Wiedereinstieg von Langzeitarbeitslosen zu ermöglichen.[7] Allein die Leiharbeitsfirma Addecco schuf nach eigenen Angaben im Jahr 2007 10 000 neue Arbeitsplätze. Die Nachfrage war so groß, dass die Leasingfirmen Probleme hatten, ausreichend Personal zu rekrutieren. Das Stellenangebot in der Leihbranche stieg 2006 um 66 Prozent, 2007 sogar um 77 Prozent. Die drei größten Zeitarbeitsfirmen meldeten noch Anfang 2007 13 000 unbesetzte Stellen, vor allem bei qualifizierten Kräften, bei Ingenieuren fast aller Fachrichtungen, Lokführern, Krankenschwestern, Lastwagenfahrern.

Dass die Branche von der Konjunktur in besonderem Maß profitierte, war keine neue Erfahrung, wenngleich das Tempo der Expansion auch die Experten überraschte. Neu war aber, dass der Boom so lange anhielt. In vorangegangenen Zyklen waren die Firmen schneller dazu übergegangen, die Leihkräfte fest anzustellen, allein aufgrund der gesetzlichen Begrenzungen. Diese galten nun nicht mehr.[8] Der Gesetzgeber hatte die zeitliche Höchstüberlassungsdauer gestrichen, der Anteil an Leiharbeitern in den Betrieben stieg und stieg. Ende der neunziger Jahre machten die Zeitkräfte nur gut ein Prozent der Gesamtbeschäftigten aus, 2008 waren es 2,4 Prozent. Grund dafür war – neben den Änderungen des Arbeitnehmerüberlassungsgesetzes – ein Stimmungswandel in den Personalabteilungen. Befriedigt stellten die großen Leiharbeitsfirmen fest, dass »der Widerstand bei den Personalabteilungen gebrochen ist«, wie der Hauptgeschäftsführer von Randstad, Eckard Gatzke, 2007 zu Protokoll gab. Er verwies auf den globalen Wettbewerb, in dem die meisten Kunden stehen, vor allem das produzierende und verarbeitende Gewerbe verlange nach flexiblen Strukturen – nicht nur, um Spitzen abzudecken. »Mittelständische Betriebe, aber auch große Konzerne ergänzen ihren Stamm an fest angestellten Mitarbeitern um einen flexiblen Pool an Zeitarbeitskräften zur Deckung zusätzlichen Bedarfs bei Auftragsspitzen und Projekten.«[9] Die Arbeitsmarktreformen hatten auch bewirkt, dass sich die Denkrichtung in den Betrieben änderte. Leiharbeiter wurden zur ständigen Institution. Und während der Boomjahre konnte auch der Einwand der Gewerkschaften, dass dies auf Kosten der festen Stellen gehe, leicht zerstreut werden. Denn die Beschäftigtenzahlen wuchsen in allen Bereichen.

Gründe für den Boom

Neben dem Hintertürchen der Tarifverträge, durch die das Equal-Pay-Gebot des Arbeitnehmerüberlassungsgesetzes umgangen werden kann, ist die Aufhebung der Höchstüberlassungsdauer von Leiharbeitskräften der entscheidende Schritt, der die Leiharbeit ab 2004 boomen lässt wie kaum eine andere Branche. Seit dem 1. Januar 2004 sind alle wesentlichen Beschränkungen aufgehoben – es bleibt allein ein gelockertes Verbot der Arbeitnehmerüberlassung im Baugewerbe. In Folge davon stiegen die Beschäftigtenzahlen mit beachtlichem Tempo.

Die Gründe für den Boom sieht Karl Brenke, Experte für den Arbeitsmarkt beim DIW, allerdings nicht allein in den Liberalisierungen der Jahre 2003 und 2004. Entscheidende Kraft bekam die Branche durch die allmählich in Schwung kommende Konjunktur. Weil die Unternehmen noch unsicher waren, wie stabil die Aufwärtsbewegung war, hatten sie großes Interesse, das zusätzlich benötigte Personal nicht zu fest an sich zu binden. Die Zeitarbeit bot hier die ideale Lösung, um die Risiken zu minimieren. Die Unternehmen mussten immer schneller, immer flexibler auf die Schwankungen der Märkte reagieren, sagt Thomas Hetz, der Hauptgeschäftsführer des Arbeitgeberverbandes Mittelständischer Personaldienstleister (AMP). Dass die Leihkräfte weniger verdienen, mithin für die Unternehmen die Möglichkeit besteht, die Lohnkosten zu senken, hält er für weniger bedeutsam. Allerdings hat sich der AMP einen zweifelhaften Ruf erworben, weil er mit den christlichen Gewerkschaften Tarifverträge ausgehandelt hat, die das Niveau der konkurrierenden Abkommen, die die Arbeitgeberverbände iGZ und BZA mit dem DGB vereinbart haben, deutlich unterlaufen. Hetz zufolge werden in der Weltwirtschaft die Produktionszeiten immer kürzer. Die Flexibilität, die die Zeitarbeit bietet, ist für ihn ein Segen – auch wenn die damit verbundene Unsicherheit für den Arbeitnehmer zum Fluch werden kann. »Aber einer, der täglich dreißig Bewerbungen schreibt, der weiß auch nicht, wo er morgen ist«, hält Hetz fest.

Arbeitsmarktexperten wie Karl Brenke sehen die Lohnkluft dagegen durchaus mit Skepsis. Die Bruttolöhne in der Chemie- oder Metallindustrie liegen zum Teil mehr als doppelt so hoch wie die Tarife in der Leiharbeit. Kein Wunder, dass Leiharbeiter in der Metallindustrie besonders begehrt sind. Vor zehn Jahren waren über 40 Prozent der Zeitkräfte in Metall- und Elektrofirmen beschäftigt, heute sind es immerhin noch knapp 25 Prozent. Für das Betriebsklima kann das problematisch sein. So kommt es vor, dass in einer Firma zwei Schweißer am gleichen Stück arbeiten, von denen einer sieben und der andere 14 Euro die Stunde bekommt – für exakt die gleiche Arbeit.

Die Debatte um die Arbeitsbedingungen

Die Gewerkschaften stellen fest, dass sich die Zahl der Leiharbeiter in Phasen, in denen die Branche boomt, in bestimmten Betrieben bei einem Fixum einpendelt. 30 Prozent Leiharbeiter in manchen Siemens-Werken, fast 50 Prozent waren es jahrelang bei BMW in Leipzig. Es mag zwar Fluktuation geben, aber die Stellen der übernommenen Leiharbeiter werden sofort wieder aufgefüllt. Unklar ist, ob und in welchem Ausmaß Stammarbeitsplätze verdrängt werden. Arbeitsmarktforscher wie Markus Promberger vom Institut für Arbeitsmarkt- und Berufsforschung sehen zwar Hinweise, aber noch keine verlässliche Datenbasis. Die IG Metall sieht deutliche Belege für die Verdrängungsthese, die Arbeitgeber bestreiten es rund heraus. Sie betonen lieber die arbeitsmarktpolitische Bedeutung der Zeitarbeit, immerhin zwei Drittel der Leihkräfte waren zuvor ohne Job. Aber wie viele finden durch Zeitarbeit tatsächlich dauerhaft wieder zu einer Anstellung? Auch hierzu sind die Ansichten äußerst konträr. Wirtschaftslobbyisten verorten den sogenannten Klebeeffekt beharrlich bei 30 oder sogar 40 Prozent. Promberger hingegen geht von 12 bis 15 Prozent aus.

Tatsächlich ist die Fluktuation in der Branche extrem hoch. Die Vertragszeiten sind kurz, 55 Prozent der Leihkräfte sind weniger als drei Monate bei einer Leasingfirma angestellt. Das hat auch mit dem Wegfall des Synchronisationsverbotes zu tun. Das erlaubt den Firmen, die Leihkräfte nur für die Dauer eines Arbeitseinsatzes einzustellen. Schickt der Entleiher die Leute wieder zurück, stehen sie automatisch auf der Straße. »Das gab es früher nicht«, sagt Petra Jentzsch von der IG Metall Berlin-Brandenburg. »Heute wird es gemacht, und zwar exzessiv.« Die IG Metall will das ändern und setzt dabei auf ihre Stärke in den Betrieben. Gemeinsam mit den Betriebsräten will sie zwei Ziele erreichen: die Bedingungen für die Leiharbeiter verbessern und deren Einsatz klar begrenzen. Sie will feste Quoten, feste Zeiten – und möglichst auch Vereinbarungen, dass die Löhne dem Metalltarif angeglichen werden. Bislang gibt es dazu schon über 300 Betriebsvereinbarungen.

Es könnten noch mehr sein, meint Petra Jentzsch, aber gelegentlich fehlt an der Basis noch die Sensibilität, Verantwortung für die schlechter gestellten Kollegen zu übernehmen. Dabei wäre das auch im eigenen Interesse, meint die Gewerkschafterin. »Wenn du deine Stammbelegschaft schützen willst, musst du die Leiharbeit im Betrieb regulieren.« Ausufernde Leiharbeit macht Druck auf die Stammbelegschaften. Die Gewerkschaften sehen sich gezwungen, sich für die Rechte der Leiharbeiter einzusetzen, um ihre eigenen Tarifverträge zu schützen. 80 Prozent der Betriebsräte in Berlin und Brandenburg sind einsichtig, sagt Petra Jentzsch. Die Gewerkschaft will den Kampf auch deshalb in die Entleihbetriebe tragen, weil sie dort über einen starken Rückhalt verfügt. Unter den Leihkräften selbst ist die Basis dagegen noch sehr fragil, was die Tarifverhandlungen aus Gewerkschaftssicht zu reichlich unerfreulichen Veranstaltungen werden ließ. Die Lohnerhöhungen sind kümmerlich, weil die Gewerkschaft den Arbeitgebern nicht ernsthaft drohen kann. Inzwischen sind schon einige in den DGB-Organisationen der Meinung: Lasst uns ganz aussteigen aus den Tarifverhandlungen für die Leiharbeiter. Wenn es keine Tarifverträge für die Zeitarbeiter gibt, so die Hoffnung, dann müssen sie per Gesetz den Stammbelegschaften gleichgestellt werden. Aber dass es so weit kommt, ist eher unwahrscheinlich. Wenn IG Metall und Co. aussteigen, überlassen sie den ungeliebten christlichen Gewerkschaften das Terrain. So können die Arbeitgeber die gewerkschaftlichen Strategiespiele ziemlich gelassen verfolgen. Dabei lässt Thomas Hetz vom Branchenverband AMP keine Zweifel aufkommen: Die Einführung der Equal-Pay-Regel wäre schlicht eine Katastrophe für die Branche. Er pocht auf die Tarifautonomie, alle Versuche daran zu rütteln, stellten eine unerlaubte Einmischung der Politik dar. »Nehmen Sie mal den Schweißer, der in Ihrem Betrieb 20 Euro brutto verdient. Der ihm zur Seite gestellte Zeitarbeiter würde den Betrieb 34 Euro kosten, wenn er finanziell gleichgestellt wäre.« Das aber würde kein Betrieb zahlen. Die Folge, so Hetz: »Dann wäre das System Zeitarbeit kaputt.«

Hetz sieht die Gewerkschaften zu Unrecht auf die Zeitarbeit einschlagen. Gerade in Zeiten der Flaute, wenn in den großen Werken Tausende von Mitarbeitern entlassen werden müssen, sei es doch für die Stammbelegschaften ein Schutz, dass sie nicht als Erste an die Luft gesetzt werden. Und die entlassenen Leiharbeiter? Die bekämen meist schnell einen anderen Job von ihrer Verleihfirma.

Masse gleich Qualität?

Besonders stark gestiegen ist in den vergangenen Jahren die Zahl der einfachen Jobs. 60 Prozent der Zeitarbeiter, so hat das DIW ermittelt, üben anspruchslose Tätigkeiten aus, für die eine kurze Einweisung ausreicht. Allerdings lässt das nicht unmittelbar auf die Qualifikation der Beschäftigten schließen. Eine im November 2008 veröffentlichte Studie des nordrhein-westfälischen Arbeitsministeriums bestätigt diesen Eindruck. Danach haben nur knapp 30 Prozent aller Leiharbeitnehmer keine Berufsausbildung.[10] Zwei Drittel

Eine Branche im Aufwind 51

also können als Fachkräfte gelten, was eine offensichtliche Degradierung vermuten lässt: viele Qualifizierte werden offenbar für wenig anspruchsvolle Tätigkeiten eingesetzt. Das, so Claudia Weinkopf vom Institut für Arbeit und Qualifikation, lässt die Vermutung zu, dass viele Leihkräfte unter ihrem Niveau eingesetzt werden. Viele Fachkräfte wie Nicole Peters haben sich inzwischen auf einen dauerhaften Aufenthalt in der Zeitarbeit eingerichtet. Und auch immer mehr Hochschulabsolventen finden sich inzwischen in der Zeitarbeit wieder. Noch machen sie nur 2,9 Prozent der Zeitarbeiter aus. Aber ihr Anteil steigt. Viele Zeitarbeitsfirmen haben sich inzwischen auf die Hochqualifizierten spezialisiert, sie gelten als Zeitarbeiter de luxe: Klinikärzte, Architekten, Techniker, Manager – und vor allem Ingenieure auf Zeit.

Einer der hoch qualifizierten Leiharbeiter ist Lutz Böhme; 52 Jahre alt, wohnhaft in Heidenau bei Dresden, verheiratet, er hat einen erwachsenen Sohn. Zu DDR-Zeiten studierte er Maschinenbau, Fachrichtung Instandhaltungswesen. Als die Wende kam, war er anerkannter Diplomingenieur. Zunächst lief es gut für ihn. In Dresden baute er für Dräger Medizintechnik eine Niederlassung mit auf, errichtete Krankenhäuser in Sachsen, Thüringen und Brandenburg, sogar in Sankt Petersburg. Nach elf Jahren schloss die Niederlassung in Dresden, Böhme war zu diesem Zeitpunkt ein hoch qualifizierter Spezialist, der im Hauptwerk in Lübeck jederzeit hätte weiterarbeiten können. Eine kurze Episode als Selbstständiger folgte, dann wieder Bewerbungen: Angebote bekam er immer nur von Zeitarbeitsfirmen.

Als er erfuhr, dass der Anlagenbauer M+W Zander Bauleiter suchte, aber nicht fest einstellte, ging er zu Schickor, einer Dresdner Zeitarbeitsfirma, er kannte den Chef. Über Schickor wurde er an M+W Zander verliehen, auf eigene Initiative hin: Seitdem ist er ein hoch qualifizierter Leiharbeiter, seit vier Jahren im selben Job. »Meine

Kollegen verdienen das Doppelte«, sagt Böhme. Viele schauen auf ihn herab.

Es ist nicht so, dass Lutz Böhme nicht versucht hätte, anderswo unterzukommen. Immer wieder hat er dann aber feststellen müssen, dass die Bedingungen nicht wie ausgehandelt waren. Immer wieder ist er zurückgekommen, zurück zu Schickor, und ließ sich wieder an M+W Zander verleihen. Dort suchte man qualifizierte Leute wie ihn. Es war das kleinere Übel, aber die Probleme blieben: »Als Leiharbeiter, auch als hoch qualifizierter, traust du dich nicht, auf den Tisch zu hauen und die Probleme beim Namen zu nennen.« Pfusch aufzudecken, Kollegen zu benennen, die für inkompetent gehalten werden. Oder sei es nur, sich zu beschweren, wenn auf Montage wieder kein Büro da ist und er aus dem Auto heraus arbeiten muss.

Lutz Böhme ist ein gefragter Spezialist, dem trotzdem eine Festanstellung verwehrt wird. Man will ihn, aber nur als Leiharbeiter. Es ist nicht das Geld, das ihm fehlt, es ist die Anerkennung. »Man kann auch einen Bauleiter wie mich nicht mit einem Helfer vergleichen«, sagt er. »Der Helfer geht früh los, arbeitet, geht um vier wieder nach Hause, das war's.« Böhme dagegen engagiert sich, nimmt sich oft genug Arbeit mit nach Hause. »Ich will nicht sagen, ich schäme mich. Aber wenn mich einer fragt, sage ich nie: Ich bin Zeitarbeiter. Ich sage, ich bin bei Infineon. Oder bei M+W Zander. Niemals die Wahrheit.«

Goldgräberstimmung

Zu welchen Wachstumsraten es in der Branche kam, zeigt das Beispiel der Zeitarbeitsfirma Tuja, nach eigenen Angaben beschäftigt sie derzeit in ganz Europa 20 000 Menschen. 2005 war Tuja das sechstgrößte Unternehmen der Branche. In diesem Jahr schnellte

Lutz Böhme, 52 Jahre, Ingenieur

Seit vier Jahren bin ich über Schickor an M + W Zander verliehen. Das ist ein Anlagenbauer. Ich bin dort Bauleiter und viel unterwegs. Zum Beispiel bei Infineon, Dresden, da mussten die Maschinen in der Fabrik mit verschiedensten Medien angeschlossen werden: Flüssigkeit, Gase, Strom. Ich habe das bewerkstelligt und überwacht.

Als ich noch fest war, habe ich selbst mit Leiharbeitern gearbeitet, weil ich ja Spitzen abdecken musste. Von Schickor, meinem jetzigen Verleihunternehmen, habe ich viele Monteure geschickt bekommen – wenn die Arbeit weniger wurde, hab ich sie wieder weggeschickt. Also es ist moderner Sklavenhandel, ganz ehrlich.

Bei vielen fest angestellten Kollegen merkt man das schon: Die gucken auf dich herab, auf den Leiharbeiter. Ich will jetzt nicht überheblich sein, aber es ist doch so: Zu 80 Prozent haben die Festangestellten nichts drauf. Die machen wirklich nur Unfug. Und wir als Bauleiter baden das aus. Aber sagen würde ich das nicht. Ich bin nicht in der Gewerkschaft, das bringt doch nichts, das hätte gar keinen Sinn.

Ich bin 52, es geht mir nicht so sehr ums Geld, sondern es geht um die Moral. Ich fühle mich als zweitklassig. Man fühlt sich missbraucht, ich kann ja sehen, was die Festangestellten da für Leistungen bringen, und vergleiche natürlich. Ich kenne keinen Fall, wo die mal einen Festangestellten entlassen hätten, wegen Unfähigkeit.

Ich fahre Montag, Mittwoch und Freitag nach Arnstadt in Thüringen, in eine Solarzellenfabrik, ich mache die Mängelbeseitigung. Ich habe meinen Chef gefragt: Gibt's dort ein Büro? – Nö. – Wie soll ich denn da arbeiten? Ich muss das aus dem Auto raus machen. Das würde ein Fester ablehnen.

Ich will nicht sagen, ich schäme mich, aber wenn mich einer fragt, sage ich nie: Ich bin Zeitarbeiter. Ich sage, ich bin bei Infineon. Oder bei M+W Zander. Niemals die Wahrheit. Das sagt eigentlich alles.

der Umsatz um 35 Prozent hoch auf 260 Millionen Euro, 2006 ging es mit erhöhtem Tempo weiter, ein Jahr später soll der Umsatz bei 650 Millionen gelegen haben. Tuja zählt zu den 15 größten Anbietern, die allein 40 Prozent des Umsatzes bestreiten. Neben den Branchenriesen hat sich ein kaum überschaubares Reservoir an kleinen und Kleinstanbietern auf dem Markt etabliert, die nicht immer zum guten Ruf der Branche beitragen. Experten gehen davon aus, dass insgesamt rund 7000 Personaldienstleister aktiv sind, die Bundesagentur für Arbeit hat sogar über 20 000 Firmen die Verleihkonzession ausgestellt, die nötig ist, um das Geschäft zu betreiben. Inzwischen lichtet sich das Feld ein wenig. Zwei Trends sind erkennbar. Viele Unternehmen spezialisieren sich auf bestimmte Branchen, etwa das Gesundheitswesen, oder auf bestimmte Berufsgruppen wie Ingenieure. Gleichzeitig hat ein Konzentrationsprozess eingesetzt. Die Großen der Branche haben ihre Position durch eine Reihe von spektakulären Übernahmen und Fusionen weiter ausgebaut. Bestes Beispiel für die branchenübliche Gefräßigkeit in den Boomjahren ist der Schweizer Personaldienstleister Adecco, inzwischen Weltmarktführer und nach eigenen Angaben in 60 Ländern mit 37 000 Beschäftigten aktiv. 1996 gegründet, ist schon die Geschichte des Unternehmens bis zum Jahr 2002 eine Geschichte ständiger Aufkäufe von Mitbewerbern, die zum Teil schnell und mit Gewinn wieder verkauft wurden. So kaufte Adecco im Jahr 2002 die Internet-Stellenbörse Jobpilot für 70 Millionen Euro und verkaufte sie zwei Jahre später wieder an Monster für 88 Millionen Euro. Das sind noch vergleichsweise bescheidene Summen im Vergleich zu den Transaktionen der Jahre 2006 und 2007. Anfang 2006 übernahm Adecco, zur damaligen Zeit die Nummer drei auf dem deutschen Markt, den fünftgrößten Anbieter, die DIS AG, die sich auf die Vermittlung von Fachkräften spezialisiert hat. Kaufpreis: eine halbe Milliarde Euro. Im Jahr 2007 kaufte Adecco die deutsche Tuja-Gruppe für 800

Millionen Euro, geschätzter Jahresumsatz: 650 Millionen Euro. Im ersten Quartal 2007 meldete Adecco rekordverdächtige Wachstumszahlen. Der weltweite Umsatz stieg im Vergleich zum Vorjahresquartal um sieben Prozent auf fünf Milliarden Euro. Davon sind 133 Millionen Euro Reingewinn, was einer Steigerung von 33 Prozent entsprach.

Allein in Deutschland haben die drei Größten des Marktes, Randstad, Manpower und Adecco, im Jahr 2007 mehr als zweieinhalb Milliarden Euro Umsatz erwirtschaftet. Das ist mehr als doppelt so viel wie im Jahr 2004. Die Liberalisierung des Marktes hat zu einer Goldgräberstimmung geführt, nicht nur die Umsätze, auch die Beschäftigtenzahlen verdoppelten bis verdreifachten sich in kurzer Zeit. Randstad Deutschland etwa hatte im Jahr 2005 noch 30 000 Mitarbeiter, im Sommer 2008, als vom Abschwung noch keine Rede war, hatte sich die Zahl auf 60 000 verdoppelt. Auch der Umsatz stieg nach Unternehmensangaben exorbitant, von 850 Millionen Euro im Jahr 2005 auf 1,6 Milliarden Euro drei Jahre später. Insgesamt steigt das Marktvolumen der Leiharbeit in Deutschland seit den siebziger Jahren kontinuierlich an, 2007 erreichte es ein Höchstniveau von 14,6 Milliarden Euro.[11] Der Umsatz der 25 führenden Anbieter stieg im Vergleich zum Vorjahr um durchschnittlich 28 Prozent auf 7,4 Milliarden Euro.

Grund für die Traumrenditen in der Zeitarbeit sind auch die günstigen Löhne. Die Zeitarbeitskonzerne kassieren von den entleihenden Betrieben in der Regel das Doppelte bis Zweieinhalbfache des Lohns, den die Leiharbeiter ausbezahlt bekommen. Nach Abzug von Sozialabgaben und Verwaltungskosten bleiben den Verleihfirmen nach Schätzungen der IG Metall 50 Cent Gewinn pro Verleih-Stunde, bei Fachkräften können es mehrere Euro sein.

Ausgründungen

Auch die Großen der produzierenden Industrie in Deutschland haben Wind von den enormen Gewinnen bekommen, die mit der Zeitarbeit gemacht werden können – und sind selbst in das Geschäft eingestiegen. Wozu die Gewinne der Arbeitnehmerüberlassung an andere abtreten, wenn man sie selbst einstreichen kann? Eine Reihe von Unternehmen gliederten Mitarbeiter in Leiharbeitsfirmen aus, die teilweise im Stammbetrieb arbeiten, teilweise an andere Firmen verliehen werden. Nicht selten finden sich Leiharbeiter nach einem solchen Outsourcing-Prozess am gleichen Arbeitsplatz wieder, mit denselben Kollegen, nur zu deutlich schlechteren Konditionen.

So hat die Deutsche Telekom den Mitarbeiterverleih »Vivento« gegründet, dort sind derzeit 8000 Menschen beschäftigt, für die Telekom Chef René Obermann nach eigenen Worten »auf Dauer keine Beschäftigungsperspektive« im Konzern selbst gesehen hat.[12]

Der zwölftgrößte Anbieter der Personaldienstleistungsbranche ist AutoVision, die Leiharbeitstochter des Volkswagenkonzerns. 2007 erzielte AutoVision einen Umsatz von 280 Millionen Euro, zwischen 7000 und 8000 Menschen sind hier beschäftigt. Anders als bei anderen Leiharbeitstöchtern sind die Gewerkschaften mit dem Prinzip AutoVision nicht unzufrieden. Denn die Firma fungiert als eine Art Personaldrehscheibe, die zum Beispiel dafür sorgt, dass in den ostdeutschen VW-Werken zielgenau Arbeitskräfte eingesetzt werden können. Der Grund für die zahme Haltung der Gewerkschaft: Die VW-Tochter ist voll in die Betriebsrat-Strukturen des Wolfsburger Konzerns integriert. Im Betrieb wird ein eigenständiger IG-Metall-Haustarifvertrag angewandt, der den Leiharbeitern zwar weniger Lohn als den Stammkräften zusichert, aber doch erheblich mehr, als sie nach den Tarifverträgen des DGB oder gar der christlichen Gewerkschaften erhielten.

Eine Branche im Aufwind

Den Zeitarbeitern bei VW geht es noch vergleichsweise gut, aber auch sie hoffen, dass sie irgendwann fest übernommen werden. Das gibt einen starken Anreiz, sich besonders ins Zeug zu legen. »Die Möhre an der Angel« nennt das Petra Jentzsch. »Das ist auch für Siemens typisch.« Für die Leiharbeiter in Berlins Metall verarbeitenden Betrieben ist sie Ansprechpartnerin Nummer eins. Dass Siemens erst Bewerber einlädt und ihnen dann am Ende des Bewerbungsgespräches eine Liste mit den Leiharbeitsfirmen gibt, ist übliche Praxis geworden. »Was wir so feststellen«, so Jentzsch, »sind Karrieren wie diese: Einstieg als Leiharbeitskraft, dann befristet, dann vielleicht noch mal befristet, und wenn man Glück hat, kommt man dann auf einen Stammarbeitsplatz. Und dann fängt noch mal die Probezeit an.« Für Tugay und Nicole dauert die Probezeit bereits ein Jahr und länger, und ein Ende ist nicht abzusehen. Jentzsch bestreitet nicht, dass die Chance besteht, übernommen zu werden. Aber die meisten werden hingehalten. »Wenn die Leiharbeiter ganz ehrlich sind, wissen sie, dass sie sich auf dünnem Eis bewegen. Aber die Hoffnung bleibt.«

Auch für Nicole Peters. Sie wird nach dem Tarifvertrag des Branchenverbands BZA bezahlt, 8 Euro 15 bekommt sie brutto, als Festangestellte hätte sie fast das Doppelte. Aber die Aussicht auf einen festen Job lässt sie die karge Anfangszeit ertragen. 150 Überstunden muss Nicole ansammeln, als Polster für verleihfreie Zeiten, das dauert weit länger als ein Jahr. »Von meinen Freunden aus der alten Firma sind viele arbeitslos. Der Betrieb ist pleitegegangen, und ich sehe, was die durchmachen, um einen Job zu finden. Und selbst wenn man einen Job findet, hat man oft nicht mehr Geld als ohne Arbeit. Aber lieber schlechte Arbeit als gar keine.«

Gerade weil im Schaltwerk immer wieder Leiharbeiter übernommen werden, ist die Stimmung zwischen Festangestellten und Leiharbeitern besser als anderswo. Der Leiharbeiter könnte schon morgen ein »richtiger« Kollege sein, der dauerhaft im Betrieb bleibt.

Und dennoch bleiben die Unterschiede. »Wir werden zwar nicht schlechter behandelt, aber, ich sag's mal übertrieben: Die Festangestellten müssen 80 Prozent geben und die Leiharbeiter 150. Oft muss man zwei oder drei Sachen gleichzeitig machen, während die anderen dasitzen und zufrieden ihre Arbeit machen.« Nicole erzählt von Leiharbeitern, die seit sechs Jahren im Schaltwerk sind. Andere dagegen werden nach sechs Monaten übernommen. Aber gerade diejenigen, die lange da sind, glauben nicht mehr an das Versprechen, dass sie eines Tages übernommen werden. Viele resignieren, reißen ihre Stunden ab, fahren entmutigt nach Hause. »Das ist ja der Teufelskreis: Die Leute, die nicht motiviert sind, da zu arbeiten, werden nicht übernommen. Wenn sie nicht übernommen werden, sind sie noch weniger motiviert.«

Ginge es nach Bernhard Brenner, als Betriebsrat im Schaltwerk von Siemens zuständig für die Leiharbeiter, dann müssten diese Schicksale längst der Vergangenheit angehören. Denn der Betriebsrat hat mit Siemens eine Vereinbarung getroffen. Langjährig in Leiharbeit Beschäftigte, heißt es dort, müssen übernommen werden, zunächst in eine befristete Anstellung, als Vorstufe zur Festanstellung. Quoten wurden nicht festgelegt, der Betriebsrat muss den Passus immer wieder einfordern. Und es gibt Erfolge: 300 Leiharbeiter wurden in den vergangenen Jahren übernommen. Entschieden wird, so Brenner, vor allem nach Qualifikation – und nicht alle können genommen werden, auch wenn sie gut ausgebildet sind und zufriedenstellend arbeiten. Das führt leicht zu Unmut, und Brenner verweist auf die besseren Bedingungen der Leiharbeiter bei Siemens im Allgemeinen und im Siemensstädter Schaltwerk im Besonderen: Sie bekommen Schutzkleidung gestellt, den Essenszuschuss und teilweise dieselben Prämien wie die Festangestellten.

Bernhard Brenner will aber mehr. »Equal Pay und Equal Treatment, so wie es im Gesetz steht, bekommen wir niemals hin. Aber

Nicole Peters, Elektrikerin

Ich bin seit fast einem Jahr Leiharbeiterin.
Ich habe eine Bewerbung zu Siemens geschickt, da haben die mich direkt eingeladen und gesagt, dass sie mich haben wollen, mich aber nicht einstellen dürfen. Wir können nur über Leiharbeit einstellen, hieß es.
Solange ich sehe, es ist ein gewisser Zeitraum und die Chance besteht, dass ich übernommen werde, ist es akzeptabel. Es sind auch schon Leiharbeiter übernommen worden, nach einem Jahr, nach zwei Jahren, nach drei Jahren. Hängt immer davon ab, wie die Leute sich anstellen. Es ist wie eine Probezeit.
Man muss als Leiharbeiter eigentlich die ganze Zeit hoch motiviert sein und alle Arbeiten machen und immer flexibel sein. Ich persönlich bleibe motiviert, weil ich mit den Kollegen gut klarkomme, wenn man viel miteinander redet, Scherze macht, manchmal ist die Schicht lustig, das ist dann schon Motivation genug. Ich kenne Leiharbeiter, die sechs Jahre da sind. Andere werden nach sechs Monaten übernommen. Die lange dabei sind, resignieren eigentlich. Das ist ja der Teufelskreis: Die Leute, die nicht motiviert sind, werden nicht übernommen. Wenn sie nicht übernommen werden, sind sie noch weniger motiviert.
Wenn ich richtig überlege, würde ich schon sagen, dass ich mich ausgenutzt fühle. Ich mache wirklich genau die gleiche Arbeit wie die anderen Kollegen. Irgendwo ist es gemein. Aber ich hab ja auch die Chance, übernommen zu werden. Das wird wenn dann ganz plötzlich kommen. Ich würde das aber jetzt auch nicht einfordern. In einem Jahr vielleicht.

wir gehen kleine Schritte vorwärts.« Wo der Gesetzgeber versagt, weil er zulässt, dass der Gleichbehandlungsgrundsatz durch Tarifverträge unterlaufen wird, will Brenner mit Siemens auf betrieblicher Ebene Vereinbarungen treffen, die die Leiharbeiter nach und nach besser stellen. Ein höherer Lohn ist das Ziel, und zwar durch Zuschläge, die zusätzlich zum Tariflohn bezahlt werden. Vor allem aber eine Art Höchstüberlassungsdauer, die nur für Siemens gilt. Ob diese zwölf, 24 oder 36 Monate beträgt, das muss noch verhandelt werden. Die mündliche Zusage von Siemens-Chef Peter Löscher, dies gemeinsam erreichen zu wollen, hat Brenner bereits. Der Vorstandsvorsitzende hat ihm während einer Diskussion, vom Podium herab, zugestanden, dass auch er die Lage der Leiharbeiter bei Siemens verbessern will.

KAPITEL 3

Der Jobmotor in der Krise – Leiharbeiter in Zeiten der Rezession

Manfed Degen* ahnte früh, dass schwierige Zeiten auf ihn zukommen. Bereits im Sommer 2008, als noch niemand von einer Rezession sprach, sah er die alarmierenden Signale. Die Lieferungen aus Rumänien fielen kleiner aus, die Lastwagenkolonnen wurden kürzer, die Ladungen leichter. Und wenn die Geschäfte nicht mehr rund laufen, so dachte Degen sorgenvoll, dann bin ich einer der Ersten, der das zu spüren bekommt. Die erste Entlassungswelle Mitte Oktober überstand er noch. Aber das war nur eine kurze Schonfrist, die ihm gewährt wurde. Zwei Wochen später erwischte es auch den 50-jährigen gelernten Lackierer. Die großen Autofirmen stornierten massenweise die Aufträge. »Wir haben nicht mehr genug Arbeit«, teilte ihm der Chef knapp, aber mit ehrlichem Bedauern mit. Nächste Woche brauche er nicht mehr zu kommen. Schluss. Aus. Damit war seine Zeit bei Stabilus in Koblenz-Wallersheim beendet. Ohne großes Aufheben. Der Autozulieferer musste ihn nicht mal kündigen, er schickte ihn einfach zurück an die Zeitarbeitsfirma Fuchs, die ihn ausgeliehen hatte. Aber auch bei Fuchs zuckten sie ratlos die Schultern. Wo sollten sie Leute wie Degen nur unterbringen? In immer größeren Wellen schickten die Betriebe ihre Leihkräfte zurück, neue Aufträge waren selten. Sechs Wochen Resturlaub

* Name geändert

konnte Manfred Degen noch abfeiern. Dann stand er auf der Straße. Seitdem ist er arbeitslos.

Die Stammbelegschaft macht Kurzarbeit, Leiharbeiter werden nach Hause geschickt

So wie Manfred Degen geht es derzeit vielen Leiharbeitern. Seit die Wirtschaft in der Krise steckt und die Maschinen nur noch mit halber Kraft laufen, sind sie die Ersten, die vor die Tür gesetzt werden. Es ist der einfachste und kostengünstigste Weg, das Personal auszudünnen, wenn die Geschäfte schlechter laufen. Bei Leuten wie Degen müssen Unternehmen wie Stabilus keine Abfindungen zahlen und keine Kündigungsfristen beachten – der Autozulieferer gibt sie einfach zurück an den Verleiher, wie eine Maschine, die nicht mehr gebraucht wird. Für die Unternehmen ist das ein Segen, denn sie können die Belegschaft schnell und mühelos an die schwankende Auftragslage anpassen. Für die Leihkräfte ist die Flexibilität ein Fluch, der sie ins Abseits drängt. Weil sie keine Rechte geltend machen können wie die Festangestellten, stehen sie nun auf der Straße. »Drei Jahre habe ich hier den Buckel krumm gemacht, jetzt bekomme ich einen Tritt in den Hintern«, schimpft Degen resigniert.

Es lag nicht an seiner Leistung, dass er den Job verlor. Degen ist ein Mann, der zupacken kann, der vor der Arbeit nicht davonläuft. Das merkte auch sein Chef, der ihm den Job im Lager des Unternehmens gab. Dort hat er drei Jahre lang die Waren verwaltet, die aus dem Werk in Rumänien kamen – Gasdruckdämpfer, die die Autokonzerne in Türen und Sitze einbauen. In Rumänien sind die Löhne niedrig, deshalb hat Stabilus Teile der Produktion dorthin verlagert. Degen hat die Lieferungen mit dem Gabelstapler entladen, zur Endkontrolle weitergeleitet und später dafür gesorgt, dass sie den großen Autokonzernen zugestellt werden. Die ersten zwei Jahre hat er

Überstunden gemacht »ohne Ende«, das rumänische Werk hatte noch Probleme mit den Qualitätsstandards – da gingen viele Lieferungen wieder zurück. Dann wurde es etwas ruhiger. Und Degen half zwischendurch, wenn Not am Mann war, auch mal in der Produktion aus. »Ich arbeite einfach gern«, sagt er und erzählt von seinem Haus, das er fast im Alleingang gebaut hat. Er hat gemauert, das Dach gedeckt, Leitungen verlegt und Heizungsrohre montiert. Alles nach Feierabend und am Wochenende. Vor allem, weil es billiger war – der 50-Jährige musste schon immer aufs Geld achten. Aber er packt halt auch gern selbst mit an.

So einen Mann konnte auch Stabilus gut gebrauchen, Leute, die ordentlich »malochen« können. Sein Chef ließ immer mal wieder verlauten, dass er ihn gern fest in der Firma hätte, weil er tüchtig sei und seinen Job ernst nehme. Aber es blieb bei Versprechungen, die Hoffnung auf eine feste Anstellung blieb ein Traum – der nun in unerreichbare Ferne gerückt ist. Zwar hat die IG Metall mit dem Konzern einen Beschäftigungssicherungspakt bis 2012 abgeschlossen, wonach niemand gekündigt werden darf, aber diese Regelung gilt nur für die Stammmannschaft, nicht für Leiharbeiter. »Wir waren hier die Arbeiter zweiter Klasse«, sagt Degen.

Als sein Job bei Stabilus noch sicher schien, da störte es Degen eigentlich nicht, dass er nur als Leiharbeiter angestellt war. Er machte ja die gleiche Arbeit wie seine fest angestellten Kollegen auch. Die Stimmung in der Belegschaft war gut, der Job hat ihm gefallen – wenn nur die Bezahlung nicht so schlecht gewesen wäre. 1100 Euro bekam er netto raus, die fest angestellten Kollegen bekamen fast das Doppelte. »Das macht einen dann schon wütend«, sagt Degen. Zumal er jeden Tag noch hundert Kilometer zur Arbeit fahren musste, das kostete ihn allein 200 Euro im Monat. »Da blieb vom Lohn nicht viel übrig.«

In seinen früheren Jobs in der Metallindustrie verdiente er 600 bis 700 Euro mehr, aber dann machten die Betriebe pleite, Degen wurde arbeitslos, die Konjunktur lief schlecht und er merkte zum ersten Mal, dass Arbeiter über 40 nicht mehr gefragt waren – so landete er in der Leiharbeit. Jetzt ist er seinen Job wieder los, das Haus ist noch nicht abbezahlt – und mit fast 50 werden seine Chancen auf dem Arbeitsmarkt nicht besser.

Bei anderen Unternehmen ist es ähnlich. Auch dort können die Stammbelegschaften dem Abschwung gelassener entgegensehen als in früheren Krisenzeiten. Denn viele Betriebe haben sich einen elastischen Gürtel, bestehend aus flexiblen Arbeitern mit unsicherem Status, zugelegt, der die Kernmannschaften absichert. Wenn die Aufträge ausbleiben und die Anlagen runtergefahren werden, dann sind es die Leihkräfte, die als Erste gehen müssen. Sie geben den Unternehmen somit eine ganz neue Flexibilität; mühelos können sie die Belegschaften der aktuellen Geschäfslage anpassen – im Aufschwung werden schnell neue Arbeitskräfte eingestellt, die dann in der Rezession, wenn die Arbeit knapp wird, kurzerhand an den eigentlichen Arbeitgeber, die Zeitarbeitsfirma, zurückgeschickt werden. Und das alles ohne Sozialplan und Abfindungen. So hat sich Peter Hartz, der ehemalige VW-Personalvorstand und intellektuelle Urheber der Arbeitsmarktreformen, wohl die »atmende Fabrik« vorgestellt. Eine Fabrik, die sich geschmeidig den Bedürfnissen des Marktes anzupassen vermag. Sie bläht die Lungenflügel auf, wenn es viel zu tun gibt, und zieht sie zusammen, wenn der Organismus nur mit halber Kraft läuft.

Der Charme der Flexibilität: Entlassungen ohne Abfindungen und ohne Kündigungsschutz

Das Charmante an der Lösung ist, dass die Kernmannschaften von dieser Flexibilität gänzlich verschont bleiben, ihre Rechte werden kaum angetastet. Die Unternehmen können nach Belieben heuern und feuern, ohne zuvor einen Großkonflikt mit den Gewerkschaften vom Zaun gebrochen zu haben. Denn beim Kündigungsschutz ist alles beim Alten geblieben – zumindest für die etablierten Beschäftigten. Die Gewerkschaften sind hier keinen Millimeter zurückgewichen, die Festangestellten genießen alle Rechte, die nun in der Krise Schutz bieten. Und das umso mehr, da sie um die flexiblen Kollegen wissen, die auf jeden Fall vorher gekündigt werden.

Zum Beispiel beim Kölner Motorenhersteller Deutz. Da wurde die Zahl der Leihkräfte schon im Sommer 2008 runtergefahren, als sich die ersten dunklen Wolken am Horizont abzeichneten. Inzwischen ist der Großteil der einstmals knapp 400 Leiharbeiter zurückgeschickt worden. Betriebsrat Werner Scherer sieht das mit gemischten Gefühlen. Viele landen auf der Straße, weil auch die Leihfirmen keine neuen Jobs finden. Scherer, der die Leiharbeit »im Grunde meines Herzens als modernen Sklavenhandel« ablehnt, räumt allerdings auch ein, dass damit »ein Ventil« geschaffen worden sei, das den Druck auf die Betriebe erheblich vermindere – das erspart viele Konflikte in den Unternehmen.

Anfangs waren es vor allem die Autobauer und ihre Zulieferer, die Druck abließen. BMW kündigte bereits im Frühjahr 2008 an, dass 5000 Leihkräfte gehen sollen – damals allerdings noch nicht aufgrund der globalen Wirtschaftskrise. Der Konzern wollte die Kosten senken, um die Rendite zu erhöhen. Inzwischen fürchten aber auch die verbliebenen Leihkräfte um ihre Jobs. Der Automobilexperte Ferdinand Dudenhöfer rechnet mit radikalen Einschnitten in der gesamten Branche, von den 100 000 Leihkräfte, so schätzt er, werden 80 000 ihre Arbeit verlieren; das wären vier Fünftel der Zeitarbeiter in der PS-Branche.

Der Lkw-Zulieferer Schmitz Cargobull, der in Spitzenzeiten ein Drittel der Stellen mit Leihkräften besetzte, hat inzwischen alle 500 Zeitarbeiter vor die Tür gesetzt. Autozulieferer wie Hella oder Stahlproduzenten wie ThyssenKrupp schicken die Leihkräfte in großem Stil nach Hause. Auch die Möbelindustrie fährt die Randbelegschaften herunter. Wie die Hettich-Gruppe in Kirchlengern bei Herford, nach eigenen Angaben Deutschlands größter Hersteller von Möbelbeschlägen. Die »Atmungsreserve« – so nennt Geschäftsführer Uwe Kreidel die Leiharbeiter, die in der Unternehmensgruppe bis zu zehn Prozent der Belegschaft ausmachten – müsse deutlich reduziert werden, um die Krise zu meistern. Die gute Nachricht für die Stammbelegschaft: ihre Jobs sind sicher, Entlassungen seien nicht geplant, hieß es.

Die Entlassungen der Leiharbeiter gehen erstaunlich still über die Bühne. Der bei großen Kündigungswellen sonst übliche Aufschrei der Gewerkschaften fällt in diesen Wochen und Monaten erstaunlich leise aus. Der Grund ist einfach: Weil die Leiharbeiter gehen müssen, kommen die Kernmannschaften weitgehend ungeschoren davon. Arbeitgeber und Arbeiterfunktionäre ziehen hier also – wenn auch aus unterschiedlichen Motiven – an einem Strang. Den Arbeitgebern gebietet allein schon das ökonomische Kalkül, die billigen Leihkräfte zu entlassen und nicht die etablierten Stammkräfte. »Zunächst werden Überstunden abgebaut, dann trifft es die Leasing-Arbeiter«, sagt Ottmar Zwiebelhofer, Chef und Inhaber des Autozulieferers König Metall.[13] Die Aufträge des Unternehmens im badischen Gaggenau, das Rohre und Bleche für die Fahrzeug- und Elektroindustrie herstellt, brachen um über ein Drittel ein. »Wir mussten handeln«, so Zwiebelhofer. Ein Festangestellter »hat dann vier Monate Kündigungsfrist. Und der will dann vielleicht noch eine Abfindung von 30 000 Euro.« Da sind die Zeitarbeiter anspruchsloser, die werden einfach abgemeldet – ohne Abfindungen, ohne Sozialplan.

Es ist die Kehrseite der viel gerühmten Hartz-Reformen, die die Leiharbeiter nun kennenlernen. Die rot-grüne Koalition wollte »neue Beschäftigungschancen für Arbeitslose eröffnen«, sagt Klaus

Der Jobmotor in der Krise

Brandner, Parlamentarischer Staatssekretär beim Bundesminister für Arbeit und Soziales. Die Überlegung war ganz einfach: Wenn die Regierung die Spielregeln für die Zeitarbeit lockert, dann können sich die Unternehmen einfacher und schneller Personal besorgen, Arbeitslose finden schneller einen Job, es kommt Bewegung in den Stellenmarkt. Denn die Firmen wissen ja: Sie werden die neuen Mitarbeiter schnell wieder los, wenn die Geschäfte schlechter laufen. Statt – wie sonst üblich – die zusätzlichen Aufträge durch mehr Überstunden abzuarbeiten, borgten sie sich nun kurzerhand Personal bei den Leihfirmen. Um Kündigungsschutz und Abfindungsregeln mussten sie sich ja keine Gedanken machen. Und weil das neue Personal auch noch ausgesprochen günstig war, erlebte die Branche einen ungeahnten Boom. Der Arbeitsmarkt kam in Bewegung, die Firmen schufen neue Jobs und besetzten sie mit Vorliebe durch flexible Zeitarbeiter. Die Arbeitslosigkeit, die im Februar 2005 noch bei über fünf Millionen lag, sackte im Oktober 2008 auf unter drei Millionen. Das war der niedrigste Stand seit 16 Jahren.

Nun aber fürchten viele, dass es mit verschärftem Tempo in die andere Richtung geht, dass sich nun ebenso rasch die Meldehallen in den Jobcentern füllen. »Die Zeitarbeiter sind aber erst einmal noch bei uns angestellt, wenn es im Entleihbetrieb keine Arbeit mehr gibt«, entgegnet Marcel Pelzer, Direktor beim Zeitarbeitskonzern Manpower. »Und wir suchen dann nach neuen Jobs. Das ist unsere Kernaufgabe.«

Aber auch Pelzer ist klar: Die Zeitarbeitsbranche schafft selbst keine eigenen Arbeitsplätze. Sie kann nur nach jenen Stellen in der Wirtschaft fahnden, die nicht besetzt sind. Aber das fällt schwer, wenn auf breiter Front Arbeitsplätze gestrichen werden. Zumal die Fristen eng gesteckt sind – meist können die Entleiher das Personal innerhalb einer Woche zurückgeben. Da bleibt wenig Zeit, um nach neuen Jobs zu suchen. »Wir reden ja viel mit den Firmen, daher wissen wir meist schon frühzeitig, wenn es Probleme gibt, wenn unsere Leute nicht weiterbeschäftigt werden«, sagt Sylvia Weber. Sie ist bei Manpower in der Zweigstelle Aachen für kleine und mittlere Firmen zuständig. Sie steht ständig in Kontakt mit hundert Betrieben in der Region, telefoniert mit den Personalchefs und ist oft vor Ort. »Wir wissen ziemlich genau, wie es dort aussieht und welches Personal gebraucht wird«, sagt sie. Deshalb könne man schnell reagieren. Und doch ist es nicht immer ganz einfach, Angebot und Nachfrage unter einen Hut zu bringen. Wenn die Jobs in großem Stil verloren gehen, dann bleibe auch den Leihfirmen häufig nur ein Ausweg: »Dann müssen wir kündigen.«

Und das kann schneller gehen als gedacht. Beispiel Ford: Im Oktober 2008 verloren 200 Leihkräfte im Werk in Saarlouis ihren Job. Arbeitgeber Adecco wurde davon »völlig überrascht«, wie Gebietsleiter Christian Mahr berichtet.[14] Kurz zuvor hatte es noch geheißen, die Fabrik sei voll ausgelastet. Dann kündigte der Konzern ohne Vorwarnung. Adecco zog nach und entließ die Leihkräfte am nächsten Tag. »Uns blieb keine andere Wahl«, sagt Mahr. Es habe keine Möglichkeit gegeben, die 200 Leute anderswo in Saarlouis unterzubringen. »Wir mussten handeln.« Das wusste auch Uwe Beyer. Er ist Leiter der Adecco-Zweigstelle in Köln. Sein wichtigster Kunde: der Autokonzern Ford. Über 400 Adecco-Leute arbeiteten dort, bis auch in den Niehler Werken die Bänder nicht mehr im gewohnten Takt liefen. Ende November kündigte Beyer den »Heimkehrern«, weil er keine Chance sah, die Leute anderweitig unterzubringen. Aber anders als in Saarlouis schaltete sich hier die IG Metall ein, die Gewerkschaft wollte die Massenentlassungen nicht akzeptieren. Und gemeinsam mit der Arbeitsagentur fand man einen Weg, das sofortige Abgleiten der Leihkräfte in die Arbeitslosigkeit zu vermeiden: Adecco meldete für 250 Ford-Leihkräfte Kurzarbeit an.

Neue Hilfsmittel: Kurzarbeit für Zeitarbeitsfirmen

Das war ein Novum für die Zeitarbeitsbranche. In der Wirtschaft ist Kurzarbeit seit Jahren ein gängiges Mittel, um Kündigungen in wirtschaftlichen Schwächephasen zu verhindern. In der Zeitarbeit aber war die Kurzarbeit bis November 2008 gar nicht erlaubt. Angesichts anstehender Massenentlassungen und kritischer Kommentare seitens der Arbeitsgerichte änderte die Bundesagentur allerdings ihren Kurs. Nun können auch Leihfirmen Kurzarbeit anmelden, wenn sie den Nachweis erbringen, dass es in absehbarer Zeit keine Einsatzmöglichkeiten für ihre Beschäftigten gibt. Zweite Voraussetzung: Es müssen mindestens 30 Prozent der Beschäftigten betroffen sein. »Ein positives Signal«, meint Volker Stolz, Hauptgeschäftsführer des Branchenverbands iGZ. »Mit Kurzarbeit verhindern wir Entlassungen und vermeiden so Arbeitslosigkeit«, erklärt Peter Welters, Chef der Kölner Arbeitsagentur. Für die Beschäftigten bedeutet Kurzarbeit: Sie bekommen 67 Prozent ihres Einkommens ausgezahlt, und zwar von der örtlichen Arbeitsagentur. Die Leihfirmen selbst müssen die Sozialabgaben übernehmen. Für die Leihfirmen ist Kurzarbeit also kein kostenloser Weg, aber gleichwohl einer mit Charme, meint der Kölner Adecco-Vorsitzende Beyer. Denn er eröffnet die Chance, Fachkräfte auch in Krisenzeiten zu halten, das könnte sich in späteren Aufschwungphasen als Vorteil erweisen. »Unser vorrangiges Ziel ist es, Arbeitsplätze zu erhalten und Mitarbeiter weiter zu qualifizieren«, sagt Beyer. In der beschäftigungslosen Zeit, so haben Adecco, Arbeitsagentur und Gewerkschaft vereinbart, sollen die Leihkräfte gezielt geschult werden, damit sie für künftige Jobs gerüstet sind. Es sei hier erstmals gelungen, Kurzarbeit und Qualifizierung »intelligent zu kombinieren und so Menschen in Beschäftigung zu halten«, lobt der Kölner IG-Metall-Chef Wittich Rossmann die Vereinbarung.

Ob die Zeitarbeitsfirmen das Kurzarbeitergeld in großem Stil nutzen werden, muss sich erst noch zeigen. Zumindest kurzfristig könnte die schnelle Kündigung als kostengünstigere Alternative erkannt werden. Als BMW im vergangenen November vage Produktionskürzungen voraussagte, kündigten einige Leihfirmen ihren Beschäftigten schon mal vorsorglich den Vertrag.

Leiharbeiter dienen nun mal in erster Linie als betriebliche Manövriermasse, die so geformt werden kann, dass die Personaldecke passt. Sie sind das schwächste Glied in der Kette, auf sie wird ein Großteil des Risikos abgeladen, das die Schwankungen der Konjunktur mit sich bringen. Wie die aktuelle Krise zeigt, ziehen die Leihfirmen oft nach, wenn die Entleiher in großem Stil Personal abmelden. Da hilft es wenig, dass die obersten Arbeitsrichter in einer Grundsatzentscheidung versucht haben, die Rechte der Leiharbeiter zu stärken. Ganz nach Belieben dürfen sie nicht vor die Tür gesetzt werden. Sie können von ihren Arbeitgebern, den Zeitarbeitsfirmen, erwarten, dass diese sich anstrengen, um einen neuen Arbeitsplatz zu finden. So eine Entscheidung des Bundesarbeitsgerichts 2006. »Ein bloßer Hinweis auf einen auslaufenden Auftrag und auf einen fehlenden Anschlussauftrag«, so befanden die Richter, sei kein ausreichender Kündigungsgrund. Kurzfristige Auftragslücken gehörten »zum typischen Wirtschaftsrisiko dieser Unternehmen« und dürften nicht so einfach auf die Beschäftigten abgewälzt werden.[15] Der Arbeitgeber müsse schon konkret nachweisen, dass der Auftragsrückgang dauerhaft sei.

Aber welcher Leiharbeiter klagt schon gegen seine Kündigung, wer traut sich schon zu, seinem Arbeitgeber nachzuweisen, dass er sich nicht intensiv genug um einen neuen Job bemüht hat? In der momentanen Rezession, in der Tausende von Stellen geräumt werden, dürfte das ohnehin schwerfallen. »Dass man immer gleich zur Kündigung greift, ist sicher nicht der Regelfall«, sagt Thomas Bäu-

Der Jobmotor in der Krise 71

mer, Vorsitzender des Zeitarbeitskonzerns Tuja. »In diesem Fall, den wir in Deutschland aktuell haben, war es zum Teil unumgänglich. Die Mengen, die zurückgekommen sind, gerade aus der Automobilindustrie, haben uns ja überflutet wie ein Tsunami. Damit hat ja keiner gerechnet.« Die Leihkräfte waren die Ersten, die ihre Jobs verloren. Das verlangt schon das deutsche Arbeitsrecht so. Die Festangestellten könnten sogar »fordern, dass ihr Arbeitgeber zuerst die Leiharbeitnehmer nach Hause schickt, bevor er die eigenen Mitarbeiter entlässt«, so Frank Lorenz, Anwalt für Arbeitsrecht in der Kanzlei Schneider Schwegler in Düsseldorf.

Schwere Zeiten für Zeitarbeiter: Die Krise trifft die Branche wie ein Orkan

»Wir sind in einer fatalen Situation«, sagt Werner Stolz, Hauptgeschäftsführer vom Interessenverband deutscher Zeitarbeitsunternehmen (iGZ). »In der Rezession leidet die Branche massiv.« Schwere Zeiten sieht auch Thomas Bäumer auf die Verleiher zukommen. Der Abschwung werde die Branche kräftig durchschütteln, viele Firmen würden die Krise nicht überleben. »In der zweiten Jahreshälfte 2009 wird sich die Spreu vom Weizen trennen«, konstatiert Bäumer, der zugleich Vize-Chef des BZA ist. Besonders kleineren Firmen, die sich auf die Autobranche konzentriert haben, drohe das Aus. Angesichts der Fakten erscheint die Prognose nicht übertrieben: Ob BMW, Volkswagen, Opel, Ford oder Mercedes – die gesamte Branche hat die Leihkräfte in großem Stil entlassen. Das Unternehmen Continental setzte 5000 Zeitarbeiter vor die Tür, bei MAN mussten 3000 gehen.

Bei Adecco riss die Flaute bereits Ende 2008 Löcher in die Bilanz. Anfang des Jahres hatte der weltgrößte Zeitarbeitskonzern noch 10 000 neue Stellen in Aussicht gestellt, weil die Geschäfte so gut liefen. Im Herbst dann die ernüchternde Zwischenbilanz. Der Gewinn sackte im dritten Quartal um 23 Prozent auf 168 Millionen Euro, der Umsatz schrumpfte um sechs Prozent auf 5,1 Milliarden Euro. Drei Prozent der Stellen seien bis Ende 2008 weggefallen »und weitere werden folgen«, ließ der Chef des Schweizer Konzerns, Dieter Scheiff, verlauten.

Auch bei den Konkurrenten Randstad und Manpower hinterlässt der Abschwung tiefe Spuren. Mehrere tausend Stellen seien schon verloren gegangen, so Manpower-Chef Thomas Reitz. Und das Schlimmste steht wohl noch bevor. Der Vorsitzende des Betriebsrats bei Randstad, Hanno Hoff, rechnet damit, dass 15 Prozent der Beschäftigten 2009 ihren Job verlieren werden, das wären allein bei Randstad 9000 Menschen. Umgerechnet auf die gesamte Branche würde das einen Verlust von 120 000 Stellen bedeuten. Auch die Dienstleistungsgewerkschaft Verdi taxiert den Stellenverlust auf rund 120 000. Der Branchenverband iGZ rechnet damit, dass »eine hohe fünfstellige Zahl« wegfällt.

Für die Zeitarbeitsfirmen ist das eine ungewohnte Situation. Sie kannten in den vergangenen Jahren nur eine Richtung, es ging beständig aufwärts. Selbst in den Krisenjahren 2003 und 2004, als die Wirtschaft vor sich hin dümpelte und die Zahl der Arbeitslosen nach oben schnellte, verbuchten sie ordentliche Zuwächse. Manch einer hält sie sogar für den Schlüssel des kleinen Beschäftigungswunders, das Deutschland in den vergangenen Jahren erlebt hat. Nun aber hat die Krise die Branche voll erfasst und ihre Vorzüge leuchten in nicht mehr ganz so vorteilhaftem Licht. Schlägt die neue Flexibilität am Arbeismarkt nun in die Gegenrichtung aus? Verschwinden die neuen Jobs so schnell, wie sie entstanden sind? Der Präsident der Bundesagentur für Arbeit, Frank-Jürgen Weise, versucht zu beruhigen. Auf fünf Millionen werde die Zahl der Arbeitslosen sicher nicht wieder steigen.

Aber die Frage stellt sich nun umso dringender: Was bleibt übrig vom Jobwunder in Deutschland? Wie stark wirkt der Zauber der neuen Flexibilität wirklich? Was hat die Entfesselung der Leiharbeit tatsächlich gebracht?

Was bleibt übrig vom Jobmotor Zeitarbeit?

»Die Erfolge der Branche sind für unverblendete Zeitzeugen unübersehbar«, konstatierte der frühere Bundesminister für Wirtschaft und Arbeit, Wolfgang Clement, als noch niemand von einer Rezession in Deutschland sprach und die Zeitarbeitsfirmen vor allem ein Problem kannten: Wo sollten sie das zusätzliche Personal hernehmen, das ihre Kunden anfordern? Im Oktober 2008, als die Krisenzeichen schon deutlich zu sehen waren, rutschte die Zahl der Arbeitslosen erstmals seit 16 Jahren wieder unter die Marke von drei Millionen. Ein Resultat der neuen Beweglichkeit, sagen Reformer wie Clement. Die Zeitarbeit habe dem Aufschwung Flügel verliehen, sie habe ihm die Kraft gegeben, die nötig war, um auch den Ausgegrenzten wieder neue Chancen auf einen Arbeitsplatz zu geben. »Einen kräftigeren Jobmotor als die Zeitarbeit gibt es nicht«, bemerkt Clement, der inzwischen beim weltgrößten Zeitarbeitskonzern Adecco angeheuert hat. Er leitet das Adecco-Institut zur Erforschung der Arbeit in London und befindet sich ganz auf einer Linie mit seinem Chef. »Wer gegen Zeitarbeit ist, ist gegen neue Jobs«, so Dieter Scheiff.

Tatsächlich sind die Zahlenkolonnen eindrucksvoll, die Befürworter wie Clement vorzeigen, um die wohltuende Wirkung der Zeitarbeit zu illustrieren. Über 300 000 neue Jobs sind in der Branche in den vergangenen fünf Jahren entstanden. Und es waren vor allem Arbeitslose, die als Leiharbeiter wieder einen Arbeitsplatz fanden. Zwei Drittel der Leasing-Kräfte waren zuvor bei den Arbeitsagenturen registriert, 13 Prozent waren sogar länger als ein Jahr arbeitslos gemeldet. Leiharbeit sei ein »Sprungbrett für Arbeitslose«, um wieder einen Job zu finden, meint Dirk Niebel, Generalsekretär der FDP. Daran änderten auch die derzeitigen Krisensymptome nichts. Im Gegenteil: Die von SPD und Grünen eingeleiteten Reformen hätten den deutschen Arbeitsmarkt wetterfest gemacht, sagt der Bundesminister für Arbeit und Soziales, Olaf Scholz. Auch die Experten des Instituts für Arbeitsmarkt- und Berufsforschung sind überrascht, wie robust sich der Stellenmarkt zeigt. Noch im Herbst 2008, als die Banken nach Staatshilfe riefen und die Autokonzerne dramatische Absatzrückgänge beklagten, meldeten die Arbeitsagenturen neue Erfolgsmeldungen vom Arbeitsmarkt. Nicht nur die Zahl der Stellensuchenden war zurückgegangen. Trotz Finanzkrise und rückläufiger Aufträge in der Industrie entstanden neue Arbeitsplätze. Im Oktober kletterte die Zahl der Erwerbstätigen erstmals seit vielen Jahren wieder über 40 Millionen. Konnte es einen besseren Beleg dafür geben, wie heilsam die Reformen gewirkt hatten?

Der jäh beendete Aufschwung sei beschäftigungsfreundlicher als frühere gewesen, gibt auch Eugen Spitznagel vom Nürnberger Institut für Arbeitsmarkt- und Berufsforschung (IAB) zu verstehen. Ende der 90er Jahre ließen die Unternehmen die Beschäftigten erst einmal fleißig Überstunden machen, um die Auftragsflut abzuarbeiten. Erst als das ausgereizt war, stellten sie zusätzliches Personal ein. Bislang hielten Ökonomen ein wirtschaftliches Wachstum von zwei Prozent für nötig, damit neue Jobs geschaffen werden. Nun haben sie diese Marke auf gut ein Prozent gesenkt – eine Folge der neuen Beweglichkeit in den Betrieben. Statt die vorhandene Belegschaft länger arbeiten zu lassen, griffen die Unternehmen frühzeitig auf Leihkräfte zurück. Das hatte einen doppelten Vorteil: die waren nicht nur flexibel einsetzbar, sondern auch sehr billig. Meist verdienen sie ein Drittel weniger als die Festangestellten. Die Lohndifferenz, so räumt auch Adecco-Chef Dieter Scheiff ein, sei ein starker Faktor für den verstärkten Einsatz der Leihkräfte gewesen, vor allem in Hochlohnbranchen wie der Metall- und Chemieindustrie konnten die Unternehmen dadurch mühelos die hohen Tarife umgehen – zum Ärger der Gewerkschaften. Durch die billigen und flexiblen Kräfte seien nicht nur neue Arbeitsplätze geschaffen, sondern auch alte gesichert worden, schwärmt Branchenlobbyist Thomas Bäumer in seiner Funktion als Vizechef beim BZA. Weil mit den neuen Kollegen die Kosten sanken, hätten viele Betriebe ihre Produktion nicht ins billigere Ausland verlagern müssen.

Das Wunder am Arbeitsmarkt: Eine Million neue Jobs

Tatsächlich ging ein Großteil der Arbeitsplätze, die im vergangenen Aufschwung entstanden, auf das Konto der Zeitarbeitsbranche. Großkonzerne wie BMW oder Infineon bedienten sich kräftig bei Randstad und Co., in den Werken in Leipzig und Dresden zum Beispiel stellten Leiharbeiter lange Zeit über ein Drittel der Belegschaft. Vor allem in der Anfangsphase, als viele Unternehmen noch unsicher waren, wie lange die Gut-Wetter-Phase dauern würde, waren die Personalserviceagenturen gefragt. Mitte 2006 besetzten sie über 75 Prozent der neuen Jobs, die in Deutschland entstanden. Erst als sich der Aufschwung auf breiter Front durchsetzte, stellten die Unternehmen mehr und mehr festes Personal ein, der Anteil der Leiharbeiter an den Neueinstellungen sank bis Ende 2007 auf 16 Prozent.

Für die Zeitarbeitsbranche waren das goldene Jahre, sie profitierte wie kaum eine andere vom Aufschwung. Die Umsätze der rund 7500 aktiven Leihfirmen verdoppelten sich auf 14 Milliarden Euro. Marktführer Randstad verdreifachte seine Erlöse auf 1,62 Milliarden Euro. Gleichzeitig sank die Zahl der Stellensuchenden in Deutschland in beinahe atemraubendem Tempo auf unter drei Millionen, was die Leihfirmen gern als ihren Erfolg reklamieren. »Dies ist auch ein Verdienst der Zeitarbeit«, meint der Hauptgeschäftsführer des BZA, Ludger Hinsen. In jedem Fall gab die neue Beweglichkeit dem Arbeitsmarkt die Kraft zu einem ungeahnten Höhenflug, der den Arbeitsminister bereits von Vollbeschäftigung träumen ließ. Gerade die Entwicklung in der Schlussphase des Aufschwungs ist erstaunlich. Allein in den Jahren 2007 und 2008 entstanden eine Million neue Vollzeitjobs. Welch eine Dynamik. Kann es da noch Zweifel geben an der Wirksamkeit der Reformpolitik der vergangenen Jahre?

Beim genaueren Hinsehen allerdings verblasst der Glanz des Aufschwungs. Stellt man das vermeintliche Beschäftigungswunder in einen zeitlichen Kontext, vergleicht man also den 2008 zu Ende gegangenen Boom mit der Hochphase Ende der 90er Jahre, dann relativieren sich die Erfolge. Das erste Ergebnis lautet: Es gibt heute nicht mehr Beschäftigung als zu Beginn der Dekade. Die Arbeit wird nur anders, sie wird auf mehr Schultern verteilt, das ist die erfreuliche Botschaft. Die weniger erfreuliche Botschaft ist: Es sind vor allem unsichere und prekäre Jobs, die in den vergangenen Jahren entstanden sind. »Die neuen Jobs haben nicht die Qualität wie früher«, räumt sogar Frank-Jürgen Weise, Vorstandsvorsitzender der Bundesagentur für Arbeit, ein. Sie sind nicht nur unsicherer, sondern auch schlechter bezahlt.

Die Schattenseite

Die Zahl der Mini- und Midijobs schnellte in die Höhe, die Ein-Euro-Jobber hatten Konjunktur und auch die Ich-AG sorgte für Entlastung am Arbeitsmarkt, die Zahl der Selbstständigen stieg in den vergangenen Jahren um eine halbe Million. Der klassische Voll-

Der Jobmotor in der Krise

zeitarbeitsplatz aber ist auf dem Rückzug – trotz einer Million neuer Arbeitsplätze in den Jahren 2007 und 2008. Um dies zu verstehen, muss man auf den Abschwung nach dem Börsencrash 2001 zurückblicken. Nachdem die Blase an den Aktienmärkten geplatzt und die New Economy entzaubert war, schlug die Stimmung schlagartig um. Die Wirtschaft stagnierte hartnäckig, die Unternehmen dünnten die Belegschaften radikal aus. Allein in den ersten fünf Jahren der Dekade wurden zweieinhalb Millionen Vollzeitstellen gestrichen – ein gewaltiger Aderlass, der kurzfristig die Kosten senkte und die Bilanzen aufbesserte, aber im folgenden Aufschwung große Probleme schuf. Weil die Belegschaften im Abschwung so entschlossen verkleinert wurden, erklang schon bald die Klage: Uns fehlen die Fachkräfte.

Es war also vor allem ein ungeheuerer Nachholbedarf nach den Massenentlassungen zu Beginn der Dekade, der den Boom am Arbeitsmarkt seit 2005 ausgelöst hat. Die Belegschaften waren so ausgezehrt, dass die Unternehmen schnell neues Personal einstellen mussten, um die sich füllenden Auftragsbücher abarbeiten zu können. Anfangs, als sie der Konjunktur noch nicht so recht trauten, setzten sie vor allem auf Leihkräfte. Als die Wirtschaft unter Volldampf stand, stellten sie auch feste Kräfte in großem Stil ein. Aber die zuvor gerissenen Lücken waren groß. Unterm Strich fällt die Bilanz ernüchternd aus. 2008 wurde insgesamt nicht mehr gearbeitet als in der Hochphase des vorangegangenen Zyklus, im Jahr 2000. Aber es hat dramatische Verschiebungen gegeben. 23,6 Millionen Menschen hatten 2008 einen Vollzeitjob, zwei Millionen weniger als acht Jahre zuvor. Dieser Verlust wurde durch das enorme Wachstum der Teilzeitjobs kompensiert, sie vermehrten sich im Lauf der Dekade um 2,6 Millionen auf insgesamt 12,1 Millionen.

Angesichts dieser Zahlen schrumpft das Beschäftigungswunder der vergangenen Jahre auf Normalgröße. Und auch die Erfolge der

Reformpolitik erscheinen nicht mehr ganz so imposant. Markus Promberger vom Institut für Arbeitsmarkt- und Berufsforschung (IAB) konstatiert denn auch nüchtern: »Die noch gelegentlich beobachtbare Euphorie hält einer Konfrontation mit den Forschungsergebnissen nicht stand.«

Das gilt, so Promberger, insbesondere für die Leiharbeit. Der Nürnberger Forscher hat in den vergangenen Jahren eine der umfassendsten Studien über die Branche erarbeitet. Sein Fazit: Die arbeitsmarktpolitischen Wirkungen der Leiharbeit werden »häufig überschätzt«. Umstritten ist vor allem, in welchem Umfang Leiharbeit Arbeitslosen hilft, auf dem Arbeitsmarkt wieder Fuß zu fassen.

Geringer Klebeeffekt: Zeitarbeit als Sprungbrett aus der Arbeitslosigkeit?

Sigrid Temme arbeitet seit sieben Jahren als Leiharbeiterin. Sie hat Müll gesammelt und sortiert, hat für Miele Unterschränke montiert, hat in der Großküche Geschirr gespült. Manchmal für ein paar Tage, manchmal für einige Monate, aber nie mit der Aussicht auf einen festen Job. Die gelernte Näherin wandert seit sieben Jahren von einer Zeitarbeitsfirma zur nächsten, immer wieder unterbrochen von Zeiten der Arbeitslosigkeit. »Es ist ein ständiger Kampf. Diese Unsicherheit ist schwer zu ertragen. Nie weiß ich, wie lange ich den Job noch habe.« Manchmal wurde sie gekündigt, weil sie krank wurde, weil sie einfach nicht mehr konnte. Die Füße taten ihr weh, sie hat Arthrose im Knie – für den Arbeitgeber ein Grund zur Entlassung.

Das Leben als Leiharbeiterin – für Sigrid Temme ist es ein Kampf ums tägliche Überleben. Ein Kampf, der ihr mit zunehmendem Alter schwerfällt. Sie kann nicht mehr den ganzen Tag am Band stehen oder im Großmarkt schwere Kisten schleppen wie in früheren Jahren. 54 Jahre ist sie alt und sie fragt sich, wie es weitergehen soll. »Elf Jahre muss ich noch«, sagt sie. Elf Jahre, dann bekommt sie Rente. Viel wird es nicht sein, was sie zu erwarten hat. Aber was ihr mehr zu schaffen macht, ist das Gefühl, dass sie schon längst die Kontrolle über ihr Leben verloren hat. Von dem, was sie verdient, kann sie nicht leben. 750 Euro, mehr bekommt sie selten am Monatsende aufs Konto überwiesen, für 35 bis 40 Stunden pro Woche. Arbeit, die arm macht. »Ich bin so weit abgerutscht, dass ich manchmal hier zwei, drei Tage gesessen habe und nichts zu essen hatte. Ich hatte einfach kein Geld mehr.« Wie kommt sie aus diesem Teufelskreis wieder heraus? Zurzeit ist sie arbeitslos, ihr nächster Job wird wieder eine Leiharbeit sein. Da ist sie sich ziemlich sicher. »Etwas anderes gibt es für mich offenbar nicht.« Vielleicht sollte sie umziehen, in die nächstgrößere Stadt, nach Paderborn. Vielleicht hätte sie dort mehr Chancen, hat sie oft gedacht, vielleicht fände sie dort eher einen festen Arbeitsplatz.

Sigrid Temme ist kein ungewöhnlicher Fall. Die wenigsten bleiben in einem der Betriebe, in den sie entliehen werden. Klebeeffekt nennen Arbeitsmarktforscher diesen Vorgang, wenn Leihkräfte von ihrem Einsatzbetrieb fest übernommen werden. Gudrun Weinkopf vom Institut für Arbeit und Qualifikation (IAQ) schätzt den Klebeeffekt – wie Promberger auch – auf 15 Prozent, nur jede siebte Leihkraft würde demnach fest übernommen.

Das arbeitgebernahe Institut der Deutschen Wirtschaft (IW) in Köln kommt zu einem anderen Ergebnis. Jede vierte Leihkraft werde im Schnitt vom Entleihbetrieb übernommen, haben die Kölner Forscher ermittelt. Weitere 20 Prozent der Leihkräfte kämen außerdem bei anderen Betrieben unter. Fast jeder Zweite, so die hoffnungsfrohe Nachricht, fände über die Leiharbeit also zurück auf den Arbeitsmarkt. »Für Einsteiger und Wiedereinsteiger«, so die Schlussfolgerung des IW, »ist Zeitarbeit das Sprungbrett zurück in den Job.«

Sigrid Temme, 54 Jahre, Zeitarbeiterin

Ich arbeite seit sieben Jahren als Leiharbeiterin. Ich habe alles gemacht, was man sich so vorstellen kann. Ich hab in Großküchen das Geschirr gespült, ich habe in Plastikfabriken an der Presse gestanden, habe im Großmarkt die Obstkisten geschleppt. Zwischendurch war ich immer wieder arbeitslos. Es ist ein Teufelskreis, ich komme da einfach nicht raus. Das Geld reicht hinten und vorne nicht, ich hab selten mehr als 800 Euro, und das für einen Vollzeitjob. Das geht doch nicht. Wie soll man so leben. Ich muss doch auch Miete zahlen und alles. Ich bin immer weiter abgerutscht, manchmal habe ich hier zwei, drei Tage nichts zu essen, kann mir nichts mehr kaufen, weil ich kein Geld mehr hatte. Ich hab dann hier gesessen und nur noch geweint.

Ich will das nicht mehr. Einmal habe ich Müll sortiert, das war unterm Dach, es war höllisch heiß, bestimmt 45 Grad. Es stank bestialisch, da lagen tote Ratten auf dem Band, überall waren Fliegen und es stank bestialisch. Und um Monatsende musste ich zur Arbeitsagentur, Hartz IV beantragen, weil der Lohn nicht reichte. Die Arbeitsagentur hatte auch nie was für mich, die haben mich immer weitergereicht an Zeitarbeitsfirmen. Einmal hatten sie einen 1-Euro-Job für mich. Ich sollte im Park Laub fegen.

Ich komme mir so unmündig vor. Dabei will ich nur arbeiten. Ich will so viel verdienen, dass ich über die Runden komme. Aber das klappt nicht. Am Wochenende ziehe ich oft morgens los, ich sammele die Bierflaschen ein, weil da ist ja Pfand drauf.

Elf Jahre muss ich noch durchhalten bis zur Rente. Aber es fällt mir immer schwerer. Ich habe Arthrose im Knie, der Rücken tut mir weh. Ich kann auch gar nicht mehr so lange stehen, dann tun mir die Gelenke weh. Wenn ich dann der Zeitarbeitsfirma sage, ich kann nicht mehr, dann stehe ich gleich wieder auf der Straße.

Vor allem Schwervermittelbare, Langzeitarbeitslose zum Beispiel, bekämen wieder eine Chance, meint Ludger Hinsen, Hauptgeschäftsführer des Branchenverbands BZA und Auftraggeber der Studie. Zeitarbeit trage damit auch »wesentlich zur Entlastung der deutschen Sozialsysteme bei«.

Die meisten Arbeitsmarktexperten sind da skeptischer. Die Übernahme von Leiharbeitern im großen Stil sei die Ausnahme, meint Wolfgang Wassermann. Er hat Betriebsräte befragt. Sein Ergebnis: Nicht einmal jeder fünfte Betrieb hatte mehr als zehn Prozent der Leihkräfte übernommen. Übernahmequoten von 40 Prozent und mehr, wie sie auch die Hartz-Kommission erwartet hatte, »erscheinen utopisch«, so IAB-Mann Promberger. Der Berliner Ökonom Michael Burda kommt zu dem grundlegenden Schluss: Es gibt »keine belastbare Evidenz für die Existenz einer quantitativ bedeutsamen Sprungbrettfunktion der Zeitarbeit in Deutschland«.[16] Lutz Bellmann vom IAB, dem Thinktank der Arbeitsagentur, kommt zu einem verblüffend ähnlichen Ergebnis. »Leiharbeit als alternative Probezeit zu verstehen, die mögliche Klebeeffekte nach sich zieht, verkennt die Realitäten.«

Bei der Bundesagentur für Arbeit hört man solche Einschätzungen nicht gern. Denn die Nürnberger Behörde hat den Aufstieg der Zeitarbeit nach Kräften gefördert. Sie hat ein Kooperationsabkommen mit den größten Zeitarbeitsfirmen geschlossen. Die Agenturen vor Ort bieten ihnen einen direkten Zugang zum Stellenpool und einen festen Ansprechpartner, der sich um ihre Bedürfnisse kümmert. »Wir versprechen den Zeitarbeitsfirmen: Ihr kriegt in maximal 48 Stunden einen Bewerber für eine Stelle, die ihr besetzen wollt«, sagt Peter Welters, Chef der Arbeitsagentur in Köln. Er hält die Zusammenarbeit mit den Service-Agenturen für einen Segen. Seine Lebenserfahrung sagt ihm: Je länger einer in der Arbeitslosigkeit verharrt, desto schlechter sind seine Chancen, einen Job zu finden. »Daher sage ich: Besser einen Job bei einer Leihfirma als arbeitslos«.

Viele Leiharbeiter machen aber wie Sigrid Temme die Erfahrung, dass es mit der Sprungbrettfunktion der Leiharbeit nicht so weit her ist – die Übernahme in einen festen Job hat sich für sie als unerreichbares Ziel herausgestellt. Und ein Blick auf das Stellenangebot der Arbeitsagentur macht diese Erfahrung plausibel. Denn die Leihfirmen zählen inzwischen zu den wichtigsten Kunden der Agenturen. Mittlerweile kommt jedes dritte Stellenangebot, das die Bundesagentur in der Datenbank führt, von einer Zeitarbeitsfirma, dreimal so viel wie vor fünf Jahren.

Neue Berufskarrieren: Einmal Leiharbeiter, immer Leiharbeiter

Vor allem schlecht qualifizierte Stellensuchende landen beinahe zwangsläufig bei einer Zeitarbeitsfirma. Zwei Drittel der Stellen, die die Arbeitsverwaltung für sie im Angebot hat, stammen von Personalfirmen. Ähnlich sieht es bei Ausbildungsberufen in der Industrie aus, um Schlosser, Mechaniker oder Metallarbeiter zu finden, gehen die Unternehmen inzwischen nicht mehr zur Arbeitsagentur, sondern schalten Zeitarbeitsfirmen ein. Im Klartext: Die Arbeitsagenturen reichen einen wachsenden Teil ihrer Klientel gleich weiter an die Zeitarbeitsfirmen.

Der Vorsitzende der Kölner Agentur für Arbeit, Peter Welters, hält dies gleichwohl nicht für ein Misstrauensvotum der Wirtschaft gegenüber den Arbeitsagenturen. Zeitarbeit habe sich längst etabliert und sei für ihn ein überaus wichtiger Partner in der Vermittlungsarbeit. Im Übrigen sei es ja erklärter Wille der Politik gewesen, dass die Zeitarbeit eine größere Rolle auf dem Arbeitsmarkt übernimmt.

Kritiker wie Wilhelm Adamy vom Deutschen Gewerkschaftsbund dagegen sind irritiert über die große Nähe zwischen Arbeitsagenturen und Zeitarbeitsfirmen. Er sieht auch das Kooperationsabkommen, das die Bundesagentur mit den Leihfirmen geschlossen hat, mit Skepsis. Der Zugang zum Stellenpool, die kürzeren Reaktionszeiten, das alles soll helfen, den kurzfristigen Personalbedarf der Zeitarbeitsfirmen schneller und passgenauer zu decken, sagt BA-Vorstand Raimund Becker. Die Behörde, kritisiert der DGB-Mann Adamy, fördere damit unsichere und schlecht bezahlte Beschäftigung, statt dafür zu sorgen, dass Arbeitslose in sichere Jobs vermittelt werden. Sie beschleunige damit den Vormarsch prekärer Beschäftigungsformen. »Das darf nicht Aufgabe der Arbeitsagenturen sein.«

In welchem Ausmaß Leiharbeit reguläre Stellen direkt verdrängt, ist allerdings umstritten. Das gewerkschaftsnahe Wirtschafts- und Sozialwissenschaftliche Institut (WSI) der Hans-Böckler-Stiftung schätzt, dass in einem Viertel der Entleihbetriebe Stellen verloren gingen. »Es ist unübersehbar, dass sich die Funktion von Leiharbeit wandelt. Teilweise ersetzt sie feste Beschäftigung, und manche Unternehmen setzen Leiharbeiter als flexible Quasi-Stammbelegschaft ein.«

Autoexperte Ferdinand Dudenhöfer sieht das ähnlich, wenngleich mit etwas anderer Akzentuierung. Die Autokonzerne hätten heute nur noch eine Chance, wenn sie ihre Kapazitäten blitzschnell runter- und bei Bedarf wieder hochfahren könnten. Ihm gilt das BMW-Werk in Leipzig als Vorbild, dort machten die Leihkräfte in Spitzenzeiten 30 Prozent der Beschäftigten aus, derzeit tendiert ihre Zahl gegen Null. Daraus aber den Schluss zu ziehen, dass die Zeitarbeit auf dem Rückzug sei, hält er für abwegig. Er geht davon aus, dass die Bedeutung der Zeitarbeit in den nächsten Jahren weiter wachsen wird. Irgendwann ist auch der gegenwärtige Abwärtssog vorbei, im dann folgenden Aufschwung, so schätzt Dudenhöfer, werden die PS-Konzerne mehr noch als in der Vergangenheit ihren Personalbedarf über Zeitfirmen decken.

Nur eine kleine Delle: Die Zeitarbeitsbranche wird gestärkt aus der Krise hervorgehen

Großes Potenzial attestierte auch der 2008 verstorbene Adecco-Gründer Klaus J. Jacobs der Branche. Zeitarbeitsfirmen würden in Zukunft nicht mehr nur Lückenfüller sein, sondern sich mehr und mehr zu strategischen Lenkern entwickeln. Immer mehr Unternehmen, so Jacobs, würden dazu übergehen, ihre Personalabteilung komplett an Leasing-Firmen wie Adecco auszugliedern. Außerhalb Deutschlands sei das längst Realität.[17]

Auch das Institut für Wirtschaftsforschung Halle sieht noch viel Luft nach oben. Auf mittlere Sicht, konstatiert Arbeitsmarktforscher Herbert Buscher, könnte die Zahl der Leihkräfte auf vier bis fünf Millionen anschwellen. Das wären siebenmal so viel wie in der Hochphase des vergangenen Aufschwungs.[18] Die Personalpolitik in den Unternehmen habe sich grundlegend geändert, meint Buscher. Unbefristete Beschäftigung werde zunehmend vermieden, temporärer Bedarf werde über Leiharbeit oder befristete Beschäftigung abgedeckt. »Was bleibt, ist eine Kernbelegschaft, die für die Existenzsicherung des Betriebs notwendig ist.«

Auch Hanno Hoff, Gesamtbetriebsratsvorsitzender des Zeitarbeitskonzerns Randstad, geht davon aus, dass die Zeitarbeitsbranche gestärkt aus der Krise hervorgehen wird. »Irgendwann wird die Rezession vorbei sein. Und wenn die Unternehmen dann Personal suchen, dann werden sie erst mal Zeitarbeiter einstellen. Und zwar in noch größerem Umfang als bislang. Sie wissen inzwischen, dass sie das Risiko so minimieren können. Das kann man traurig finden, aber es ist einfach so.« Verdi-Mitglied Hanno Hoff rät seinen Gewerkschaftskollegen, sich diesen Realitäten zu stellen. Egal, wie man zur Zeitarbeit stehe: Auch die Skeptiker müssten einsehen, dass sie das Rad nicht mehr zurückdrehen könnten. »Zeitarbeit hat sich etabliert«, sagt er. »Die Unternehmen brauchen diese Flexibilität.« In den Reihen von IG Metall, Verdi und Co. spricht man das nur ungern so offen aus. Aber auch die Zeitarbeitskritiker innerhalb der Gewerkschaften haben ihre Fundamentalopposition weitgehend aufgegeben. Er sei gar nicht gegen Leiharbeit als modernes Mittel der Personalpolitik, lässt etwa Franz-Josef Möllenberg, Chef der Gewerkschaft Nahrung, Genuss und Gaststätten, verlauten. »Aber ich bin gegen Lohndumping, und das findet in der Branche statt. Und das muss bekämpft werden.« Allerdings weiß auch Möllenberg um die begrenzten Mittel der Gewerkschaften. Zum Streik seien die Gewerkschaften in der Leiharbeitsbranche kaum in der Lage.

Kapitel 4

Die Schattenseiten – Lohndumping und prekäre Beschäftigung durch Zeitarbeit

Nun müssen die Richter helfen. Bernd Schuhmann* setzt große Hoffnungen in den Prozess, den er angestrengt hat. Er soll sein Rettungsanker sein, ein Strohhalm, an den er sich klammert, der ihm helfen soll, einen Weg aus seiner Misere zu finden. Seit Jahren hangelt sich Schuhmann von einer prekären Beschäftigung zur nächsten. Er arbeitet Vollzeit – und kommt doch nicht hin mit seinem Lohn. Meist verdient er so wenig, dass die Arbeitsagentur ihm das karge Gehalt mit Hartz IV aufstocken muss.

Doch damit soll nun Schluss sein. Schuhmann hat geklagt. Er will endlich ordentlich bezahlt werden für seine Arbeit, will nicht mehr hinnehmen, dass er wie ein Arbeiter zweiter Klasse behandelt wird. Denn genau so fühlt er sich. Er erledigt die gleichen Jobs wie seine Arbeitskollegen und bekommt doch viel weniger dafür ausbezahlt. Denn Bernd Schuhman ist Leiharbeiter. Und für die gelten besondere Regeln.

Bei einem seiner letzten Jobs in einer Großdruckerei in Landau war es besonders arg. Anderthalb Jahre arbeitete er dort, dann reichte er Klage ein. Schuhmann sah einfach nicht mehr ein, warum er mit einem Lohn abgespeist wurde, der zum Leben nicht reichte. Mit 6 Euro 15 pro Stunde fing er an, nach der Probezeit waren es

* Name geändert

Die Schattenseiten

Bernd Schuhmann, 43 Jahre, Drucker

Als ich den Arbeitsvertrag sah, bin ich fast vom Stuhl gefallen. 6 Euro 15, die Festangestellten bekamen mehr als das Doppelte. In der Anzeige und im Vorstellungsgespräch war nie die Rede von Leiharbeit und von so einer miserablen Bezahlung. Aber was sollte ich machen. Wenn ich den Job abgesagt hätte, hätte ich Ärger mit der Arbeitsagentur bekommen. Und ich wollte ja auch arbeiten. Aber nicht zu solchen Bedingungen. Das ist einfach ungerecht. Wie soll eine Familie von 600 Euro im Monat leben? Ich habe mir dann noch andere Jobs gesucht, um zusätzlich Geld zu verdienen. Habe abends und am Wochenende im Supermarkt Regale eingeräumt. Trotzdem kamen wir mit dem Geld nicht klar. Das war nicht einfach. Unsere Tochter war gerade ein Jahr alt, ich war kaum zu Hause, habe ständig gearbeitet, und trotzdem hat das Geld nicht gereicht. Das hat uns schon sehr belastet. Es gab oft Streit. Immer war die Frage: Was können wir uns noch leisten? Wo können wir noch sparen?

Wir leben inzwischen getrennt. Und jetzt im Rückblick muss ich schon sagen: Diese ganze Situation hat uns einfach überfordert. Das Geld, der Stress, diese aussichtslose Situation. Das hat uns einfach mürbe gemacht.

Dabei bin ich gelernter Drucker. Aber ich werde bezahlt wie ein Hilfsarbeiter. Das macht mich wirklich wütend. Wütend auf die Politik, wütend auf die großen Parteien. Die haben das doch zu verantworten, dass Leiharbeiter wie ich so schlecht behandelt werden. Die könnten das ändern, aber sie tun nichts.

Seit meiner Druckerlehre bin ich durch die ganze Republik getingelt. Immer der Arbeit hinterher. Ich habe im Rheinland und in Mecklenburg-Vorpommern in Druckereien gearbeitet. Habe im Siegerland Kasernen bewacht und in Frankfurt im Lager Regale bestückt. Zwischendurch war ich immer mal wieder arbeitslos. Eigentlich war es ein schleichender Weg nach unten. Schritt für Schritt. Jetzt bekomme ich nur noch Jobs in der Leiharbeit. Dagegen hätte ich auch eigentlich nichts, wenn ich davon nur halbwegs leben könnte. Aber das kann man nicht.

sieben Euro. Zu wenig für ihn, seine Frau und die ein Jahr alte Tochter. Schuhmann war gerade Vater geworden, seine Frau kümmerte sich um das Kind. »Wir kamen hinten und vorne nicht klar mit dem Geld«, sagt Schuhmann und lächelt verlegen.

Der billige Jakob: Wie Herr Schuhmann in anderthalb Jahren einen Kleinwagen verlor

Dabei hätte es doch eigentlich reichen müssen. Schuhmann, ein stämmiger Mann mit streichholzkurzen, dunklen Haaren, ist immerhin gelernter Drucker, eine Fachkraft also. Und er hätte in dem Betrieb, der zur Schlott-Gruppe gehört – das ist einer der größten Druck-Konzerne in Deutschland – eigentlich 13 Euro und 61 Cent die Stunde bekommen müssen. So sah es der Branchentarif vor, den seine Arbeitskollegen erhielten. Die machten die gleiche Arbeit wie er, verdienten aber fast das Doppelte. Schuhmann hat das nicht verstanden. Er ging zur Geschäftsleitung, fragte, ob sich das in Zukunft ändern werde, ob er irgendwann wie ein ganz normaler Druckhelfer angestellt und bezahlt werde. Die Antwort fiel knapp aus: keine Chance. Eine Übernahme ist nicht geplant. Schuhmann war Leiharbeiter und würde es bleiben. »Die hätten mich zwanzig Jahre so weiterbeschäftigt.«

Aus Sicht des Unternehmens ist das verständlich. Warum sollte es auf die billige Fachkraft verzichten? Zumal ja auch alles seine Richtigkeit hatte. Sein Arbeitgeber bezahlte streng nach Tarif – nach Leiharbeitstarif eben. Schuhmann empfand es gleichwohl als deprimierende Ungerechtigkeit.

Er hat nun alles penibel aufgelistet. Hat Arbeitszeiten und Stundenlöhne addiert – und sie mit dem verglichen, was seine fest angestellten Arbeitskollegen bekamen. Das Ergebnis ist ernüchternd. 21 960 Euro und 72 Cent, so viel Geld ist dem Drucker in

Die Schattenseiten

anderthalb Jahren durch die Lappen gegangen. Eine Summe, für die er sich einen Mittelklassewagen hätte kaufen können – wenn er nach dem üblichen Drucktarif bezahlt worden wäre. Aber Schuhmann war eben kein normaler Arbeiter.

Im Januar 2006, seinem ersten Monat in der Druckerei, arbeitete er 150 Stunden und verdiente 1020 Euro brutto. Das waren 43,57 Prozent des Lohns, den die fest angestellten Druckhelfer bekamen. »Wie sollen wir davon leben?«, fragte er sich, nicht ahnend, dass die kommenden Monate noch schlimmer werden sollten. Im März überwies die Firma 255 Euro. Schumann hakte nach. Oh, ein Versehen, 289 Euro wurden ihm bei der nächsten Abrechnung nachgezahlt. Und so ging das immer weiter. Schuhmann ging zur Arbeitsagentur, beantragte Hartz IV und bekam zusätzliche Hilfe. Und er suchte sich Nebenjobs, arbeitete abends und an Wochenenden in Supermärkten. Jobbte außerdem noch bei einem Autozulieferer, dort prüfte er als Leiharbeiter Scheinwerfer. Er war kaum noch zu Hause, sah seine Familie nur noch selten, um halbwegs über die Runden zu kommen.

Nur einmal, das war im August 2006 – Schuhmann hat diesen Monat nicht vergessen, weil er so besonders war –, nur einmal schaffte er es in dieser Zeit, mit seinem Arbeitseinkommen den Hartz-IV-Satz zu überschreiten. In diesem Monat – viele Kollegen waren im Urlaub, die Belegschaft arg ausgedünnt – schuftete er 28 Tage. Er arbeitete früh, spät und nachts, wochentags und am Wochenende. Nur drei Tage hatte er Pause. Das Ergebnis war beeindruckend: Sein Einkommen lag hundert Euro über dem Hartz-IV-Satz. Hundert Euro, das war die Differenz zwischen gar nichts tun und einen Monat durcharbeiten. Ist das gerecht, fragte er sich. Dass er arbeitet ohne Ende – und doch auf keinen grünen Zweig kommt.

Es ist dieses komplizierte Dreiecks-Verhältnis, das die Sache schwierig macht. Schuhmann erledigte in der Druckerei zwar die gleichen

Arbeiten wie seine fest angestellten Kollegen. Er überwachte die mannshohen Druckmaschinen, die Kataloge und Werbeprospekte ausstoßen, säuberte die Walzen, wechselte die Druckzylinder. Aber sein Arbeitgeber war nicht die Landauer Druckerei, sondern die Bremer Leiharbeitsfirma Kruppa. Und die bezahlte ihn nicht als Druckhelfer, sondern zum arbeitgeberfreundlichen Leiharbeitstarif. 6 Euro 15 die Stunde eben.

Ein Schlupfloch im Gesetz: Wie die Leiharbeitsfirmen den Grundsatz der Gleichbehandlung aushebelten

Im Gesetz ist eine derartige Degradierung eigentlich nicht vorgesehen. Einzige Ausnahme: Stellt eine Leiharbeitsfirma einen Arbeitslosen ein, dann kann sie das Salär in den ersten sechs Wochen auf die Höhe des letzten Arbeitslosengeldes absenken. Ansonsten, so formulierte die rot-grüne Koalition im Rahmen der Hartz-Reformen ziemlich eindeutig, müssen Leiharbeiter genauso bezahlt werden wie fest angestellte Beschäftigte. Es sei denn – diese Ausnahme ließ der Gesetzgeber noch zu –, ein Tarifvertrag regelt etwas anderes. Diese doppelte Zielrichtung hob einer der energischsten Verfechter der Reform, der Bundesminister für Wirtschaft und Arbeit Wolfgang Clement, in einer Bundestagsdebatte am 7. November 2002 hervor: »Wir wollen mit prinzipiell gleicher Bezahlung für Leih- und Zeitarbeit wie für Stammbelegschaften der Unternehmen und mit der Orientierung auf Tarifverträge die Arbeitsbedingungen in diesem Bereich für ganz Deutschland regeln. Wir wollen ein Regelung zum Nutzen aller.«

Es zeigte sich aber schnell, dass beides nicht geht. Wer die Gleichbehandlung von Leih- und Stammbeschäftigten erreichen will, darf keine Sonderregeln schaffen. Genau das aber erlaubte der Gesetzgeber. Und dieser unscheinbare Satz, der den Tarifvorbehalt umschrieb,

Die Schattenseiten

hatte durchschlagende Wirkung. Damit öffnete die rot-grüne Koalition ein Schlupfloch, durch das nahezu die gesamte Branche entwich. Und die Politik half sogar noch nach und verschob die Einführung der Novelle um ein Jahr, um »den Tarifparteien Zeit zu geben, in Tarifverträgen angemessene Regelungen zu finden«. Noch bevor das Gesetz in Kraft trat, hatte sich die Regierung längst von ihrem eigenen Grundsatz verabschiedet. Equal Pay war schon Vergangenheit, bevor die Gesetzesreform in Kraft trat.

Gewerkschaften und Arbeitgeber »haben diese Chance genutzt«, stellte die Bundesregierung in ihrem 10. Bericht zur Leiharbeit im September 2005 gleichwohl zufrieden fest. Bis Ende 2003 war die Leiharbeit flächendeckend mit Tarifverträgen versorgt, drei Arbeitgeberverbände hatten sich formiert, die beiden größeren (BZA und iGZ) schlossen mit einer Tarifgemeinschaft der DGB-Gewerkschaften ein Regelwerk ab, der kleinere AMP mit einem Verbund christlicher Gewerkschaften.

Von der im Gesetz formulierten Gleichbehandlung konnte spätestens jetzt keine Rede mehr sein. Denn geliehene Drucker wurden nun eben nicht wie Drucker, sondern wie Leiharbeiter bezahlt. Mit dem kleinen Zusatz im Gesetz also gab die Koalition den Unternehmen ein wirksames Mittel in die Hand, um geltende Tarifverträge elegant und mühelos zu umgehen. Dies war der Startschuss, um in großem Stil vor allem in Hochlohnbranchen wie der Metall- und Elektroindustrie Billigarbeitsplätze zu schaffen.

Mit der Wucht, mit der die Dämme brachen, hatten allerdings nur die wenigsten gerechnet. Am allerwenigsten wohl die Gewerkschaften selbst. In deren Ohren klang die neue Regelung gar nicht so schlecht. Was war schon gegen eigene Tarifverträge für die Leiharbeitsbranche einzuwenden? Aus Sicht vieler Gewerkschafter war das eine Schmuddelbranche, die sie gern mit Menschenhandel und Sklavenarbeit in Verbindung brachten. Keine Tarifverträge, keine

Betriebsräte, miese Bezahlung. Wenn man dort die Dinge nun neu regeln würde, wenn man die Arbeitgeber zu einheitlichen Spielregeln zwingen könnte – das wäre doch ein Fortschritt. Vorrang für die Tarifautonomie, so hieß die Devise. Arbeitgeber und Gewerkschaften sollten die Arbeitsbedingungen in der Leiharbeitsbranche auf eine neue Grundlage stellen. War das nicht die Chance, hier einiges geradezurücken?

Vorrang für die Tarifautonomie

Wer das gehofft hatte, sah sich schnell enttäuscht. Gebessert hat sich wenig. Im Gegenteil. Die Gewerkschaften müssen einräumen, dass mit ihrer Hilfe genau das installiert wurde, was sie eigentlich verhindern wollten: ein neuer Niedriglohnsektor. Die Bilanz aus Gewerkschaftssicht fällt ziemlich ernüchternd aus, die Arbeitgeber dagegen können sich freuen. Die Niedriglöhne der Branche stehen auf einer soliden Grundlage. Den Kritikern ist nun erst einmal der Wind aus den Segeln genommen: Schließlich haben die Gewerkschaften die neuen Regeln ja abgesegnet.

Alles in Ordnung, wir zahlen nach Tarif, heißt es seitdem einmütig in der Branche. Während die Gewerkschaften in Industrie, Handel und Servicesektor immer größere Mühe haben, die Flucht der Unternehmen aus der Tarifbindung zu stoppen, passiert in der Leiharbeitsbranche genau das Gegenteil. Tarifverträge lohnen sich, lautet dort die Devise. Fast alle Firmen haben sich dem Regime der Tarifparteien unterworfen. Eine Erfolgsmeldung, die im Gewerkschaftslager allerdings nur zähneknirschend zur Kenntnis genommen wird. Denn mit jedem neuen Tarifvertrag haben sich IG Metall und Co. von ihrem eigentlichen Ziel entfernt: Nämlich dafür zu sorgen, dass Leiharbeiter gleich behandelt werden wie die übrigen Beschäftigten in einem Betrieb.

Die Schattenseiten

Wie aber kam es, dass die Gewerkschaften in die Tariffalle tappten? Hätten sie nicht besser gar nichts getan, die Hände einfach in den Schoß gelegt – und damit den Weg geebnet für die Equal-Pay-Klausel? So hätten sie ihr Ziel praktisch im Schlaf erreicht. Warum halfen sie mit, jene Regeln zu formulieren, die die Zweiteilung in den Betrieben erst zementierte? Hätten sie keine speziellen Tarifverträge für die Leiharbeiter abgeschlossen, dann wäre ja die im Gesetz formulierte Stoßrichtung zur Geltung gekommen: das Prinzip der Gleichbehandlung. Dann hätte der Drucker Schuhmann zum Beispiel von Anfang an Anspruch auf 13 Euro 61 pro Stunde gehabt – und keine lausige 6 Euro 15 verdient.

Konkurrenz belebt das Geschäft: Christliche Gewerkschaften treten aus der Nische

In der Praxis aber zeigte sich, dass es eine Alternative nicht wirklich gab. Denn die Arbeitgeber wollten Tarifverträge, um den sogenannten Eqal-Pay-Passus auszuhebeln. Und sie fanden Verhandlungspartner, die zur Kooperation bereit waren – auch außerhalb der mächtigen DGB-Gewerkschaften. Auf der Bildfläche erschienen Arbeitnehmervertreter, die jahrzehntelang ein Schattendasein gefristet hatten, denen es nie gelungen war, in den Betrieben eine wirkliche Basis zu finden: die christlichen Gewerkschaften. Jetzt schlug ihre Stunde, jetzt war für sie die Chance gekommen, aus der Nische hervorzutreten.

So schloss der Bund der Christlichen Gewerkschaften schon am 25. Februar 2003 einen Tarifvertrag für die Leiharbeitsbranche mit der Interessengemeinschaft nordbayerischer Zeitarbeitsunternehmen ab. Und setzte damit einen ersten Orientierungspunkt. Einstiegslöhne von 5 Euro 60 zeigten, wohin die Reise ging – ein neuer Niedriglohnsektor entstand.

Für die dominierenden DGB-Gewerkschaften eine unbequeme Lage. Sollten sie der ungeliebten christlichen Konkurrenz das Feld überlassen? Oder nicht doch besser mitmachen? Der DGB entschied sich fürs Mitmachen, konnte sich dem Abwärtstrend aber nicht entscheidend widersetzen. Angeblich war ein Tarifvertrag für Westdeutschland schon fast unter Dach und Fach – mit einem Einstiegstarif von 8 Euro 40 und einem Stufenmodell, das schrittweise zur Gleichbezahlung führen sollte. Als dann aber plötzlich die christlichen Gewerkschaften auf den Plan traten, sanken die Tarife. Die Arbeitgeber machten einen Rückzieher, die Gewerkschaften gerieten unter Druck. Mehr als 6 Euro 85 in der untersten Lohnstufe war für den konkurrenzentwöhnten Dachverband nicht drin. 18 Prozent weniger als ursprünglich vereinbart, wie der DGB noch heute empört konstatiert.

Es formierten sich in kurzer Zeit drei Arbeitgeberverbände und zwei Gewerkschaftsverbunde, die miteinander konkurrierende Regelwerke abschlossen, in denen Arbeitszeiten und Stundenlöhne, Urlaub und Zuschläge geregelt wurden. Und nahezu alle Betriebe schlossen sich an. »Die Branche ist fast zu hundert Prozent tariflich gebunden«, sagt Gunter Smits, Geschäftsführer der Tarifgemeinschaft Christlicher Gewerkschaften für Zeitarbeit und Personalserviceagenturen (CGZP). »Das gibt es in kaum einer anderen Branche.« Für die christlichen Gewerkschaften war der Boom der Zeitarbeit ein Glücksfall. Die dominierenden DGB-Gewerkschaften hatten es versäumt, das Feld frühzeitig abzustecken. Für sie waren die Leihkräfte allzu lang nur die ungeliebte Billigkonkurrenz, die sie geflissentlich übersahen. »Dadurch hatten wir hier ganz andere Startbedingungen«, so Gewerkschafter Smits. Ein Drittel der Zeitarbeiter, so schätzt selbst der DGB, wird nach christlichen Tarifverträgen bezahlt.

So wie Bernd Schuhmann. Sein Minilohn war ordentlich im Tarifvertrag fixiert, seine Schlechterstellung demnach gut abgesichert.

Und doch glaubt der Mann aus der Pfalz den Hebel gefunden zu haben, um ein Loch in das tarifliche Mauerwerk zu reißen. Er will vor Gericht nachweisen, dass der Tarifvertrag, dem sich sein Arbeitgeber untergeordnet hatte, nicht gültig ist. Er wurde von seiner Leiharbeitsfirma nämlich nach dem Tarif des christlichen Dachverbandes bezahlt. Und diese Mini-Organisation, so glaubt Schuhmann belegen zu können, ist bestenfalls eine Pseudo-Gewerkschaft, die gar nicht in der Lage ist, Tarifverträge auszuhandeln. Wenn aber der Tarifvertrag gar nicht rechtens ist, dann müsste Schuhmann bezahlt werden wie seine fest angestellten Kollegen.

Hat Schuhmann mit seiner Klage Erfolg, dann brächte ihm das zwar seinen Job nicht zurück – sein Arbeitgeber kündigte ihn, als er die Klage einreichte. Aber er hätte Anspruch auf eine üppige Nachzahlung. Es geht um 20 000 Euro – und um die Frage, wer in Deutschland eigentlich Tarifverträge abschließen darf.

Stundenlöhne für Zeitarbeiter ab drei Euro: Sind die christlichen Splitterorganisationen überhaupt Gewerkschaften?

Ist die Tarifgemeinschaft Christlicher Gewerkschaften für Zeitarbeit und Personalserviceagenturen eine Gewerkschaft? Oder ist sie nur eine machtlose Hülle, unfähig, die Interessen der Beschäftigten durchzusetzen? Das ist die Frage, auf die sich die Anwälte von Schuhmann in dem Verfahren konzentrieren. Sie wollen nachweisen, dass es der CGZP an den entscheidenden Befähigungen mangelt. Und dass daher auch die Tarifverträge nichtig sind, nach denen Schuhmann 18 Monate lang bei der Druckerei sein karges Gehalt bezog. Schließt sich das Gericht dieser Haltung an, dann hätte Schuhmann 18 Monate lang zu wenig Geld bekommen. Geld, das er nun nachfordern könnte und das ausreichen würde, um sich einen Mittelklassewagen zu leisten. Schützenhilfe bekommt Schuhmann inzwischen aus Berlin. Dort haben der Senat und die Dienstleistungsgewerkschaft Verdi gemeinsam eine Klage eingereicht. Auch sie wollen dem christlichen Verbund per Gerichtsentscheid die Befugnis absprechen lassen, Tarifverträge abzuschließen.

Und die Chancen stehen gar nicht mal so schlecht. In der Vergangenheit haben verschiedene Gerichte immer wieder Zweifel an der Tariffähigkeit der christlichen Gewerkschaften geäußert. Zweifel, die immer wieder genährt werden von Berichten über Dumpinglöhne, die von den christlichen Organisationen ausgehandelt wurden. Der ungleich mächtigere Deutsche Gewerkschaftsbund spricht von »Gefälligkeitstarifverträgen«, mit denen die christliche Konkurrenz die höheren Tarife der Einheitsgewerkschaften unterlaufe. Tarifverträge, die nur einer Seite nutzten: den Arbeitgebern.

Für Aufsehen sorgte etwa der Fall einer jungen Türkin. Fatma Dogu heißt sie, eine alleinerziehende Frau, die ganztags in der Fabrik schuftete und doch zu wenig verdiente, um sich und ihre Kinder durchzubringen. 4 Euro 81 bekam sie pro Stunde. So ist es im Tarifvertrag festgehalten, den die Leihfirma in einem Haustarifvertrag mit der Tarifgemeinschaft Christlicher Gewerkschaften ausgehandelt hatte.

Und was die Sache noch obskurer macht: Bei der Unterzeichnung des Arbeitsvertrags soll ihr der Arbeitgeber, die Leihfirma GENS, einen Zettel zur Unterschrift vorgelegt haben. Angeblich war es der Mitgliedsantrag einer christlichen Gewerkschaft. Der Mitgliedsbeitrag, so berichtete das ARD-Magazin Report, wurde direkt vom Lohn abgezogen.[19]

Merkwürdig – eine Gewerkschaft, die sich vom Arbeitgeber Mitglieder anwerben lässt. Und Tarifverträge abschließt, die nur einem gefallen können: dem Arbeitgeber. Gunter Smits, der Geschäftsführer der Tarifgemeinschaft, bestätigt den Fall. Das Problem sei aber inzwischen entschärft. »Wir haben den Tarifvertrag mit dieser Firma gekündigt.« Von der Mitgliederwerbung durch den Arbeitgeber ist ihm angeblich nichts bekannt.

In trübes Licht rückte die christlichen Gewerkschaften auch der Fall des Kevin Rehm, eines jungen Mannes in Berlin, der Anfang 2008 bei der Leiharbeitsfirma Hueber anheuerte.[20] Die wiederum vermittelte ihn an die Firma Kühne, ein Traditionsunternehmen, spezialisiert auf Gurken, Senf und Fasskraut. Dort stand er am Fließband, arbeitete als Packer. Entlohnt wurde er mit 5 Euro 16 die Stunde. Das ist der Grundlohn, den sein Arbeitgeber, die Leiharbeitsfirma Hueber, mit der christlichen Tarifgemeinschaft in einem Hausvertrag ausgehandelt hatte. Auch hier heißt es von Gewerkschaftsseite nun: Wir haben den Tarifvertrag gekündigt. Die Zeitarbeitsfirma bestätigt: Wir verhandeln derzeit über eine neue Regelung.

Gunter Smits bezeichnet solche Fälle als bedauerliche Ausreißer, die nicht verallgemeinert werden dürften. Derzeit seien 47 Haustarifverträge in Kraft, die die CGZP mit einzelnen Leihfirmen abgeschlossen habe. Und die große Mehrheit biete bessere Tarife als die Flächentarifverträge, die die DGB-Konkurrenz abgeschlossen habe.

»Wir sind eine Gewerkschaft, die anständige Löhne für ihre Mitglieder durchsetzen will und kann«, sagt er. So ganz überwunden scheint die Neigung zu Dumpinglöhnen allerdings noch nicht. Die Firma PUR Recycling in Dresden etwa engagiert Leihkräfte für die Müllsortierung zu Hungerlöhnen. Noch im Herbst 2008 wurden zeitlich befristete Arbeitsverträge abgeschlossen mit einem Stundentarif von drei Euro. Grundlage der Beschäftigungsverhältnisse ist ein Haustarifvertrag mit der Tarifgemeinschaft Christlicher Gewerkschaften.

Recycling
Dienstleistungs GmbH

PUR - Recycling - Dienstleistungs GmbH · Hainsberger Straße 10 b · 01159 Dresden

Telefon 03 51/4 23 05-0
03 51/4 23 05-10
Telefax 03 51/4 23 05-11
Funk 01 73 - 58 03 45 3
01 72 - 34 16 32 5
eMail info@pur-gmbh.de
Internet www.pur-gmbh.de

Arbeitsvertrag

Zwischen der Firma   PUR-Recycling-Dienstleistungs GmbH, Hainsberger Str. 10 b, 01159 Dresden
- im folgenden Arbeitgeber genannt -

und

wird heute folgender Vertrag geschlossen:

§ 1   Erlaubnis

(1) Erlaubnis zur gewerbsmäßigen Arbeitnehmerüberlassung wurde dem Arbeitgeber am 09.10.02 gem. § 1 Arbeitnehmerüberlassungsgesetz (AÜG) von der Regionaldirektion Sachsen der Bundesagentur für Arbeit in Chemnitz erteilt. Neben der gewerbsmäßigen Arbeitnehmerüberlassung ist die PUR-Recycling-Dienstleistungs GmbH auch über Werk- und Dienstaufträge tätig.

§ 2   Art der Tätigkeit und Verpflichtung zu auswärtiger Arbeit

(1) ▇▇▇▇▇ wird als Hilfskraft beschäftigt.
(2) Charakterisierung/Beschreibung der Tätigkeit:
    - Materialsortierung – Bandarbeit, Abrissarbeiten, Reinigungsarbeiten, Transportarbeiten, Helfertätigkeiten
    - Arbeiten, zu denen er entsprechend seiner Fähigkeiten und Qualifikationen in der Lage ist

(3) Der Arbeitnehmer ist verpflichtet, vorübergehend auch artfremde bzw. minderqualifizierte Arbeiten entsprechend der Weisung des Arbeitgebers (Verleihers) oder Kunden(Entleihers) durchzuführen, soweit dies dem Arbeitnehmer zumutbar ist.

(4) Für die Tätigkeit erforderliche Qualifikationen, deren Vorliegen hiermit der Arbeitnehmer bestätigt:
    - Angaben über Fähigkeiten und Kenntnisse entsprechend QM-Vordruck P-001
    - Persönliche Angaben zur Einstellung entsprechend QM-Vordruck P-002

(5) Er ist Arbeiter/in.

(6) Er verpflichtet sich, auch auswärtige Leistungen innerhalb der BRD und dem Ausland, weltweit, zu erbringen.

(7) Soll der Arbeitnehmer seine Arbeitsleistung länger als einen Monat außerhalb der Bundesrepublik Deutschland erbringen, so erfolgt dieser Einsatz nur mit Zustimmung des Arbeitnehmers. Der Arbeitnehmer erhält eine Niederschrift als Ergänzung zum Arbeitsvertrag in der folgende

Seite 3

§ 5 Probezeit / Kündigungsfristen

(1) Es ist eine Probezeit von 6 Monaten vereinbart.

(2) In der Probezeit beträgt die Kündigungsfrist während der ersten zwei Wochen der Beschäftigung einen Werktag, bis zum Ende des ersten Beschäftigungsmonats zwei Werktage, während des zweiten Beschäftigungsmonats drei Werktage, während des dritten Beschäftigungsmonats eine Woche, vom vierten bis sechsten Beschäftigungsmonat zwei Wochen.

(3) Nach der Probezeit gelten für beide Seiten die gesetzlichen Kündigungsfristen: vier Wochen zum 15. oder zum Ende des Kalendermonats, sofern das Arbeitsverhältnis nicht bereits 2 Jahre nach Vollendung des 25. Lebensjahres des Arbeitnehmers bestanden hat.

(4) Das Arbeitsverhältnis endet, ohne dass es einer Kündigung bedarf, mit Ablauf des Kalendermonats, in dem der Arbeitnehmer eine Vollrente wegen Alters beziehen kann, derzeit mit Vollendung des 65. Lebensjahres.

§ 6 Arbeitszeit

(1) Die wöchentliche Arbeitszeit beträgt 37,5 Stunden.

(2) Sie richtet sich im Übrigen nach den jeweiligen für den Betrieb geltenden gesetzlichen und tariflichen Regelungen (§ 13)

§ 7 Urlaub

(1) Der Arbeitnehmer hat Anspruch auf bezahlten Erholungsurlaub entsprechend den Bestimmungen des Bundesurlaubsgesetzes.

(2) Der bezahlte Jahresurlaub beträgt 24 Werktage (20 Arbeitstage, d. h. 2 Werktage pro Monat). Ab dem dritten Beschäftigungsjahr beträgt der Jahresurlaub 27 Werktage (22,5 Arbeitstage). Ab dem sechsten Beschäftigungsjahr beträgt der Jahresurlaub 30 Werktage (25 Arbeitstage).

(3) Der Anspruch auf Urlaub besteht nicht, wenn dem Arbeitnehmer für das laufende Kalenderjahr bereits von einem früheren Arbeitgeber Urlaub gewährt wurde oder solcher abgegolten worden ist.

(4) Bei der Einstellung ist vom Arbeitnehmer eine Urlaubsbescheinigung des vorherigen Arbeitgebers oder/und die Bescheinigung über seine Arbeitslosigkeit vorzulegen. Legt der Arbeitnehmer diese nicht innerhalb von 6 Wochen nach der Einstellung vor, so wird davon ausgegangen, dass der Arbeitnehmer den ihm zustehenden Urlaubsanspruch genommen bzw. abgegolten bekommen hat.

§ 8 Vergütung

(1) Die Vergütung erfolgt auf der Grundlage der für den Arbeitgeber geltenden Tarifverträge (§ 13).

(2) Der Mitarbeiter wird in die Vergütungsgruppe 1 eingruppiert.

(3) Der Grundlohn beträgt 3,00 €.
Die Reisekostengrundzulage beträgt 1,86 €.

(4) Der Mitarbeiter ist in der ☒ Eingangsstufe
☐ Hauptstufe
☐ Zusatzstufe.

(Bei Vergütungstarifvertrag mit Nettoentgeltzusage ergibt die Summe von Grundlohn, Ausgleichsbetrag und Reisekostengrundzulage mindestens die vorgesehene Nettostundenvergütung).

Anlage: P - 013 / Stand: 08/06 / AV-Hilfskräfte Seite 3/6

Arbeitsvertrag der Dresdener Firma PUR Recycling; besonders hervorzuheben ist der unter § 8 angeführte Grundlohn von 3 Euro.

Arbeitsgerichte melden erhebliche Zweifel an der Tariffähigkeit an

Haben die Kritiker also doch recht? Ist der christliche Verbund nur eine Scheinorganisation, die Gefälligkeitsverträge abschließt? Das Arbeitsgericht Berlin wies am 5. Februar 2008 zwar die Klage eines Leiharbeiters zurück, der die Tariffähigkeit der CGZP anzweifelte – allerdings aus rein formalen Gründen. Der Antragsteller sei nicht zur Klage befugt, hieß es in dem Urteil. Die Richter sahen sich daher »an einer Sachentscheidung über die Tariffähigkeit der CGZP gehindert«, was sie offenbar bedauerten. »Angesichts der formellen Situation war dem Gericht eine Entscheidung in der Sache verwehrt.« Aber die Rechtshüter machten klar, in welche Richtung eine solche gegangen wäre: »Das Arbeitsgericht ließ, wie schon in der mündlichen Anhörung, Zweifel daran durchblicken, dass eine Tariffähigkeit der Tarifgemeinschaft gegeben sei«, teilte das Arbeitsgericht in einer Pressemitteilung mit.

Der Arbeitsrechtler Peter Schüren hält diese Stellungnahme für ein »sehr deutliches Signal«. Die Richter hätten sich zur Sache ja gar nicht äußern müssen. Sie taten es aber. Und sie stehen mit ihren Zweifeln nicht allein. Schüren, Professor am Institut für Arbeits-, Sozial- und Wirtschaftsrecht der Universität Münster, hat bei den Arbeitsgerichten nachgefragt, wie sie die Tariffähigkeit der christlichen Gewerkschaften einschätzen. Sein Ergebnis: »Die Arbeitsgerichte in Deutschland bezweifeln seit 2003 nahezu ausnahmslos die Tariffähigkeit der CGZP.«

Sie mussten sich oft mit dieser Frage beschäftigten. 180 Verfahren hat Schüren gezählt, in denen die Tariffähigkeit der christlichen Gewerkschaften auf dem Prüfstand stand. Stets hatten Leiharbeiter gegen den niedrigen Tariflohn geklagt. Und meist zahlte sich die Klage aus: In 84 Prozent der Fälle, so Schüren, knickten die Leiharbeits-

unternehmen ein und boten einen Vergleich an. Im Klartext: sie zahlten nach. Schürens Empfehlung ist eindeutig: Klagen lohnt sich. »Wer damit vor das Arbeitsgericht zieht, wird, selbst wenn er sich nur vergleicht, deutlich mehr bekommen, als er vorher gehabt hat.«
Eine Erfahrung, die auch die Studentin Lisa gemacht hat. Sie arbeitete auf Leihbasis in einer Fabrik, bekam mit sechs Euro nur halb so viel wie die Kernmannschaft – und klagte. »Ich habe letztlich fast den gleichen Lohn bekommen, den die Festangestellten in der Fabrik erhalten haben«, wunderte sie sich.[21] Auch in der Politik wächst der Unmut über diese neuen Formen des Lohndumpings. Der Bundesminister für Arbeit und Soziales, Olaf Scholz, sieht die »christliche Unterbietungskonkurrenz« mit großem Unbehagen: »Tarifverträge, die einzig und allein dem Ziel dienen, Lohndrückerei zu Lasten der Leiharbeitnehmer und Stammbeschäftigten zu betreiben, entsprechen nicht den Vorstellungen des Reformgesetzgebers.«

Zu einer grundsätzlichen Entscheidung über die Tariffähigkeit der christlichen Gewerkschaften ist es bislang aber nicht gekommen. Zu klären wäre dafür die Frage, ob die Tarifgemeinschaft über eine ausreichende Sozialmächtigkeit verfügt, wie das im juristischen Jargon heißt. Eine Gewerkschaft, die die Interessen der Beschäftigten vertreten will, muss über ausreichend Muskeln verfügen, um den Arbeitgebern Zugeständnisse abzutrotzen. Sie muss viele Mitglieder haben und über genügend Durchsetzungskraft verfügen, um als gleichberechtigter Gegenspieler wahrgenommen zu werden.

Die Gerichte nehmen diese Anforderungen ernst. Erst im Herbst 2008 hatte das Kölner Arbeitsgericht der neu gegründeten Gewerkschaft der Neuen Brief- und Zustelldienste (GNBZ) die elementaren Eigenschaften einer Gewerkschaft abgesprochen. Personell wie finanziell verfüge die GNBZ nicht über eine ausreichende Stärke und sei in auffälliger Weise mit der Arbeitgeberseite verflochten. Die Postkonkurrenten PIN und TNT hatten die Gewerkschaft maßgeblich unterstützt, um im Vergleich zum Marktführer Deutsche Post günstigere Tarife auszuhandeln. Das Urteil durchkreuzt diese Strategie. Den Tarifverträgen der GNBZ ist nun der Boden entzogen.

Die Tarifgemeinschaft Christlicher Gewerkschaften vergleicht sich nur ungern mit der GNBZ und verweist lieber auf ein Urteil des Bundesarbeitsgerichtes. Das hatte nach einem zehn Jahre währenden Rechtsstreit der Christlichen Gewerkschaft Metall (CGM) die Tariffähigkeit zugesprochen. Die CGM organisiert zwar höchstens zwei Prozent der Metallbeschäftigten, hat aber 550 eigenständige Tarifverträge abgeschlossen. Und das, so die Bundesrichter, sei ein »hinreichender Beweis, dass sie als Tarifvertragspartei wahr- und ernst genommen wird«.

Die Ohnmacht des DGB – »Wir treten als Bittsteller auf«

Ob diese richterlich attestierte Stärke auf die Leiharbeit übertragbar ist, bleibt fraglich. »Hier werden nicht Arbeitnehmerinteressen – im Sinn von Arbeitsbedingungen verbessern – vertreten«, urteilt Schüren, »sondern es werden Arbeitgeber mit Tarifverträgen versorgt, die es ihnen erlauben, die Kosten weiter zu senken.« Inzwischen raten selbst Unternehmensberater, die für ihre Kunden passgerechte Leiharbeitskonzepte erarbeiten, davon ab, Tarifverträge mit den christlichen Organisationen abzuschließen – und raten zum DGB-Tarif. Der sei zwar teurer, dafür aber weniger umstritten und somit auch besser fürs Image.

Der stellvertretende Vorsitzende der CGZP, Detlef Lutz, bestätigt indirekt diese Einschätzung. Würde den christlichen Gewerkschaften die Tariffähigkeit abgesprochen, so warnt Lutz, dann »bleibt den Unternehmen nichts anderes übrig, wollen sie Equal Pay verhindern, als vor der IG Metall und den übrigen DGB-Gewerkschaften zu Kreuze zu kriechen«. Kurzum: Es wäre »das Ende der Zeitarbeit in jeder bisherigen Form«.

Die Schattenseiten 103

Das ist vermutlich eine erhebliche Selbstüberschätzung. Wenngleich sie durchaus verbreitet ist. Erstaunlicherweise schreiben auch die konkurrierenden DGB-Gewerkschaften den christlichen MiniOrganisationen plötzlich eine Macht zu, die in krassem Gegensatz zu ihrem tatsächlichen Aktionsradius steht. Die christlichen Organisationen seien schuld an den Hungerlöhnen in der Zeitarbeitsbranche – so lautet grob vereinfacht die Losung im DGB-Lager. Die Gewerkschaften sahen sich auf einem guten Weg, mit den Arbeitgebern Branchenzuschläge zu vereinbaren, die die Zeitarbeiter der angestrebten Gleichbehandlung erheblich näher gebracht hätten. Dann funkte die christliche Konkurrenz dazwischen und schloss einen Tarifvertrag mit deutlich niedrigeren Tarifen ab. Ein Vertrag mit fataler Sogwirkung. »Wir waren machtlos«, sagt IG-Metall-Funktionär Juan-Carlos Rio Antas. Von Gleichbehandlung war nicht mehr die Rede in den Tarifverträgen, die der DGB-Verbund abschloss. »Hätten wir das nicht gemacht, hätten auch die anderen Arbeitgeber, BZA und iGZ, mit den Christen verhandelt.« So versuchte der DGB-Verbund zu retten, was zu retten war. Die Resultate sind ernüchternd: Die Abschlüsse der domierenden Einheitsgewerkschaften heben sich von den christlichen Tarifen weit weniger stark ab, als man aufgrund der gewerkschaftlichen Machtverhältnisse hätte vermuten können.

Das hat auch Bernd Schuhmann leidvoll erfahren, der gegen die christlichen Tarife vor Gericht zu Felde gezogen ist. Mittlerweile arbeitet er im Lager eines Autozulieferers. Wieder als Leiharbeiter. Dieses Mal aber nach DGB-Tarif. Seine ernüchternde Feststellung: Er verdient derzeit nicht mehr als zuvor in der Druckerei – und die bezahlte nach christlichem Tarif.

Für die DGB-Tarifgemeinschaft ein ziemlich blamables Resultat, das durch den Blick auf die Flächentarife erhärtet wird. Die Differenzen zwischen den beiden Lagern sind geringer, als die Debatte um Lohndumping und Tariffähigkeit vermuten lässt. Die christlichen Gewerkschaften starteten 2004 mit Einstiegstarifen von 5 Euro 60 in Ostdeutschland und 6 Euro 70 in Westdeutschland. »Die Löhne in den mit dem DGB geschlossenen Verträgen liegen nur minimal höher«, konstatiert Markus Promberger vom Nürnberger Institut für Arbeitsmarkt und Berufsforschung (IAB). Die Einstiegslöhne des DGB-Verbunds lagen 2004 tatsächlich nur 35 bzw. 15 Cent über den Tarifen der Konkurrenz. Ein Abstand, der sich seitdem nicht wesentlich verändert hat. »Wir liegen da nicht so weit auseinander«, räumt auch Ludger Hinsen vom Arbeitgeberverband BZA ein. Allerdings verfügen die christlichen Verträge über eine wichtige Hintertür: In der Probezeit kann der Lohn in den unteren Tarifstufen um 9,5 Prozent gesenkt werden.

Dennoch bleibt rätselhaft, wie es den christlichen Splittergewerkschaften gelingen konnte, eine ganze Branche ins Niedriglohnland zu führen. Wie haben sie es nur geschafft, den konkurrierenden DGB mit nach unten zu ziehen? Oder wollen IG Metall und Co. mit ihrer Polemik nur von den eigenen Fehlern und Versäumnissen ablenken?

Die Fehler der Vergangenheit rächen sich – Die DGB-Organisationen haben kaum Rückhalt unter den Leiharbeitern

Tatsächlich hatten die etablierten Gewerkschaften dem ökonomischen Druck, der sich, befreit von den gesetzlichen Fesseln, nun voll entfaltete, wenig entgegenzusetzen. Das hat mit der Verschiebung der Machtverhältnisse zwischen den Tarifparteien zu tun, mit dem Mitgliederverlust der DGB-Gewerkschaften und der Tarifflucht vieler Unternehmen. Es hat aber auch mit gewerkschaftlichen Fehlern zu tun, mit strategischen Defiziten, die nun sichtbar werden. So haben die Gewerkschaften sich lange Zeit mit einer Haltung begnügt, die auf die Formel hinausläuft: Wir sind gegen Leiharbeit. Diese

Die Schattenseiten 105

Haltung hatte fatale Folgen, denn sie führte dazu, dass sich die DGB-Organisationen jahrelang kaum um Leiharbeiter kümmerten. Das war die verpönte Billigkonkurrenz, die mal hier, mal dort im Betrieb eingesetzt war. Schwer greifbar, schwer organisierbar. Entsprechend gering ist heute der Rückhalt, den die DGB-Gewerkschaften in der Branche haben. »Wir haben den steigenden Anteil von Leiharbeitern in den Betrieben lange Zeit nicht zur Kenntnis genommen, ebenso wie andere unsichere und unstete Arbeitsverhältnisse auch«, räumt Detlef Wetzel, der stellvertretende Vorsitzende der IG Metall, inzwischen selbstkritisch ein. Mit einer speziellen Kampagne versuchen die Metaller nun gegenzusteuern. Denn allmählich ist auch den Gewerkschaften klar geworden: Wenig Mitglieder bedeutet wenig Durchsetzungskraft. So fällt es den Gewerkschaften meist schwer, die Arbeitgeber in Tarifverhandlungen wirklich zu beeindrucken, von einem Streik in der Leiharbeitsbranche ganz zu schweigen.

Entsprechend mager sind die Ergebnisse, die die DGB-Gewerkschaften erkämpft haben. »Wir sind noch nicht so stark in der Branche«, sagt Wetzel. Das mussten die sonst so markig auftretenden DGB-Organisationen vor allem in der Tarifrunde 2008 erfahren. Während sie in anderen Branchen Lohnzuwächse von vier Prozent und mehr durchsetzen konnten, standen sie in der Zeitarbeitsbranche fast mit leeren Händen da. Der Arbeitgeberverband BZA bot nach monatelangen Verhandlungen gerade mal eine Einmalzahlung von 40 Euro an. Für das gesamte Jahr. Das hat in den Reihen der Arbeiterorganisationen für Ernüchterung gesorgt. »Wir sind in der Position von Bittstellern«, stellt Gerd Denzel von der Dienstleistungsgewerkschaft Verdi verbittert fest. Nun werden Strategien gesucht, die nach vorn weisen. Die Betriebsräte sollen sich stärker um die Rechte der Leiharbeiter kümmern, auch die Stammbelegschaften sollen stärker eingespannt werden. »So schlechte Tarifabschlüsse wie in der Vergangenheit können wir uns nicht mehr erlauben«, so der Verhandlungsführer der IG Metall, Rio Antas. »Sonst machen wir uns unglaubwürdig.« Es würden nun alle Optionen geprüft. Dazu gehört auch ein Ausstieg aus den Verhandlungen. »Wir müssen überlegen, ob es nicht besser ist, keine Abschlüsse zu machen als so schlechte«, sagt Rio Antas.

Niedriglöhne im Service-Center der Zukunft: Die Telekom entdeckt die Zeitarbeit

Auch die Bonner Oberbürgermeisterin war beeindruckt. Optimale Arbeitsbedingungen registrierte Bärbel Diekmann beim Besuch im »Service-Center der Zukunft«. Helle, lichtdurchflutete Räume, angenehmes Raumklima, kurzum: »Ausgezeichnete Voraussetzungen für besten Kundenservice«, lobte das Stadtoberhaupt die Telekom-Tochter Vivento Customer Services (VCS).

Zwei Fraunhofer-Institute, die Universität St. Gallen und die Gesellschaft für Qualität haben neue Erkenntnisse der Arbeitspsychologie eingebracht. Licht, Klima und Schall sind individuell einstellbar, ist vielversprechend auf der Internetseite der VCS zu lesen. Denn nur mit bestem Personal könne man guten Service anbieten. »Darum übernehmen hier nur ausgewiesene Spezialisten mit Profession und Motivation die Verantwortung«, heißt es salbungsvoll.

Anke Ossendorf ist so eine ausgewiesene Spezialistin. Seit vier Jahren arbeitet sie hier, im »Service-Center der Zukunft«. Acht Monate war sie Teamleiterin. Hatte 15 Leute unter sich. Sie hat die Schichtpläne gemacht, Arbeit eingeteilt, dafür gesorgt, dass alles rund läuft. Nur bei ihr selbst lief es bald nicht mehr rund. Morgens um sechs verließ sie ihre Wohnung, abends um acht, manchmal erst um zehn kam sie wieder zurück. »Mir macht die Arbeit Spaß, wir haben hier eine tolle Stimmung«, sagt sie. Trotzdem ging es einfach nicht mehr.

Die Schattenseiten

Sie hatte keine Zeit mehr für die beiden anderen Jobs, die sie nebenbei noch ausübt. Und die wollte sie partout nicht aufgeben. »Ich brauche die. Sonst komme ich nicht mit dem Geld klar.«

Sie hat die Teamleitung wieder hingeschmissen, damit sie nebenher noch arbeiten kann. Viermal in der Woche steht sie abends im Sonnenstudio hinterm Tresen, den halben Samstag opfert sie auch noch. Zwischendurch geht sie noch zweimal putzen, damit die Haushaltskasse stimmt. Für Privatleben ist da nicht mehr viel Platz.

Anke Ossendorf hat denselben Terminplan wie eine Topmanagerin. Nur wird sie nicht so bezahlt. 980 Euro bekommt sie netto für ihren Hauptjob. Und weil das nicht reicht, geht die Arbeit nach Büroschluss weiter. Für sie ist das keine neue Situation. Sie ist ausgebildete Arzthelferin und hat auch jahrelang als solche gearbeitet. »Da verdient man noch weniger.«

Deshalb kam sie als Leihkraft zur VCS. Da wird sie ganz regulär nach DGB-Tarif bezahlt. Aktuell stehen ihr 7 Euro 81 pro Stunde zu. Das Geld bekommt sie allerdings nicht von der VCS, sondern von der jeweiligen Zeitarbeitsfirma, bei der sie beschäftigt ist. Erst war sie bei Persona Service, von dort wechselte sie zu Tuja, weil die etwas besser zahlte. Als Tuja Anfang 2008 bei VCS ausstieg, behielt Anke Ossendorf zwar ihren Arbeitsplatz, wechselte aber den Arbeitgeber; jetzt ist sie bei Jobs in Time angestellt. Nur an ihrem geringen Gehalt hat sich die ganze Zeit nichts geändert.

Anfangs hatte sie gehofft, dass die VCS in Bonn einmal ihr Arbeitgeber sein könnte. Das hätte den Vorteil, dass sie auf ihre Nebenjobs verzichten könnte. Denn ihre fest angestellten Kollegen verdienen fast doppelt soviel wie die 42-Jährige. Aber die Chancen, auf einen festen Platz bei der Telekom-Tochter vorzurücken, sind gering. »Ich kenne keinen Leiharbeiter, der in den vergangenen Jahren von VCS übernommen worden ist«, sagt sie.

Zusätzliches Personal besorgt sich die Telekom-Tochter bevorzugt bei privaten Dienstleistern. Das hat zu einer bizarren Lage geführt: Nur noch hundert Beschäftigte im Bonner Callcenter, so der Betriebsrat, sind direkt bei der Telekom-Tochter beschäftigt, 250 dagegen – das sind knapp drei Viertel der Belegschaft – kommen von externen Leihfirmen. VCS selbst gibt dazu keine Auskunft. Die meisten Leihkräfte arbeiten wie Anke Ossendorf schon seit Jahren bei dem Unternehmen. Ohne sie könnte die Telekom-Tochter den Laden in Bonn schließen – die schrumpfende Kernmannschaft allein könnte das Geschäft nicht bewältigen.

Dabei scheinen die Geschäfte gar nicht schlecht zu laufen. Das Unternehmen, 2004 gegründet als Rangierbahnhof für Telekom-Beschäftigte, für die im Konzern keine Verwendung mehr zu finden war, hat reichlich zu tun. Die Beschäftigten pflegen inzwischen nicht nur die Kundendateien der Konzernmutter Telekom, sondern sind zunehmend auch für externe Auftraggeber aktiv. So betreut Anke Ossendorf zum Beispiel auch Kfz-Werkstätten, die Mautgeräte in Lastwagen einbauen. Neuester VCS-Kunde ist die Michelin-Tochter Euromaster. Dort können Autobesitzer im Frühjahr und Herbst die Reifen wechseln und einlagern lassen. Die telefonische Hotline führt in die VCS-Filiale nach Saarbrücken. Auch dort greift man vornehmlich auf externe Leihkräfte zurück. Die Stammbelegschaft ist im Saarland auf einen harten Kern von rund 120 Leuten geschmolzen – umgeben von etwa 500 Leiharbeitern. Nur noch jeder Fünfte im Saarbrücker Service-Center, so der Betriebsrat, sei noch direkt bei VCS angestellt.

Angst vor dem Ruhestand – Im Alter droht die Sozialhilfe

Das System hat Methode. Insgesamt arbeiten nach Angaben der Arbeitnehmervertreter 4900 Menschen bei VCS, davon 2200 als Leihkräfte, das sind über 40 Prozent. Der Betriebsrat sieht das nicht gern,

Die Schattenseiten

aber was soll er tun? Er könnte die Einstellung von Leiharbeitern verhindern, zumindest zeitlich verzögern. »Aber wem wäre damit gedient?«, fragt Claudia Tschierschwitz. Sie ist die Vorsitzende des VCS-Betriebsrates. Als Auffanggesellschaft, die den konzernweiten Stellenabbau begleiten soll, »dürfen wir kein zusätzliches festes Personal einstellen«, sagt sie. Das sei Konzernstrategie, an der können auch die Arbeitnehmervertreter nicht rütteln. Aber zusätzliches Personal sei nötig, damit die Service-Center am Markt bestehen können. »Und auch den Kollegen helfen wir nicht, wenn wir deren Einstellung verhindern.«

Denn die brauchen den Job. Wie Sabine Gerlinger*. Sie ist auch schon seit vier Jahren dabei. Sie hat sich hochgearbeitet, ist jetzt Teamleiterin. Und steht einer bunten Truppe vor. Einer ist promovierter Biologe, ein anderer hat 20 Jahre als Vermögensverwalter auf dem Buckel, wiederum ein anderer arbeitete 24 Jahre lang als Bürokaufmann, bis die Firma pleiteging. Nun arbeiten sie alle als Leihkräfte im Service-Center der Telekom-Tochter. Gerlinger, die Chefin, ist auch Zeitarbeiterin. Die Arbeit macht ihr Spaß, sie hat hier viel gelernt, sagt sie. »Das Arbeitsklima ist toll, nur deshalb ist auch das geringe Gehalt zu ertragen.« 1100 Euro bekommt sie am Monatsende überwiesen – wenn alles gut läuft. Damit kommt sie gerade so hin, weil sie sich einen strengen Haushaltsplan auferlegt hat. Alle Versicherungen hat sie gekündigt, auch Hausrat und Haftpflicht. Eigentlich müsste sie noch mehr sparen, um etwas für die Rente zur Seite zu legen. Sie hat mal ausgerechnet, was sie im Alter bekommen wird, wenn sie so weiterarbeitet. Das Ergebnis: 503 Euro. »Ich werde später in der Sozialhilfe landen, das weiß ich jetzt schon.« Aber nicht nur deshalb schaut sich Sabine Gerlinger ständig nach Alternativen um, studiert intensiv die Stellenanzeigen. Mehr noch als die Angst

* Name geändert

Sabine Gerlinger, VCS-Service-Center

Am schlimmsten ist die Unsicherheit. Kein Leiharbeiter hier im Callcenter weiß, wie lange er noch dabei ist. Vielleicht ist morgen schon Schluss, vielleicht in einer Woche, vielleicht in einem Jahr. Keiner weiß das. Und das macht eigentlich alle ziemlich fertig. Man kann absolut nicht planen. Ich arbeite seit vier Jahren hier, ich bin Teamleiterin für ein Dutzend Leute. Ich trage Verantwortung und die Arbeit macht mir Spaß. Trotzdem weiß ich nicht, wie lange ich den Job noch habe. Zurzeit gibt es viel Arbeit, die Geschäfte laufen gut. Und trotzdem wissen wir nicht, ob wir nächste Woche noch gebraucht werden. Vielleicht schickt die Telekom ein paar Festangestellte, für die es im Konzern keine Arbeit mehr gibt. Dann müssen hier ein paar Leiharbeiter gehen. Wenn ich aus dem Urlaub zurück zur Arbeit komme, dann habe ich oft ein flaues Gefühl: Wie ist die Lage, was hat sich verändert, wer ist noch da? Ich frage mich oft, wie lange kann man das aushalten? Das Verrückte daran ist ja: Wir haben ein tolles Team hier, alle sind engagiert, die machen Überstunden – nur wird das überhaupt nicht honoriert. Wir werden miserabel bezahlt, und es gibt eigentlich auch überhaupt keine Aussicht, dass das besser wird. Ich bekomme 1000 Euro raus, und selbst wenn ich die nächsten Jahre hierbleibe – das wird nicht viel mehr. Das ist schon deprimierend. Ich habe mich so angestrengt, ich arbeite so viel. Aber ich komme nicht weiter. Im Gegenteil: Ich muss Angst haben, dass es jederzeit vorbei sein kann.

Um mit dem Geld klarzukommen, habe ich einen strikten Haushaltsplan aufgestellt. Ich habe alle Versicherungen gekündigt, auch Haftpflicht und Hausratversicherung. Die sollte man eigentlich haben, aber es geht nicht. Den einzigen Luxus, den ich mir leiste, ist ein gebrauchtes Auto, damit ich morgens um halb sechs zur Arbeit fahren kann. Ich habe mal ausgerechnet, wie viel Rente ich später bekomme, wenn ich die nächsten 20 Jahre so weiterarbeite. Es wären 503 Euro. Da weiß ich also heute schon, dass ich mal Sozialhilfe bekomme. Denn es bleibt ja nichts übrig, was ich sparen könnte fürs Alter. Da frage ich mich oft: Warum arbeite ich überhaupt? Mit Hartz IV hätte ich auch nicht viel weniger.

Die Schattenseiten

vor der Armut im Alter treibt sie die Sorge vor dem Verlust ihres prekären Jobs um. »Es kann jederzeit zu Ende sein.«

Niedrige Löhne, großes Engagement und hohe Unsicherheit – für die Telekom-Tochter steht das offenbar nicht in einem Widerspruch. »Ausgewiesene Experten mit Profession und Motivation« zu Billig-Konditionen, das ist aus Arbeitgebersicht eine ziemlich verlockende Mixtur. Für die Telekom sei aber etwas ganz anderes ausschlaggebend, teilt deren Sprecher Husam Azrak auf Anfrage schriftlich mit. VCS sei geschaffen worden, um den konzerninternen Umbau zu begleiten. Tausende von Stellen hat die Telekom im Servicebereich gestrichen, nun sucht sie nach Betätigungsfeldern für das überflüssige Personal. Dabei soll die VCS helfen.

Unter ihrem Dach bündelte die Telekom die Callcenter, die der Konzern nicht mehr zu seinem Kerngeschäft zählt, einige wurden schon an Konkurrenten verkauft. Weitere sollen folgen. In den Callcentern sollen »zukunftssichere Arbeitsplätze für alle Mitarbeiter geschaffen werden, die im Konzern keine Beschäftigungsperspektive haben«, teilt Azrak mit. Deshalb sei die Tochterfirma auch »kein geeignetes und typisches Beispiel« für den Einsatz von Zeitarbeitern. Deshalb möchte er dazu auch keine näheren Angaben machen. »Vor diesem Hintergrund und da es sich um ein auftragsabhängiges Tagesgeschäft handelt, das kampagnenbezogen höhere Kapazitäten benötigt, erachte ich es als schwierig, Ihnen Ihre Fragen zu beantworten.«

Der Standort Bonn rangiert bislang nicht auf der Verkaufsliste, glaubt der Betriebsrat. Dennoch geht auch im »Service-Center der Zukunft« unter den Zeitarbeitern die Angst um. »Irgendwann werden wir hier unsere Jobs verlieren. Das denken alle«, sagt Anke Ossendorf. Eigentlich sollte die Zeitarbeit nur eine kleine Zwischenstation für sie sein. Nun ist sie dort hängen geblieben und sie ahnt, dass es schwierig werden könnte, etwas anderes zu finden. Sie schaut sich die Stellenanzeigen in letzter Zeit sehr genau an und stellt fest: »Es wimmelt nicht gerade an Angeboten, die für mich infrage kommen.«

So hofft sie, dass sie den Job bei der VCS noch lange behält – auch wenn das eigentlich wenig mit dem Grundgedanken zu tun hat, den die Reformer als eines ihrer Ziele ins Gesetzbuch geschrieben haben. Von der Abdeckung vorübergehender Auftragsspitzen ist bei der VCS jedenfalls schon lange nicht mehr die Rede, hier haben die kostensenkenden Leihkräfte längst den Part der Stammmannschaft übernommen. Und davon, dass Leiharbeiter prinzipiell nicht anders behandelt werden sollen als andere Beschäftigte, von diesem Grundsatz ist bei der Telekom-Tochter ebenfalls nichts zu spüren.

Deutschland holt auf – Die Löhne sinken auf breiter Front

Aber nicht nur dort. Auch andere Firmen nutzen die Möglichkeiten, die ihnen der Gesetzgeber in die Hände gegeben hat, nach Kräften. Die Faktenlage ist ziemlich eindeutig. Leiharbeiter werden anders, sie werden schlechter behandelt. Sie bekommen weniger Geld, haben unsichere Arbeitsplätze, werden öfter gekündigt.

Eine tiefe Kluft spaltet inzwischen viele Belegschaften. Hier die schlecht entlohnten Leiharbeiter, dort die vergleichsweise gut bezahlte Kernmannschaft. Wie die Telekom haben viele Unternehmen regelrechte Parallelbelegschaften aufgebaut, für die wesentlich schlechtere Konditionen gelten. Mit der verstärkten Rekrutierung von Leiharbeitern entdeckten die Unternehmen einen Weg, einen hausinternen Niedriglohnsektor zu errichten, ohne damit zwangsläufig schwere Zerwürfnisse mit Betriebsräten und Gewerkschaften heraufzubeschwören. Denn nicht selten stellte die Firmenleitung die Belegschaftsvertreter vor eine unbequeme Alternative: entweder die Tarife für die Stammmannschaft werden gesenkt – oder wir ho-

Die Schattenseiten 113

len billige Leihkräfte ins Haus. Die Betriebsräte machen daher meist den Weg frei für den Einsatz der entliehenen Billigjobber.

In Umfragen räumt allerdings meist nur eine Minderheit von Betrieben ein, dass die niedrigen Tarife bei der Rekrutierung von Leiharbeitern die entscheidende Rolle gespielt habe. Sie scheinen mehr ein Extrabonus zu sein, den sie gerne mitnehmen. Die Einsparungen jedenfalls sind beeindruckend, der empirische Befund ist in diesem Punkt ziemlich eindeutig. Leiharbeiter verdienen im Schnitt 30 bis 50 Prozent weniger als Festangestellte, die die gleiche Arbeit ausüben, schätzt Markus Promberger. Claudia Weinkopf vom Institut Arbeit und Qualifikation (IAQ) an der Universität Duisburg-Essen kommt zu einem ähnlichen Ergebnis. Die Einkommen der Leihkräfte liegen nach ihren Berechnungen um 40 bis 50 Prozent unter dem sogenannten Medianlohn, das ist der Mittelwert, den die Hälfte aller Beschäftigten überschreitet.[22] Das nordrhein-westfälische Arbeitsministerium kommt in einer Studie zu vergleichbaren Resultaten. Gering qualifizierte Leihkräfte bekommen im Schnitt 45 Prozent weniger als Festangestellte. Aber nicht nur einfache Helfertätigkeiten werden schlechter bezahlt. Selbst Fachkräfte mit Ausbildung müssen im Schnitt mit einem Drittel weniger Lohn rechnen, wenn sie über eine Leihfirma engagiert werden.[23] Auch die Bundesregierung räumte in ihrem 10. Bericht über Leiharbeit ein: »Das Arbeitsentgelt ist gegenüber den Stammarbeitnehmern im Entleihbetrieb vergleichsweise gering. Der häufige Wechsel des Einsatzortes führt nicht selten zu Problemen bei der Erstattung von Fahrtkosten oder Verpflegungsmehraufwand.«

Auch der Abschluss von Tarifverträgen hat nicht verhindern können, dass die Löhne flächendeckend massiv unter Druck gerieten. Seit 1999 sind die Einkommen in der Leiharbeitsbranche um sieben Prozent gesunken, so das Ergebnis der NRW-Studie. Aber die Kluft öffnete sich weit vor der rot-grünen Reform, die den Boom der Leiharbeit auslöste. Schon seit den achtziger Jahren, als die Löhne und Gehälter in der Wirtschaft noch üppig stiegen, ging es in der Leihbranche bergab. Die realen Einkommen sanken dort bis 2001 um 13 Prozent, die übrigen Beschäftigten dagegen konnten sich über ein Lohnplus von durchschnittlich 23 Prozent freuen, so die Rechnung des Berliner Ökonomen Michael Burda.[24] Bereits Mitte der 90er Jahre verdienten Leiharbeiter im Schnitt knapp 40 Prozent weniger als der Rest der Beschäftigten, konstatiert Burda.

Daran hat sich bis heute wenig geändert. Nur ist die Ungleichbehandlung inzwischen sichtbarer, weil sie großflächig durch Tarifverträge abgesegnet wird. Und bis heute ist es den dominierenden DGB-Gewerkschaften nicht gelungen, hier entscheidende Korrekturen durchzusetzen. Auch sie haben nicht verhindern können, dass sich die große Mehrheit der Leiharbeiter mit einem Minilohn zufrieden geben muss, der zum Leben kaum ausreicht. Über zwei Drittel der Leihkräfte, so hat Claudia Weinkopf ermittelt, beziehen ein Einkommen, das unterhalb der Niedriglohnschwelle liegt. Die Einstiegstarife – unabhängig, ob von christlichen oder DGB-Gewerkschaften vereinbart – verdienen nach internationalem Maßstab sogar durchgehend das Attribut Armutslohn. Sie liegen in Westdeutschland bei knapp 7 Euro 50 und in Ostdeutschland bei gut sechs Euro und damit um 50 Prozent unter dem mittleren Durchschnittslohn. Und hierbei ist nicht berücksichtigt, dass so manches Unternehmen Wege gefunden hat, die Löhne weiter nach unten zu drücken. So klagen Betriebsräte immer wieder darüber, dass Firmen die Arbeitszeitkonten anzapfen oder die Beschäftigten zum Zwangsurlaub verdonnern, wenn sie keine Aufträge für sie haben – was gegen das Gesetz verstößt. »Einzelne schwarze Schafe«, so hat Promberger zudem beobachtet, kündigten den Leiharbeitern kurz vor Ende der Probezeit und stellten sie wenig später wieder ein, »um nicht den Einstiegslohn verlassen zu müssen«.

Die Schattenseiten

Niedrige Tarife, kurze Kündigungsfristen – die Wirtschaft hat die Vorteile der Leiharbeit schnell erkannt. Die Unternehmen ordern zusätzliches Personal, wenn die Geschäfte gut laufen, und geben es zurück, wenn sich die Auftragslage verschlechtert. Abfindungen, Sozialpläne, Verhandlungen mit dem Betriebsrat – damit haben die Einsatzbetriebe nichts mehr zu tun, dieses Problem geben sie an die Leihfirmen weiter. Und sie haben schnell erkannt, welch eleganten Weg ihnen hier die Politik gewiesen hat, um die Personalkosten zu senken.

Vor allem in der Industrie liegen die Tarife meist deutlich über dem Niveau, das sich in der Zeitarbeit etabliert hat. Aber auch der einstige Staatskonzern Telekom greift gerne auf Leihkräfte zurück, ebenso wie die an die Börse drängende Deutsche Bahn. Der Schienenkonzern ist gerade dabei, tausend Lokführer in der hauseigenen Zeitarbeitstochter unterzubringen. Offizieller Grund: Die Bahn benötigt mehr Flexibilität. Was sie aber gerne verschweigt: Die Leihkräfte im Cockpit verdienen erheblich weniger als die Festangestellten. Erst nach massiven Protesten der Bahngewerkschaften gestand die Konzernleitung zu, den Zeitkräften im Führerstand möglichst schnell reguläre Arbeitsplätze anzubieten.

Und plötzlich bist du Leiharbeiter – Ganze Abteilungen werden ausgelagert

Am entschlossensten haben die Branchen zugegriffen, die traditionell die höchsten Löhne zahlen. Denn dort ist der Einsatz der Billigkräfte besonders gewinnträchtig. Etwa in der Metallindustrie, zum Beispiel beim Autozulieferer Tedrive in Düren. Peter Hartmann arbeitete hier drei Jahre im Schichtbetrieb. Er fuhr Gabelstapler, versorgte die Maschinen mit frischem Stahl, der dann zu Lenkstangen und Antriebswellen geformt wurde. Ein solider Job, sagt Hartmann, das Einkommen reichte, um halbwegs klarzukommen. Doch plötzlich war alles anders. Die gesamte Abteilung wurde von der Zeitarbeitsfirma Tremonia übernommen. Alle werden weiterbeschäftigt, hieß es – allerdings zu deutlich niedrigeren Tarifen. Tremonia zahlt nach christlichem Tarif. Und das bedeutete für Hartmann: Der Lohn wird gekürzt, die Zulagen gestrichen. Urlaubs- und Weihnachtsgeld sollte es auch nicht mehr geben. »Die haben uns die Pistole auf die Brust gesetzt: friss oder stirb. Entweder du akzeptierst den neuen Vertrag oder du bist weg.«

Peter Hartmann akzeptierte, lieber einen schlecht bezahlten Job als gar keinen. Rund tausend Euro netto bekam er jetzt noch für die gleiche Arbeit, ein Viertel weniger als zuvor. Auch der Urlaubsanspruch wurde gekürzt. Und Hartmann begann durchzurechnen, wie er mit den gekürzten Bezügen klarkommen sollte: Ausgehen und Kino hat er sofort gestrichen. Den Urlaub verbrachte er seitdem zu Hause, große Reisen konnte er sich nicht mehr leisten. »Das war schon frustrierend. Du machst den gleichen Job. Und bekommst plötzlich weniger Geld.«

Hartmann wohnt mit seiner Freundin und deren 17-jährigen Sohn am Stadtrand in einer kleinen Wohnung. Heller Laminatboden, die Wände in warmen Orangetönen gestrichen. Im Regal liegt ein Samurai-Schwert, die Wände sind mit japanischen Schriftzeichen verziert – eine Erinnerung an sein altes Hobby asiatischer Kampfsport. Computer mit Playstation, CD-Spieler, Lautsprecher. Alles noch ganz gut in Schuss. »Das alles stammt aus Zeiten, als es uns noch besser ging«, sagt er lächelnd. Die bürgerliche Oberfläche ist noch in Takt. Es ist keine sichtbare Armut, die einem hier begegnet. Peter Hartmann hat sich mit seinem bescheidenen Einkommen ganz gut eingerichtet. Aber wie lange geht das noch gut, fragt er sich.

Von den kräftigen Lohnsteigerungen in der Metallindustrie, die die Gewerkschaft in den vergangenen Jahren durchgesetzt hat, hat er nie etwas abbekommen, für ihn gelten ja andere Tarifverträge. Hartmann stellt ernüchtert fest: »Einen Aufschwung hat es für mich nie gegeben.« Selbst als die Konjunktur auf Hochtouren lief, sah er sich auf dem Weg nach unten. Inzwischen hat er den Job bei der Leihfirma verloren. Er hatte mit einigen Arbeitskollegen versucht, einen Betriebsrat zu gründen, und wurde gekündigt. Nun sieht er sich in einer Sackgasse angelangt. Lehre in einer Bäckerei, 13 Jahre in einer Papierfabrik geschuftet, dann Umschulung zur Altenpflegerhilfe. Seine Berufslaufbahn weist so einige Kurven und Brüche auf. Wo findet er da noch einen Job, außer als Leiharbeiter. Die vielen Bewerbungen, die er geschrieben hat, und die Besuche bei der Arbeitsagentur haben ihm sämtliche Illusionen genommen. »Einen festen Job kann ich mir abschminken. Warum sollen die mich einstellen? Als Leiharbeiter bin ich doch viel billiger.«

Wie Peter Hartmann ist es in den vergangenen Jahren vielen ergangen. Neue Arbeitsstellen haben Unternehmen in den vergangenen Jahren gerade in den Hochlohnbranchen mit Zeitarbeitern besetzt – und damit viel Geld gespart. Allein in der Metall- und Elektroindustrie sind inzwischen über ein Viertel aller Leihkräfte in Deutschland beschäftigt. Hier ist der Einsatz für die Unternehmen besonders lohnend. Denn hier ist die Lohnkluft, die sich zwischen Leiharbeitern und Stammbelegschaften auftut, besonders groß.

So breitet sich allmählich auch in prosperierenden Branchen wie der Metallindustrie ein Phänomen aus, das bisher nur in notleidenden Bereichen wie dem Einzelhandel oder dem Dienstleistungssektor anzutreffen war: Niedriglöhne, die kaum zum Überleben reichen. In keinem anderen Land in Europa haben sich die Billigjobs so rasant ausgeweitet wie in Deutschland. Die Leiharbeit war dabei ein wichtiger Hebel, um das starre Tarifgefüge aufzubrechen.

Soziale Gegensätze verschärfen sich – Die Mittelschicht schrumpft, immer mehr Menschen rutschen ab

Nach Berechungen des Instituts Arbeit und Qualifikation arbeiten inzwischen 22 Prozent der Beschäftigten im Niedriglohnsektor, vor zehn Jahren waren es nur 15 Prozent. Das IAQ beruft sich dabei auf den umfassendsten Datensatz, der Ökonomen und Arbeitsmarktforschern zur Verfügung steht, die Daten des sozio-ökonomischen Panels des Deutschen Instituts für Wirtschaftsforschung (DIW). Das DIW befragt jährlich 20 000 repräsentativ ausgewählte Bundesbürger danach, was sie verdienen, wie viel Miete sie bezahlen, wie viel Geld sie auf dem Sparkonto haben und wohin ihre Kinder zur Schule gehen. Daraus filtern sie einen umfassenden Lagebericht über die Lebensumstände der Deutschen. Die Kernaussagen: die Mittelschicht schrumpft, immer mehr Menschen rutschen ab. Die Kluft zwischen Arm und Reich wird größer. Die Einkommen der unteren Schichten sind demnach seit 1992 preisbereinigt um 13 Prozent gesunken, gleichzeitig haben die Spitzenverdiener gut ein Drittel zugelegt.[25] Die sozialen Gegensätze in Deutschland verschärfen sich, und zwar in einem Tempo, das auch viele Ökonomen erstaunt. »Die Entwicklung ist erschreckend«, sagt Markus Grabka, Forscher am DIW.

Die Ungleichheit im Land wächst. Das ist eine Beobachtung, die auch die Organisation für ökonomische Entwicklung und Zusammenarbeit (OECD) gemacht hat. Sie konstatierte im Herbst 2008: In keinem anderen westlichen Industrieland haben sich die sozialen Gegensätze in den vergangenen Jahren derart verschärft wie in Deutschland. Die Einkommensschere klafft immer weiter auseinander, die relative Armut hat stark zugenommen. Und anders als oftmals behauptet sei dies keine Voraussetzung oder auch nur hilfreich für Wachstum. »Eine höhere Einkommensungleichheit behin-

Die Schattenseiten

dert die Aufstiegschancen über die Generationen hinweg«, schreibt OECD-Generalsekretär Angel Gurría den deutschen Politikern ins Stammbuch. »Sie macht es für talentierte und hart arbeitende Menschen schwerer, den Lohn zu erhalten, den sie verdienen. Diese mangelnde soziale Mobilität beeinträchtigt die wirtschaftliche Leistungsfähigkeit insgesamt.«

Betroffen sind nicht nur diejenigen, die schon am Ende der Einkommensskala stehen. Auch die Mittelschicht muss sich zunehmend vor dem sozialen Abstieg fürchten. Die Wucht des globalen Wettbewerbs hat nahezu alle Branchen erfasst. Die Firmen sehen sich einem immer schärferen Preiskampf ausgesetzt. Aufstrebende Schwellenländer wie China und Indien produzieren längst nicht mehr nur T-Shirts und simple Plastikwaren, sondern sind auch in die anspruchsvolleren Segmente eingestiegen und setzen damit die Löhne in den westlichen Ländern unter Druck.

In Deutschland aber hinterlässt das besonders tiefe Spuren. Inzwischen werden nicht mehr nur diejenigen mit schlechter Schulbildung und ohne erlernten Beruf vom Abwärtssog mitgerissen. Auch Facharbeiter und Akademiker müssen sich zunehmend Sorgen um Arbeitsplatz und Einkommen machen. Immer mehr Familien können ihren Wohlstand nicht mehr halten, stellte das DIW besorgt fest. Und das selbst in einer Phase, in der die Arbeitslosigkeit zurückging. Ein Grund dafür ist die Lohnentwicklung. Selbst der Aufschwung von 2005 bis 2008, eine Phase, in der die Unternehmensgewinne explodierten und die Aktienkurse stiegen, war für die Beschäftigten eine große Enttäuschung. Obwohl die Auftragsbücher der Firmen gut gefüllt waren und die Wirtschaft expandierte, sanken die Reallöhne der abhängig Beschäftigten und der Niedriglohnsektor breitete sich weiter aus. Geringverdiener sind in den vergangenen zehn Jahren ärmer geworden, die Gutsituierten haben zugelegt, so das Ergebnis des IAQ. Von 1995 bis 2006 hat das Viertel am unteren Ende der Einkommensskala real 13,7 Prozent weniger verdient. Allein in den vergangenen drei Jahren stieg die Zahl der Niedriglöhner um zehn Prozent.

Atypische Jobs – Jeder Fünfte arbeitet im Niedriglohnsektor

Sie sind vor allem dort zu finden, wo traditionell wenig bezahlt wird. Im Einzelhandel zum Beispiel, im Handwerk und im Dienstleistungssektor. Auf der Suche nach den niedrigsten Löhnen ist Reinhard Bispinck, Tarifexperte beim gewerkschaftsnahen Hans-Böckler-Institut, im sächsischen Friseurgewerbe fündig geworden, dort gibt es für ausgebildete Fachkräfte 3 Euro und 6 Cent pro Stunde. So ist es im Tarifvertrag mit der Dienstleistungsgewerkschaft Verdi festgeschrieben. Floristen und Pförtner bekommen nur wenig mehr. Da leuchten die Tarife der Leiharbeitsbranche in vergleichsweise warmem Licht.

Im Vergleich zu den Konditionen in Hochlohnbranchen wie Metall oder Chemie allerdings erscheinen die Entgelte, die Leiharbeiter bekommen, ziemlich mickerig. Und es sind gerade diese Branchen, in denen die Leihkräfte vorzugsweise zum Einsatz kommen. Das bestätigt auch eine Untersuchung der Arbeitsmarktforscher Lutz Bellmann und Alexander Kühl. Den typischen Entleihbetrieb beschreiben sie folgendermaßen: Er ist tariflich gebunden und zahlt hohe Löhne. Im Durchschnitt liege das Niveau um 50 Prozent höher als in Betrieben, die keine Leihkräfte einsetzen. Dies könne als »Indiz für die Absicht gelten, hohe Lohnzahlungen durch den Einsatz von Leiharbeitskräften einzusparen«.[26]

Aber selbst dort, wo die Unterschiede nicht so gravierend sind, ist die Strahlkraft groß. Zum Beispiel in der Gebäudereinigung. Markus Promberger nennt ein Beispiel aus Süddeutschland. Dort hat ein Unternehmen eine hauseigene Leiharbeitsfirma gegründet und 1300 Be-

Die Schattenseiten 121

schäftigte zum günstigeren Leihtarif eingestellt – und so den Stundenlohn um 80 Cent auf unter sieben Euro gedrückt. In Berlin, so beobachtete der Sozialforscher Michael Klese, geriet der ganze Markt »ins Trudeln«. Die niedrigen Leihtarife sorgten dafür, dass die Gewerkschaften »einer deutlichen Nominallohnsenkung und weiteren Verschlechterungen« zustimmten. Eine Entwicklung, die der Soziologe Hajo Holst auch in anderen Branchen beobachtet. »Leiharbeit erhöht den Blutdruck der gesamten Belegschaft.« Der Einsatz der Leihkräfte verschärfe den betriebsinternen Konkurrenzkampf. Sie strengten sich oft besonders an, weil sie auf einen festen Job in der Firma hofften. Dann, so Holst, müssten sich Festangestellte vorhalten lassen: Was ist los mit dir, der billige Leiharbeiter arbeitet viel mehr als du.

Es sind grundlegende Umwälzungen, die den Alltag in Fabrikhallen und Büros verändert haben. Unter dem Druck des sich verschärfenden internationalen Wettbewerbs lösen sich feste Arbeitsbeziehungen immer mehr auf und machen dem Platz, was Ökonomen atypische Beschäftigung nennen. Feste, dauerhafte Vollzeitarbeitsplätze verschwinden und werden ersetzt durch flüchtigere Beziehungen: Leiharbeit, Minijobs, befristete Beschäftigungen, Teilzeitarbeitsplätze.

Zu diesem Ergebnis kommt auch das Statistische Bundesamt, das den deutschen Arbeitsmarkt von 1997 bis 2007 analysiert hat. In diesen zehn Jahren, so das positive Fazit der Statistiker, sind 1,1 Millionen neue Arbeitsplätze entstanden. Aber der zweite Blick enthüllt, welch dramatische Verschiebungen sich hinter der freundlich schimmernden Oberfläche verbergen. Im selben Zeitraum sind 1,5 Millionen »Normalarbeitsplätze« verloren gegangen. Weil aber 2,6 Millionen atypische Jobs entstanden, konnte dieser Verlust mehr als wettgemacht werden. Das schlichte Fazit der Bundesstatistiker: »Der Beschäftigungszuwachs in den vergangenen zehn Jahren ist auf atypische Beschäftigung zurückzuführen.«[27] Ob es hier zu einem direkten Austausch von Vollzeitstellen durch atypische Jobs gekommen ist, ist unklar. Der Strukturwandel spielt hier eine wichtige Rolle. Durch immer leistungsstärkere Maschinen gehen Arbeitsplätze in den traditionellen Industrien verloren. Neue entstehen vor allem in personalintensiven Branchen, im Servicesektor zum Beispiel.

Aber, so beruhigen die Statistiker, dauerhafte Vollzeitarbeitsplätze sind weiterhin die prägende Beschäftigungsform. Die Verschiebungen auf dem Arbeitsmarkt sind gleichwohl bemerkenswert: Der Anteil der »normalen« Jobs ist von 82 auf 75 Prozent zurückgegangen, jeder vierte Beschäftigte hat inzwischen einen atypischen Job. Zahlenmäßig am wichtigsten sind dabei Teilzeitstellen und Minijobs, die höchste Dynamik weist aber die Leiharbeiterbranche auf. Sie ist in den vergangenen zehn Jahren um mehr als das Dreifache angestiegen.

Der Lohn der Reformen: Mehr Beweglichkeit, mehr Armut?

Ökonomen loben diese neue Beweglichkeit, sie sehen darin die entscheidende Grundlage für das Jobwunder der vergangenen Jahre – und können sich dabei von den Erhebungen des Statistischen Bundesamtes bestätigt sehen. »Zeitarbeit ist ein durch und durch positives Instrument«, sagt der Konjunkturforscher Christian Dreger vom Deutschen Institut für Wirtschaftsforschung (DIW).[28] Er hat die Kräfte im Blick, die Wachstum und Beschäftigung ankurbeln – und da habe Zeitarbeit viel frischen Wind gebracht. Mit ihren Reformen brachte die rot-grüne Koalition die verkrusteten Verhältnisse am Arbeitsmarkt in Bewegung. Sie erhöhte den Druck auf Arbeitslose und senkte die Hürden für neue, flexiblere Beschäftigungsformen. Das hat eine ungeahnte Dynamik in den Stellenmarkt gebracht und dem Wirtschaftsstandort Deutschland wieder zu grö-

Die Schattenseiten 123

ßerer Wettbewerbsfähigkeit verholfen, meint Ludger Hinsen. Er ist Hauptgeschäftsführer des BZA. Er sieht Zeitarbeit als eine »besonders moderne und zukunftsorientierte Form der Arbeit«. Keine andere Branche, so Hinsen, »schafft den Spagat, die Ansprüche der Wirtschaft nach dringend notwendiger Flexibilität mit der berechtigten Forderung der Beschäftigten nach sozialer Sicherheit zu vereinen«.

Tatsächlich bieten die Leihfirmen nicht nur Billigjobs. Nur ein Drittel der Beschäftigten sind Ungelernte. Inzwischen konzentrieren sich die Leasingagenturen auch auf Akademiker. Ärzte, Manager und Ingenieure auf Zeit kommen immer mehr in Mode und sie werden für ihre Flexibilität auch großzügig honoriert. Bei dem Gros der geliehenen Arbeiter und Angestellten ist das jedoch anders. Ihre Beweglichkeit wird nicht extra entlohnt, im Gegenteil. Leiharbeiter sind häufiger von Armut bedroht als ihre fest angestellten Kollegen. Nur 2,8 Prozent der normalen Vollzeitbeschäftigten verdienen so wenig, dass der Staat einspringen muss. In der Leihbranche bekommen dagegen 12,6 Prozent zusätzliche Hilfen aus dem Hartz-IV-Topf, räumte die Bundesregierung auf Anfrage ein. Mehr als viermal so viel wie die übrigen Beschäftigten.

Und das halten auch viele Experten für problematisch. Leiharbeit, so das Fazit von Markus Promberger, berge ein »erhebliches Armuts- und Abstiegsrisiko«. Ähnlich sieht es Eckhart Hildebrandt. Er forscht am Wissenschaftszentrum Berlin und hält Zeitarbeit für unverzichtbar. »Die Unternehmen können die weltweiten Anforderungen an ihre Flexibilität nicht mehr abwehren.«[29] Sie müssten ihren Personalbedarf schneller und beweglicher als in der Vergangenheit an die herrschende Auftragslage anpassen, sonst gerieten sie in Schwierigkeiten.

Und doch hält Hildebrandt Korrekturen für dringend erforderlich. Denn die Neuerungen, die den Boom der Zeitarbeit auslösten,

hätten die Lasten den Beschäftigten zu einseitig aufgehalst. »Die Reformen haben nur bewirkt, dass die Verleihfirmen ihren Mitarbeitern weniger Sicherheit bieten. Und die unterschiedliche Bezahlung in den Tarifen schreibt die Ungleichheit flächendeckend fest.«
Wie aber können diese Korrekturen aussehen? Gewerkschaften und Arbeitgeber, Politik und Wissenschaft geben sehr unterschiedliche Antworten. Nur in einem Punkt gibt es eine erstaunliche breite Übereinstimmung: beim Mindestlohn.

Rettungsanker Mindestlohn?

Wenn es um Leiharbeit geht, hört der Spaß auf. Dann fliegen die Fetzen zwischen Arbeitgebern und Gewerkschaften. Der Zweite Vorsitzende der IG Metall, Detlef Wetzel, vergleicht die Zustände in der Branche schon mal mit Menschenrechtsverletzungen in China. Die Arbeitgeber wiederum werfen den Gewerkschaften eine unerträgliche Hasskampagne gegen eine vorbildliche Branche vor, die Tausenden von Menschen zu Arbeit und Einkommen verholfen habe. Man könnte meinen, Gewerkschaften und Arbeitgeber lebten in verschiedenen Welten.

Umso erstaunlicher ist die Harmonie, die sich beim Thema Mindestlohn breitmacht. Dass die Gewerkschaften eine Lohnuntergrenze fordern, um Lohndumping und sozialen Ausschluss zu verhindern, überrascht nicht. Die vergangenen 20 Jahre waren für sie eine Phase des schleichenden Machtverlustes. Mitgliederschwund und Tarifflucht der Unternehmen haben ein Ausmaß angenommen, das sie nicht länger ignorieren können. In vielen Bereichen, so der Vorsitzende der Gewerkschaften im DGB, Franz-Josef Möllenberg, »sind wir nicht mehr streikfähig«. Zum Beispiel in der Zeitarbeit. Deshalb kann aus ihrer Sicht nur ein Mindestlohn helfen, um den Abwärtssog zu stoppen. Und sie finden dabei starke Verbündete auf Arbeitgeberseite.

Die Schattenseiten

Die beiden großen Verbände der Branche, der Bundesverband Zeitarbeit (BZA) und der Interessenverband Deutscher Zeitarbeitsunternehmen (iGZ), haben mit dem Deutschen Gewerkschaftsbund bereits Mindestlöhne vereinbart. In Westdeutschland soll die Untergrenze künftig bei 7 Euro 31 liegen, in Ostdeutschland bei 6 Euro 36. »Nur auf diesem Weg ist es zukünftig möglich, Lohndumping flächendeckend wirkungsvoll zu verhindern«, sagt der Geschäftsführer der iGZ, Werner Stolz. Der Verband hat auf seiner Internet-Seite 13 Gründe aufgelistet, die für die Einführung eines flächendeckenden Mindestlohnes in der Branche sprechen. Profite seien eben nicht alles, meint Stolz. Wenn Unternehmen sich gegenseitig bei den Löhnen unterböten, gehe das allein zu Lasten der Beschäftigten. Weil die Menschen nicht von ihrem Gehalt leben könnten, müsse der Staat ihnen mit Sozialleistungen unter die Arme greifen. »Das kann nicht sinnvoll sein.« Und für die Branche wird es gefährlich, »weil unser Image darunter leidet«.

Auch der konkurrierende BZA-Verband macht Druck. Die von Arbeitgebern und Gewerkschaften angepeilte Lohnuntergrenze für die Zeitarbeit sei »marktverträglich, wirtschaftlich vertretbar und mit Augenmaß abgeschlossen«, so der Präsident der BZA, Volker Enkerts. BZA und iGZ decken gemeinsam zwei Drittel der Branche ab und erfüllen damit eine wichtige gesetzliche Vorgabe für die Einführung von Mindestlöhnen.

Und doch gibt es ein Problem. Es gibt nämlich noch einen dritten Verband, den Arbeitgeberverband Mittelständischer Personaldienstleister (AMP). Der hat mit der Tarifgemeinschaft Christlicher Gewerkschaften für Zeitarbeit und Personalserviceagenturen (CGZP) konkurrierende Verträge ausgehandelt – mit etwas niedrigeren Löhnen. Und beide, AMP wie CGZP, sträuben sich energisch gegen die Mindestlohnpläne der Konkurrenz. Gewerkschaftschef Matthäus Strebl fährt große Geschütze auf: Alle Demokraten müssten Front machen »gegen die neokommunistischen Versuche von Arbeitsminister Scholz, die Tarifautonomie durch staatliches Lohndiktat zu ersetzen.«[30]

Thomas Hetz, Hauptgeschäftsführer des Arbeitgeberverbandes AMP, der vorrangig mit den christlichen Gewerkschaften Tarifverträge abgeschlossen hat, gibt sich im Ton moderater, in der Sache aber nicht weniger entschieden. Die Einführung eines Mindestlohns »wäre ein Eingriff der Politik in die Tarifautonomie, das halten wir für verfassungswidrig. Das muss der Markt regeln. Ein gesetzlicher Mindestlohn, der die bestehenden Tarifverträge aushebelt, wäre das Ende der mittelständischen Zeitarbeit.«

Tatsächlich würden die christlichen Tarifverträge entwertet, wenn die Lohnuntergrenzen des DGB für allgemein verbindlich erklärt würden. In der SPD hält man dies für kein Problem, in der CDU/CSU hat sich dagegen breiter Widerstand formiert. Die Branche sei wie kaum eine andere durch Tarifverträge gebunden. Daher gebe es gar keine Notwendigkeit für einen Mindestlohn, argumentiert Karl-Josef Laumann, Minister für Arbeit, Gesundheit und Soziales in Nordrhein-Westfalen. Tatsächlich sollten allgemein verbindliche Mindestlöhne vor allem helfen, diejenigen Unternehmen einzufangen, die sich der Tarifbindung gänzlich zu entziehen versuchten. Sie sollten Mindeststandards in jenen Branchen sichern, in denen die Tarifverträge ihre Bindekraft verlieren. Solchen Wildwuchs, meinen Kritiker, gebe es in der Leihbranche aber gar nicht. Hier komme doch die Tarifautonomie zur Geltung wie in kaum einem anderen Wirtschaftszweig.

Aber auch Zeitarbeitsbefürworter wie der frühere Bundesminister für Wirtschaft und Arbeit Wolfgang Clement sehen durchaus noch Regelungsbedarf. Gerade die niedrigen Tarife der christlichen Gewerkschaften »tragen erheblich zum noch immer problematischen Ruf der Branche bei«, sagt Clement. Deshalb seien Korrekturen dringend nötig. Das sieht auch Markus Promberger so. Die Armutsrisiken

Die Schattenseiten

in der Leiharbeitsbranche seien nicht zu leugnen. Dagegen müsse die Politik etwas tun. »Wenn wir zu viele Arbeitsverhältnisse kriegen, wo der Lohn die Frau, den Mann oder die Familie nicht mehr ernährt, dann haben wir ein Problem mit unserem Verteilungssystem und mit unserer sozialen Gerechtigkeit. Deshalb müssen wir, wie auch immer man das dann juristisch formuliert, über solide Mindestgrenzen nachdenken, auch in der Leiharbeitsbranche.«

Promberger hat dabei auch das Jahr 2011 im Blick. Dann fallen die Barrieren, die bislang osteuropäische Arbeitskräfte vom deutschen Arbeitsmarkt weitgehend ferngehalten haben. Ab 2011 herrscht Freizügigkeit – dann können billige Leihkräfte aus Polen, Rumänien oder der Ukraine problemlos nach Deutschland zum Arbeiten kommen. Viele stünden schon auf dem Sprung, um den deutschen Markt aufzumischen, warnt BZA-Chef Hinsen. »In Rumänien kennen wir Stundenlöhne von weniger als einem Euro.« Lohndumping auf breiter Front, das räumen auch die Mindestlohn-Kritiker in der Union ein, sei dann nur noch durch eine allgemein verbindliche Lohnuntergrenze für Leiharbeit zu verhindern.

Von der Einführung eines Mindestlohns versprechen sich die Befürworter aber nicht nur mittelfristigen Gewinn. Auch wenn davon aktuell nur eine Minderheit profitieren würde. Nur 30 000 Leiharbeiter, so schätzt iGZ-Chef Stolz, lägen derzeit unter der Zielmarke. Das sind nicht einmal fünf Prozent. Aber sie tragen zum schlechten Ruf der Branche bei. Vor allem die christlichen Haustarifverträge, die zum Teil Stundentarife von unter fünf Euro zuließen, müssten eliminiert werden. »Das ist schamlos«, konstatiert Stolz. »Der Mindestlohn würde uns helfen, noch mehr Akzeptanz für die Zeitarbeit in Deutschland zu gewinnen.«

Auch die SPD mauert – Keine Aussicht auf Equal Pay

Und er würde auch helfen, weiter gehende Forderungen aus den Reihen von Gewerkschaften und Sozialdemokratie abzublocken. Forderungen nach Equal Pay zum Beispiel, Forderungen nach einer Gleichbehandlung von Leiharbeitern und Festangestellten im selben Betrieb. Hier geht es ums Grundsätzliche. Es geht darum, ob Zeitarbeiter auch in Zukunft viel schlechter bezahlt werden sollen als ihre fest angestellten Kollegen. Es geht darum, ob in den Betrieben dauerhaft eine Zweiklassengesellschaft installiert werden kann. Oder ob der im Gesetz fixierte Gleichbehandlungsgrundsatz umgesetzt wird.

Das ist eine Frage, die weit größere Sprengkraft in sich birgt als die geplante Einführung des Mindestlohns. Denn dafür müsste das tarifliche Netz, das die Leihbranche in den vergangenen Jahren geflochten hat, wieder zerrissen werden. Eine nicht ganz einfache Operation, gegen die sich längst Widerstand formiert hat. »Was wir jetzt brauchen, ist ein Branchenmindestlohn, nicht aber neue Einschränkungen«, warnt BZA-Chef Volker Enkerts. »Dies würde den Verlust von Tausenden von Arbeitsplätzen bedeuten.« Der SPD-Parteivorstand zeigte sich davon unbeeindruckt. Im Oktober 2007 formulierte er das Ziel: »Wir wollen das Arbeiternehmerüberlassungsgesetz so ändern, dass nach einer angemessenen Einarbeitungszeit ohne Ausnahme für Leiharbeitnehmer die gleiche Bezahlung und die gleichen Arbeitsbedingungen gelten wie für die Stammbelegschaft.« Inzwischen ist davon nur noch wenig zu hören, allein Sozialdemokraten aus der zweiten Reihe haken nach. Die Europaabgeordnete Erika Mann schrieb der Führungsspitze ins Stammbuch: »Der weitverbreiteten Ungleichbehandlung von Leiharbeitnehmern und Stammbeschäftigten können wir nur durch eine Novellierung des Arbeitnehmerüberlassungsgesetzes einen Riegel vorschieben.

Wir müssen gesetzlich sicherstellen, dass das Prinzip vom gleichen Lohn für gleiche Arbeit uneingeschränkt gilt.« Über eine Reform der Arbeitnehmerüberlassung denkt in der SPD-Zentrale in Berlin derzeit aber niemand ernsthaft nach, von der Union einmal ganz zu schweigen.

Die Regierung gibt sich mit bescheideneren Zielen zufrieden. Nach monatelangem Streit verständigte sich die Koalition Mitte Januar 2009 auf einen seltsamen Kompromiss. Danach soll eine Lohnuntergrenze für die Zeitarbeitsbranche eingeführt werden, aber nicht so, wie es Gewerkschaften und Arbeitgeber forderten. Der Mindestlohn soll nicht ins sogenannte Entsendegesetz aufgenommen werden, das heißt: er wird nicht für allgemein verbindlich erklärt. »Es gibt eine Lohnuntergrenze, und Dumpinglöhne in der Zeitarbeit sind vorbei«, urteilte Arbeitsminister Olaf Scholz (SPD) zufrieden. »Wir haben für die gesamte Branche eine Haltelinie nach unten etabliert«, meinte auch die stellvertretende Parteivorsitzende Andrea Nahles. Beim Koalitionspartner sieht man das allerdings ganz anders. Der Mindestlohn, »so wie ihn die SPD gefordert hat, wird nicht kommen«, versicherte CDU-Generalsekretär Ronald Pofalla. Und Ralf Brauksiepe, der arbeitsmarktpolitische Sprecher von CDU/CSU, ergänzte: »Wir wollen bestehende Tarifverträge nicht verdrängen.« Die Bezahlung werde sich am niedrigsten Tariflohn der Branche orientieren, erläuterte der Vorsitzende der CDU/CSU- Fraktion im Bundestag, Volker Kauder. »Das ist momentan der Tariflohn der christlichen Gewerkschaft.«[31] Was aber kann ein Mindestlohn bewirken, der nicht auf bestehende Tarifverträge abfärbt, sondern sich am untersten Niveau orientiert? Wenig, meint Petra Gerstenkorn, Vorstandsmitglied der Dienstleistungsgewerkschaft Verdi. Der Kompromiss sei eine Mogelpackung. »Damit ist dem Lohndumping weiter Tür und Tor geöffnet.«

KAPITEL 5

Gemobbt und ausgegrenzt – Die Probleme im Betriebsalltag

Betriebsversammlung der Zeitarbeitsfirma Randstad in Köln. Im Foyer stehen große Stellwände. »Verantwortung« steht da handgeschrieben in großen Lettern. Und »Menschenwürde«. »Offene Ohren«. Begriffe, die die Atmosphäre bei der Zeitarbeitsfirma gut charakterisieren, wie Regionaldirektorin Susanne Wißfeld findet. Sie sitzt im großen Konferenzsaal oben auf dem Podium, im hellen Sommerkostüm, und erklärt die Philosophie der Zeitarbeitsfirma Randstad. Soziale Verantwortung als Markenzeichen, ja, das gefällt ihr sehr gut. »Wir sitzen doch letztlich alle in einem Boot«, sagt sie und lächelt der Moderatorin Antje Mielke zu. Die Betriebsrätin leitet die Diskussion, die sich etwas zäh dahinschleppt. Allein der Mann von der IG Metall prescht immer wieder druckvoll nach vorn. »Kolleginnen und Kollegen«, ruft Timo Gerland vom Podium herunter, »es ist nicht in Ordnung, dass ihr für die gleiche Arbeit weniger Geld bekommt.« Gemäßigter Applaus im Auditorium. »Und es ist auch nicht in Ordnung, wenn die Leiharbeitsfirmen euch bei Arbeitszeitkonten und Fahrgeld übers Ohr hauen.« Wieder verhaltene Zustimmung. Der Betriebsrätin ist anzusehen, dass sie von den Ausführungen des Gewerkschafters wenig hält. Sie lässt den IG-Metall-Mann ausreden – und sorgt dann mit einer energischen Intervention dafür, dass die aufkommende Unruhe im Saal wieder abebbt. Viele Branchen zahlen doch noch schlechter, sagt sie und gibt das Wort an den Betriebsratsvorsitzenden Klaus Depner. Der sieht das auch so. Gebäudereiniger und Friseure zum Beispiel, die hätten noch schlechtere Tarife. Da stehe man als Leiharbeiter richtig gut da, sagt er. Geschäftsführerin Susanne Wißfeld stimmt dem zu. Die Diskussion plätschert wieder in geordneten Bahnen träge dahin.

Zoff bei der Betriebsversammlung – »Ihr habt ja gar keine Ahnung, was bei uns los ist«

Doch dann ist es plötzlich vorbei mit der Harmonie. Hinten im Saal wird es unruhig. Ein älterer Mann mit grauem Bart ist aufgestanden. Silberne Brille, ordentlich gescheitelte Haare. Er trägt einen blauen Anzug und eine dunkle Krawatte. Er ist aufgeregt, gestikuliert heftig und redet. Aber man kann ihn kaum verstehen. Er kämpft gegen die Saalanlage an, die Stimme wird nun lauter, schriller. »Das ist doch alles reine Schau hier«, ruft er aufgebracht. »Und der Betriebsrat macht dabei auch noch mit. Ihr habt ja gar keine Ahnung, was bei uns los ist. Da kann ich ja nur lachen.« Auch auf dem Podium ist der Mann nun nicht mehr zu überhören. Geschäftsführung und Betriebsräte wenden irritiert vom Lärm die Köpfe in die Richtung, aus der die Stimme kommt. »Mein Sohn hat seit zwei Monaten keinen Lohn bekommen«, legt er nach. Wie das denn bitte schön funktionieren soll? »Wir werden hier wie Bittsteller behandelt, die froh sein können, wenn sie überhaupt Geld bekommen«, schleudert er dem Podium entgegen. Die Stimme klingt nun feindselig, aggressiv. Einen kurzen Moment ist es jetzt mucksmäuschenstill. Dann applaudieren ein paar, und dann bricht es wie ein Sturm los. Befreit und erleichtert klatscht das Publikum. Pfeift und johlt begeistert. Viele schauen sich um, nicken anerkennend. Endlich einer, der sich mal was traut. Der sagt, was Sache ist.

Der Mann im Anzug ist nun nicht mehr zu stoppen. »Ich bin schon seit Jahren Leiharbeiter und ich kann Ihnen sagen: an der Basis brodelt es.« Die Leiharbeiter seien in einen permanenten Zwei-Fronten-Kampf verwickelt. »Wir kämpfen mit dem Geld, das nicht ausreicht zum Leben«, ruft er. »Und wir kämpfen gegen die Disponenten, die uns das Leben schwer machen.« Die Moderatorin greift nun ein und versucht zu beruhigen. »Kommen Sie doch mal nach vorn, dann können wir uns besser unterhalten«, bietet sie an. Die Geschäftsführerin will wissen, in welcher Zweigstelle er arbeitet – »damit wir da mal nachhaken können«, wie sie anfügt. »Das sag ich Ihnen nicht«, entgegnet der Mann giftig, »dann habe ich morgen meine Kündigung im Briefkasten.« Das Publikum applaudiert begeistert.

Nun trauen sich auch andere. Eine Frau steht auf und berichtet, wie sie drei Tage nach einer Bandscheibenoperation von ihrem Zweigstellenleiter gedrängt wurde, wieder zur Arbeit zu kommen. »Stellen Sie sich doch nicht so an«, fuhr der sie an. Es gebe einen neuen Kunden, da brauche man sie. Und schließlich müsse sie auch nichts Schweres heben. »90 Prozent sind hier, weil sie unzufrieden sind«, fasst der graubärtige Wortführer zusammen.

Betriebsräte und Geschäftsführung mühen sich nun vereint, den Aufruhr in ruhigere Bahnen zu lenken. »Randstad steht in einem harten Wettbewerb«, argumentiert Betriebsratschef Depner. Die Firmen, an die Randstad vermittle, feilschten um jeden Cent. Und die Geschäftsführerin fügt hinzu: »Wir sind in einer Zwickmühle. Wenn wir höhere Löhne zahlen, dann sind die Jobs weg. Das ist eine brutale Situation.« Auch der Betriebsratschef ruft zur Mäßigung auf. »Wir leben nicht auf einer Insel. Unsere Konkurrenten sind in Osteuropa, in Asien. Und dort wird ein Bruchteil von dem bezahlt, was wir hier bekommen.«

Doch den meisten ist das egal. Sie kennen die Argumente, mit denen ihre kargen Gehälter begründet werden. Und doch verlassen die meisten am Ende erleichtert die Betriebsversammlung – weil sie ein bisschen von der Wut, mit der sie angereist sind, losgeworden sind.

Überstundenklau bei Randstad und Co. – »Ständig plündert ihr mein Arbeitszeitkonto«

Wie groß der Unmut ist, das haben viele Betriebsräte schon vor der großen Aussprache mitbekommen. Es war nicht zu überhören an den Ständen, an denen die Belegschaftsvertreter über Fahrgeld und Zeitkonten, Qualifizierung und Urlaubsansprüche informierten. Es kommt dabei immer wieder zu erstaunlichen Konfrontationen. Eine Betriebsrätin erklärt, wie das mit den Arbeitszeitkonten läuft. Das ist ein Aufregerthema, nicht nur an diesem Samstag im Kölner Tagungszentrum Maternushaus. Ein 48-jähriger Elektroinstallateur hört eine Weile zu, dann fährt er die Betriebsrätin direkt an. »Ständig plündert ihr mir mein Arbeitszeitkonto. Das lass ich mir nicht mehr gefallen. Ich gehe vors Arbeitsgericht.« Die Attacke ist ungerecht, die junge Frau gehört ja nicht der Geschäftsführung an, sondern dem Betriebsrat. Aber dem Mann ist das egal. Er fühlt sich betrogen, weil Randstad – wie viele andere Leiharbeitsfirmen auch – die Überstunden abschmilzt, wenn sie keinen Einsatz für ihn haben. Erst vor Kurzem war das wieder so, als er aus einem dreiwöchigen Urlaub zurückkehrte. Am ersten Arbeitstag hieß es: Wir haben keine Arbeit für Sie. Tagelang blieb er auf Abruf zu Hause. Erst bei der Lohnabrechnung merkte er, dass die Tage ihm zwar bezahlt wurden – aber gleichzeitig schwanden die Überstunden, die er auf seinem Arbeitszeitkonto angehäuft hatte. Das heißt, er hat die Tage, an denen Randstad keine Arbeit für ihn hatte, selbst bezahlt. »Das geht so nicht weiter«, sagt er. »Ich mache jetzt keine Überstunden mehr. Ich lass mich nicht mehr veräppeln.«

Seit zwei Jahren ist er nun bei Randstad. »Für einen festen Job bin ich zu alt – oder zu jung. Ganz wie man's nimmt.« Erst mit 50, so glaubt er, habe er wieder Chancen. Dann gibt's Lohnzuschüsse vom Staat, dann wird's für die Unternehmen wieder interessanter, ihn einzustellen. Aber bis dahin habe er keine Chancen auf einen normalen, halbwegs ordentlich bezahlten Job. Dabei ist er eine der angeblich so raren Fachkräfte, ein gelernter Elektroinstallateur. Er wird viel von kleinen Handwerksfirmen gebucht, manchmal für ein paar Tage, manchmal für Wochen. Und meist gibt es reichlich zu tun, er macht 20 bis 30 Überstunden pro Monat – die wandern dann auf sein Zeitkonto. Und wenn er nicht aufpasst, dann verschwinden sie wieder, wenn Randstad mal keine Arbeit für ihn hat.

Neben den Arbeitszeitkonten sorgen die Fahrgelder für den größten Ärger beim Belegschaftstreffen. Viele Randstad-Filialen, so klagen die Beschäftigten, halten sich nicht an die Abmachungen. Danach zahlt Randstad grundsätzlich 15 Cent für jeden Kilometer von der Zweigstelle bis zum Einsatzort. »Viele Zeitarbeiter werden mit hanebüchenen Gründen abgespeist«, kritisiert auch der moderate Betriebsratschef Klaus Depner. »Ich bin sehr enttäuscht.« Mal heißt es, der Kunde zahle zu wenig, da sei Fahrgeld nicht drin. Ein anderes Mal sei die Strecke zu kurz oder die Regelung gelte nicht für Teilzeitkräfte. Dabei gebe es keine Unklarheiten. »Das ist eindeutig in einer Betriebsvereinbarung geregelt«, sagt Depner. Und auch Susanne Wißfeld, die Regionaldirektorin, räumt ein, das seien bedauerliche Missverständnisse, da müsse die Kommunikation noch verbessert werden.

Alles in Ordnung – Betriebsrat und Gewerkschaften machen mit

Helmut Jakobs* kennt sich aus in der Branche. Seit acht Jahren arbeitet er als Leiharbeiter – und er hat nichts ausgelassen. In Kantinenküchen hat er Kartoffeln geschält und Geschirr gespült, in Großbäckereien Brötchen gebacken und auf dem Bau Fenster eingesetzt. »Das war nicht immer lustig«, sagt er. »Da waren richtig miese Jobs dabei.« Jakobs ist gelernter Schlosser, er kann schweißen und Rohre verlegen. Aber er kennt auch die Regeln. Wenn ein Küchenjob zu besetzen ist, dann muss er halt in die Küche.

Er beklagt sich nicht darüber. Das ist schon okay so, meint er. Meist arbeite er ja in seinem eigentlichen Beruf. Und inzwischen hat er auch mit seinem Arbeitgeber eine Art Burgfrieden erzielt – nach einem jahrelangen Kleinkrieg mit Prozessen, angedrohten Kündigungen und ständigem Ärger um falsche Lohnabrechnungen. »Da braucht man schon gute Nerven, um das durchzustehen«, sagt er.

Jakobs hat gute Nerven, er lässt sich nicht so schnell beeindrucken. Er hat gelernt, sich zu wehren, denn »sonst geht man hier unter, die Sitten sind ziemlich rau«. Ein halbes Dutzend Mal hat er gegen seine Firma geklagt. Und immer ging es ums Geld. Mal stritt er wegen Fahrgeld, mal um Arbeitszeitkonten, dann lag er mit dem Arbeitgeber wegen der Stundenabrechnungen über Kreuz. »Fast jede Lohnabrechnung war falsch«, moniert Jakobs. »Da musste man immer kontrollieren.« Jakobs meldete jede Unregelmäßigkeit, schließlich kann er es sich nicht leisten, der Firma Geld zu schenken, sagt er, »bei dem geringen Gehalt«. 1200 Euro netto verdient er im Schnitt pro Monat. Und oft musste er dafür erbittert kämpfen.

* Name geändert

Am schwierigsten waren die Auseinandersetzungen um das Arbeitszeitkonto. Dort werden die Überstunden gutgeschrieben, die Jakobs machte. Meist hatte er über hundert Stunden, die er Schritt für Schritt abfeiern konnte. Aber Jakobs hatte gar keine freien Tage genommen, trotzdem schrumpfte sein Guthaben Monat für Monat. Wie konnte das geschehen, fragte er sich und erfuhr auf Nachfrage: Die Zeitarbeitsfirma zog auch jene Tage vom Konto ab, an denen es für Jakobs keine Arbeit gab. Im Klartext: Nur wenn er arbeitete, bekam er auch Geld. Jakobs klagte. Und er bekam recht. Insgesamt ging es um über 140 Stunden, die ihm die Firma klammheimlich vom Konto abgebucht hatte. Das entspricht fast einem ganzen Monat Arbeit. Bei elf Euro Stundenlohn macht das 1800 Euro brutto.

Der Arbeitgeber konnte daran nichts Verwerfliches erkennen. Schließlich hat er mit dem Gesamtbetriebsrat eine Betriebsvereinbarung abgeschlossen, in der die Verrechnung von sogenannten Nichteinsatzzeiten festgeschrieben ist. »In einsatzfreien Zeiten werden entweder Plusstunden von Ihrem Arbeitskonto abgezogen oder Minusstunden in das Zeitkonto gebucht«, erläutert die Geschäftsleitung in einem Schreiben an die Mitarbeiter. Hat die Firma keine Arbeit für ihre Angestellten, »befinden Sie sich im sogenannten Freizeitausgleich«. Den Lohn, den sie an diesen auftragsfreien Tagen zahlt, holt sich die Firma wieder, indem die Stunden auf dem Arbeitszeitkonto verrechnet werden. Ist dort kein Guthaben vorhanden, dann werden Minusstunden verbucht, die der Beschäftigte später ausgleichen muss.

Für den Arbeitgeber ist das eine ziemlich komfortable Regelung. Hat die Firma keinen Auftrag, wird das Zeitkonto belastet. Die Beschäftigten gehen am Ende also leer aus. Die Arbeitsgerichte stören sich an dieser Praxis und verbieten sie regelmäßig. Im Düsseldorfer Fall stellten die Rechtshüter unmissverständlich fest, dass »sämtliche Nichteinsatzzeiten als Arbeitszeit abzurechnen« sind.

Gerichte intervenieren: »Die Regelung ist nichtig«

Dennoch ist der Trick, den Jakobs Arbeitgeber anwandte, ziemlich verbreitet in der Branche. »Das machen fast alle Leihfirmen so«, sagt Christian Iwanowski von der IG Metall. »Es ist eher selten, dass diese unerlaubte Verrechnung nicht angewandt wird.« Kommt es zum Prozess, dann geben die Unternehmen meist klein bei. Oft erscheinen sie gar nicht vor Gericht und akzeptieren ein sogenanntes Versäumnisurteil. Oder sie handeln einen Vergleich aus, wie zuletzt in Köln. Dort musste Marktführer Randstad einer Mitarbeiterin 978,44 Euro erstatten. Das war der Gegenwert für 93 Stunden, die die Leihfirma der Frau zuvor abgezogen hatte. Auch hier befanden die Richter eindeutig: Wenn der Arbeitgeber keinen Auftrag hat, dürfen die Mitarbeiter nicht dafür büßen. »Nichteinsatzzeiten sind Arbeitszeiten«, so das Fazit der Kölner Arbeitsrichter. Eine Einschätzung, die auch das Landesarbeitsgericht Rheinland-Pfalz bestätigte. In einem Urteil vom 24. April 2008[32] befanden die Mainzer Richter, dass eine Zeitarbeitsfirma einsatzfreie Zeiten voll bezahlen muss – selbst dann, wenn im Arbeitsvertrag andere Regelungen getroffen worden sind. Im konkreten Fall hatte sich die Zeitarbeitsfirma vertraglich zusichern lassen, dass sie einsatzfreie Zeiten mit Überstunden auf dem Zeitkonto verrechnen kann. Die Richter entschieden unmissverständlich: »Die getroffene Regelung verstößt gegen § 11 Abs. 4 Satz 2 AÜG und ist nichtig.« Der Arbeitgeber dürfe das wirtschaftliche Risiko nicht auf den Beschäftigten abwälzen. Finde er keine Arbeit, müsse er zahlen.

Randstad selbst möchte die Gerichtsverfahren allerdings nicht verallgemeinert sehen. Das sei nicht die »übliche Geschäftspraxis«, stellt Sprecherin Petra Timm fest. Natürlich sei das eine schwierige Zeit, wenn es keine Arbeit für die Beschäftigten gebe. »Der Betriebsrat passt da genau auf, dass alles rechtens läuft. Wir sehen uns da in eine ganz falsche Ecke gedrängt.« Das sei in einer Betriebsvereinbarung sehr sauber geregelt. Wenn es da trotzdem mal Ausrutscher gebe, dann seien das Einzelfälle. »Wir haben 530 Niederlassungen und 60 000 Beschäftigte, da kann man nicht alles kontrollieren.« Im Grundsatz aber gelte bei Randstad: Niemand werde gegen seinen Willen zum Freizeitausgleich verdonnert, wenn es keine Arbeit für ihn gebe. »Wir machen das nur, wenn unsere Beschäftigten einverstanden sind«, sagt Petra Timm.

Leiharbeiter und Betriebsräte haben da andere Erfahrungen gemacht. Und trotz der Richterschelte hat sich wenig geändert. Denn nur wenige trauen sich – wie Helmut Jakobs –, gegen ihren Arbeitgeber zu klagen. Erst recht, wenn sie von ihrer Gewerkschaft im Stich gelassen werden. Jakobs hatte beim ersten Prozess einen Anwalt vom DGB zur Seite gestellt bekommen. Der aber überraschte seinen Mandanten im Verfahren mit dem Eingeständnis, dass er das Problem auch nicht recht verstehe. Gegen Arbeitszeitkonten sei ja eigentlich nichts einzuwenden. Damit war das Verfahren erst mal geplatzt, Jakobs suchte sich einen anderen Anwalt – und hatte Erfolg.

Wer trägt das Arbeitgeberrisiko?

Tatsächlich haben Betriebsräte und Gewerkschaften Mühe, eine klare Linie zu finden. Sie haben nämlich die Fallstricke mit ausgelegt, über die nun viele Leiharbeiter stolpern. Randstad etwa stützt seine Praxis nicht nur auf die Vereinbarung, die mit dem Gesamtbetriebsrat getroffen wurde, sondern auch auf eine Abmachung mit dem DGB. In diesem Manteltarifvertrag werden Arbeitszeitkonten und die Verrechnung von Plus- und Minusstunden ausdrücklich erlaubt.

Warum auch nicht? In anderen Branchen ist das ja längst gängige Praxis, um Arbeitszeiten flexibel zu gestalten. Gibt es viele Aufträge und es fallen Überstunden an, dann füllt sich das Konto, das dann in ruhigeren Phasen wieder abgeschmolzen werden kann. Ein elegantes Instrument, um die Arbeitszeiten, die in Tarifverträgen fixiert sind, flexibel zu gestalten.

In der Leiharbeit, so mahnen allerdings Kritiker wie der Bremer Professor für Rechtswissenschaft, Wolfgang Däubler, gewinnt diese Flexibilität eine ganz neue Qualität. Dort gehe es nicht nur um leichte Nachfrageschwankungen, die durch Freizeitausgleich aufgefangen werden sollen. Hier gehe es um Grundlegenderes, sagt Däubler. Es gehe darum, wer eigentlich das unternehmerische Risiko trage.

Die Entleihbetriebe geben dieses Risiko an die Leihfirmen weiter. Sie buchen Arbeitskräfte für einen bestimmten Zeitraum. Und wenn sie nicht mehr genügend Arbeit haben, dann geben sie sie zurück. Wie eine Maschine, die ausgeliehen wird. Das ganze komplizierte Arbeitsrecht, das die Rekrutierung von Personal sonst so mühsam macht – es spielt für die Entleiher keine Rolle. Sie müssen weder auf Kündigungsfristen achten noch Abfindungen zahlen – das macht die Leiharbeit für sie so lukrativ. Sie können die Belegschaft mühelos hochfahren und wieder absenken.

Arbeitgeber eines wachsenden Teils der Beschäftigten sind nicht mehr die Unternehmen, in denen sie arbeiten, sondern die Leasingfirmen, die sie auf Zeit überlassen. Helmut Jakobs ist bei seiner Zeitarbeitsfirma unbefristet beschäftigt. Und an seinem Arbeitgeber liegt es nun, dafür zu sorgen, dass er auch Arbeit hat.

»Das ist unser Kerngeschäft«, sagt Marcel Pelzer, Direktor für Corporate Affairs bei der Zeitarbeitsfirma Manpower, derzeit die Nummer drei auf dem deutschen Markt nach Randstad und Adecco. »Wir sind nah dran am Kunden und wissen, wen wir wo unterbringen können.« Und wenn es trotzdem nicht klappt? »Das ist unser Risiko«, sagt er. Die Disponenten klärten dann mit den Beschäftigten, ob sie einen freien Tag nehmen wollen.«»Wenn nicht, dann stehen sie auf Abruf zur Verfügung. Das heißt, sie müssen auch kurzfristig für Aufträge einsetzbar sein.« Aber Manpower verordne den Beschäftigten keineswegs freie Tage, wenn keine Arbeit da sei.

In der Praxis sieht es oftmals anders aus. Sabine Gerlinger, Teamleiterin in einem Callcenter der Telekom, wunderte sich, dass sie plötzlich weniger Geld auf dem Konto hatte. Nachforschungen ergaben, dass die Leihfirma ihre Stundenzahl von 38,5 auf 35 runtergesetzt hatte – ohne ihr Wissen. Dabei hatte sich an ihrem Job gar nichts geändert. Zur Rede gestellt meinte der zuständige Disponent, sonst flössen nicht genügend Stunden auf ihr Zeitkonto.»Wir brauchen mehr Manövriermasse.« Das ist eine beliebte Methode bei Zeitarbeitsfirmen: Sie schrauben die vertragliche Arbeitszeit runter, im Arbeitsvertrag stehen dann oft nur 80 oder 120 Stunden pro Monat, obwohl die Leute Vollzeit arbeiten. Dadurch schwellen die Zeitkonten schnell an. Für die Leihfirmen ein Geschäft ohne Risiko: Gibt es mehr zu tun – was meist der Fall ist, denn in den meisten Einsatzbetrieben sind 38 oder 40 Stunden die Regel – sind die Leihkräfte zur Mehrarbeit verpflichtet. Und der Trick ist auch noch bares Geld wert, wenn die Leihkräfte mal krank sind oder es keine Arbeit gibt – dann bekommen sie nämlich nur die vertragliche Arbeitszeit vergütet.»Das kommt in der Branche leider immer mehr in Mode«, klagt Hanno Hoff, Betriebsratsvorsitzender beim Marktführer Randstad.

Dabei ist die Rechtslage eindeutig, meint Wolfgang Däubler. Die Zeitarbeitsfirma muss auch dann zahlen, wenn sie keine Arbeit hat. Und sie darf sich das Geld nicht dadurch zurückholen, indem sie das Arbeitszeitkonto der Beschäftigten angreift. Däubler hält daher den Manteltarifvertrag, den Arbeitgeber und Gewerkschaften für die Zeitarbeitsbranche ausgehandelt haben, für »nichtig, soweit er es ausschließt, dass Zeiten der Nichtbeschäftigung wie Arbeitszeit behandelt werden«.

Auch in der Belegschaft der Zeitarbeitsfirma Randstad mehren sich inzwischen Stimmen, die nun klare Konsequenzen fordern. Betriebsrat Dieter Vogt hat die Arbeitnehmervertretung aufgefordert, die Betriebsvereinbarung fristlos zu kündigen. Damit, so warnt jedoch Betriebsratschef Hanno Hoff, wäre wenig geholfen. Randstad könnte dann sogar noch freier über die Arbeitszeitkonten verfügen. Er gibt den Schwarzen Peter an die Gewerkschaften weiter, die hätten die Arbeitszeitkonten im Tarifvertrag ausdrücklich zugelassen. »Wir haben nur versucht, klare Grenzen einzuziehen, damit das nicht zu exzessiv genutzt wird.« Und die Alternative zu den Arbeitszeitkonten sei auch nicht sehr verlockend. »Dann werden die Leute sofort entlassen, wenn es gerade keinen Auftrag gibt.«

Jakobs selbst übrigens hat inzwischen keine Probleme mehr wegen seines Arbeitszeitkontos. Er hat sein Geld bekommen, nach den langwierigen Kämpfen ist inzwischen Ruhe eingekehrt. Das Personal in der Zweigstelle hat gewechselt, jetzt »herrscht Frieden«.

Der Fall Nokia: Hohe Abfindungen für die Stammbelegschaft, Leiharbeiter gehen leer aus

Anderthalb Jahre hat Ralf Reimann beim finnischen Handyhersteller Nokia Telefone zusammengebaut. »War 'ne schöne Arbeit«, sagt Reimann. 800 Telefone hat er im Bochumer Werk pro Tag montiert, hat Reklamationen bearbeitet und Handys repariert, war auch manchmal im Versand. Vor Weihnachten war es immer besonders stressig, »da haben wir Überstunden gemacht ohne Ende«, so der 42-Jährige. Auch im Dezember 2007 war das so. Drei Wochen später war dann Schluss. Während der Frühstückspause kam die Nachricht: das Bochumer Werk wird zugemacht, Nokia verlagert die Produktion nach Rumänien.

Er hatte drei Monate zuvor die Leihfirma gewechselt. Sein bisheriger Arbeitgeber, die Zeitarbeitsfirma Albecon, war ganz ausgestiegen bei Nokia. »Vielleicht wussten die schon, dass das bald vorbei ist.« So kam Reimann zu Randstad. Und er war wieder in der Probezeit – so konnte er sofort entlassen werden. Ohne Abfindung. Nicht einmal die Überstunden, die er auf seinem Arbeitszeitkonto angehäuft hatte, bekam er ausgezahlt. Er hätte seinen Arbeitgeber verklagen müssen, aber das traute er sich nicht. »Einen Anwalt konnte ich mir nicht leisten«, sagt Reimann. Der Job bei Nokia reichte ja kaum zum Leben. 7 Euro 60 bekam er pro Stunde, am Monatsende blieben gerade mal 700 Euro netto, sagt er. Gut die Hälfte von dem, was die Festangestellten erhielten. Meist musste er zusätzlich Hartz IV beantragen.

Reimann wurde absolut flexibel eingesetzt, er kam zur Arbeit, wenn er gebraucht wurde. »Oft haben die mir per SMS mitgeteilt, dass ich am nächsten Tag nicht zur Arbeit kommen musste.« Dann wurde ihm empfohlen, einen Tag Urlaub zu nehmen. Oder sein Zeitkonto wurde abgetragen. Für Reimann keine neue Erfahrung. Er hat in den vergangenen Jahren für sechs verschiedene Zeitarbeitsfirmen gearbeitet, und alle haben das so geregelt. »Wenn die keine Arbeit für mich hatten, dann haben die die Stunden vom Zeitkonto abgezogen.« Und damit sich das Zeitkonto immer wieder zügig füllt, so Reimann, wurde ihm häufig ein reduzierter Vertrag angeboten: Oft waren im Vertrag nur 30 oder 35 Stunden pro Woche festgelegt. Alles, was darüber hinausging, wurde erst einmal aufs Zeitkonto gepackt. Manchmal erfuhr er auch erst in der Fabrikhalle, dass es nichts zu tun gab. Dann wurden ihm drei Stunden gutgeschrieben. Und er konnte wieder den Heimweg antreten.

Auch sonst ist Reimann auf die Leihfirmen nicht gut zu sprechen. »Ständig musste ich hinter dem Geld herrennen.« Oft stimmten die Abrechnungen nicht, da wurden schon mal 105 Stunden ausgezahlt, »obwohl ich 130 Stunden gearbeitet hatte. Das war ziemlich uner-

Karin Rotmann*, Leiharbeiterin in einem Callcenter

Ich war zwei Jahre Teamleiterin in einem Callcenter und wurde dann von einem Tag auf den anderen gefeuert. Wir hatten einen neuen Chef bekommen, der war gerade zwei Monate da. Und mit dem gab es ständig Streit. Der schikanierte die Leute und machte allen das Leben schwer. Er zwang Mitarbeiter dazu, ihren Urlaub zu verschieben, drückte ihnen kurzfristig andere Schichten auf. Da habe ich mich als Teamleiterin quergestellt, ich habe ihm gesagt: »So geht das nicht, die Leute arbeiten hart, die verdienen Respekt.« Da hat der mich einfach entlassen, er hat gesagt, Sie brauchen morgen nicht mehr zu kommen, packen Sie ihre Sachen, räumen Sie ihren Schreibtisch, Ihre Zeit hier ist vorbei. Ich war wie vor den Kopf geschlagen. Ich hatte hier schließlich zwei Jahre gearbeitet, und der war gerade neu da. Aber es war ihm ernst. Ich musste sofort gehen. Er hat mich in mein Büro begleitet, hat zugeschaut, wie ich meine Sachen zusammengepackt habe. Als ich zwischendurch auf Toilette gehen musste, hat er vor der Klotür gewartet, so als müsste er verhindern, dass ich flüchte. Ich durfte mich nicht einmal von meinem Team verabschieden, er hat mir nicht erlaubt, mit dem Zweigstellenleiter zu sprechen. Er hat einfach gesagt: Wir sind mit Ihrer Arbeit nicht zufrieden, verlassen Sie das Büro, geben Sie Ihren Hausausweis und die Schlüssel ab, Sie haben ab sofort Hausverbot. Das war sehr erniedrigend, demütigend. Man wird zurückgeschickt wie ein Ersatzteil, das nicht mehr gebraucht wird. Ich hatte das Gefühl, ich bin dem völlig ausgeliefert, ich kann nichts machen. Der kann mich einfach so rausschmeißen, ohne Grund, einfach weil es ihm so gefällt, ich kann mich nicht dagegen wehren. Nach einem halben Jahr habe ich gehört, dass er entlassen worden ist. Es hat mich gefreut, auch wenn es für mich zu spät kam.

Leiharbeitskollegen in anderen Filialen erzählen mir ähnliche Geschichten. Sie werden von ihren Chefs schlecht behandelt, sie werden angebrüllt. Viele sitzen noch um zwei Uhr nachts da, obwohl ihre Schicht um elf Uhr vorbei ist. Sie machen das, weil sie Angst haben, ihren Job sonst zu verlieren. Diese Unsicherheit schwebt wie ein Damoklesschwert über allen.

* Name geändert

freulich, wie da mit uns umgesprungen wurde«, stellt Reimann konsterniert fest.

Nokia war einmal ein großer Hoffnungsträger in Bochum, das Werk wurde vom Land großzügig subventioniert. Knapp 3000 Menschen arbeiteten hier, über ein Drittel davon waren Leiharbeiter. Bis dann am 15. Januar 2008 das Aus kam. »Die Leiharbeiter flogen als Erste raus«, sagt Reimann. Der zweifache Familienvater ist seitdem arbeitslos, und durch die Wirtschaftskrise haben sich seine Chancen nicht verbessert. Er lebt nun von Hartz IV.

Auch Cornelia Gerlich hat gerne bei Nokia gearbeitet. Und erst am Ende, als auch sie wechseln musste, häufte sich der Ärger mit der Zeitarbeitsfirma. »Vorher lief das super«, die Stimmung in der Fabrik war gut, und wenn es mal Probleme mit der Abrechnung gab, waren die schnell ausgeräumt. Nur am Ende, da fühlte sie sich regelrecht verschaukelt. Da schlug ihr die Zeitarbeitsfirma einen Auflösungsvertrag vor – statt einer Kündigung. Für sie ändere sich dadurch gar nichts, versicherte ihr die Firma, das Arbeitsverhältnis werde einfach aufgehoben. Sie bekomme dann ganz normal Arbeitslosengeld, hieß es. Die Zeitarbeitsfirma war aus dem Schneider, die Geschassten hatten den Ärger. Gerlich bekam nämlich kein Arbeitslosengeld, weil sie ja nicht gekündigt worden war, sondern der Auflösung ihres Vertrages zugestimmt hatte. Mithin war sie nach Einschätzung der Agentur selbst schuld am Verlust ihres Arbeitsplatzes. Die Folge: drei Monate Sperre durch die Arbeitsagentur. Erst nach zähem Gerangel erreichte sie, dass die Sperre aufgehoben wurde.

Der finnische Handyhersteller dagegen war fein raus. Für die 1830 Festangestellten musste er zwar einen Sozialplan aufstellen, der teurer wurde als geplant. Statt 70 Millionen schüttete Nokia auf massiven politischen Druck 200 Millionen Euro an Abfindungen aus. An lang gediente Angestellte wurden im Höchstfall über 140 000 Euro ausgezahlt. Aber der Konzern sparte dennoch eine Menge Geld. Denn die 1000 Leiharbeiter gingen leer aus.

Nicht nur für die Belegschaft, auch für jene Firmen, die Nokia das Personal stellten, war das plötzliche Ende der Produktion in Bochum eine Überraschung. »Damit haben wir nicht gerechnet«, so die Pressesprecherin von Randstad, Petra Timm. Erst kurz zuvor habe der finnische Konzern signalisiert, dass in Zukunft weiter Personal benötigt werde. Randstad rekrutierte also weiter Zeitarbeiter für das Werk im Ruhrgebiet. Als die Hiobsbotschaft aus dem Norden kam, hatte Randstad 550 Leihkräfte bei Nokia platziert. »Das Aus für Bochum war für uns eine absolute Überraschung«, sagt Timm. Und ein Problem. Denn nun musste Randstad für 550 Menschen neue Arbeitsplätze suchen. Ein Negativfall ohne Beispiel, konstatiert die Firmensprecherin. »So etwas habe ich noch nicht erlebt, dass eine Firma so viele Leute auf einen Schlag abbestellt.« Trotzdem habe man die meisten Leute halten können, betont die Randstad-Sprecherin. Nur ein Drittel der 550 Leute seien entlassen worden. Es traf die, die noch in der Probezeit waren oder deren befristete Verträge ausliefen. Die Mehrheit habe Randstad anderweitig unterbringen können. »Ein beachtliches Ergebnis«, lobt auch Christian Iwanowski von der IG Metall. Er fordert die Entleihbetriebe auf, frühzeitig zu signalisieren, wenn sich die Einsatzchancen der Leihkräfte verschlechterten. Die Zeitarbeitsfirmen brauchten mehr Zeit, um neue Jobs zu finden. Dann könnten Massenentlassungen eher vermieden werden. Wie zum Beispiel bei Schmitz Cargobull. Der Lkw-Zulieferer im Münsterland beschäftigte zuletzt über 500 Leihkräfte. Als sich die Auftragslage verschlechterte, fuhr das Unternehmen die Zahl der Leiharbeiter in mehreren Etappen zurück. Dadurch hatten die Zeitarbeitsfirmen Zeit, nach neuen Arbeitsplätzen für ihre Beschäftigten zu suchen. Niemand habe entlassen werden müssen, hält IG-Metall-Mann Iwanowski fest.

Ob derartige Beispiele Schule machen, ist nicht sicher. Der Unternehmensberater Edgar Schröder sieht gerade in der Möglichkeit, so schnell zu reagieren wie Nokia in Bochum, einen ungeheueren Vorteil. Sicher habe das auch »gesellschaftlich negative Aspekte«. Aber in Zeiten der Globalisierung gehe es für Unternehmen immer mehr darum, schnell zu handeln. Und da seien Wege, die komplizierten deutschen Kündigungsvorschriften zu umgehen, für die Unternehmen Gold wert. Nokia sei dadurch in der Lage gewesen, »flexibel zu agieren und die Produktion schneller von Bochum nach Rumänien zu verlagern«. Gut möglich, dass das Beispiel nun in der Krise Schule macht. Die Leiharbeiter sind die Ersten, die es trifft, wenn die Kapazitäten heruntergefahren werden.

Der Fall Airbus – Gleichbehandlung mit Einschränkungen

Den Flugzeugbauer Airbus führt die IG Metall auf ihrer Liste der anständigen Unternehmen ziemlich weit oben. Denn die Gewerkschaft hat dem Konzern abgerungen, was ihr bislang noch nicht so oft gelungen ist: eine Vereinbarung, in der sich das Unternehmen verpflichtet, Leiharbeiter genauso zu behandeln wie Festangestellte. Insofern muss Klaus Herscheid* ein zufriedener Mensch gewesen sein. Denn Herscheid, von Beruf Medieningenieur, hatte einen Arbeitsplatz bei Airbus. Als Leiharbeiter. Und weil Airbus sich die gewerkschaftliche Maxime der Gleichbehandlung in einer Betriebsvereinbarung zu eigen gemacht hat, wurde Klaus Herscheid auch genauso behandelt wie ein betriebseigener Ingenieur. Oder zumindest beinahe so. Denn auch bei dem europäischen Flugzeugkonzern gibt es Beschäftigte, die nicht ganz so gleich sind wie die anderen. Und deshalb hat Herscheid geklagt – und gewonnen.

* Name geändert

Herscheid kam Anfang 2004 zu Airbus nach Hamburg-Finkenwerder. Er hatte sich auf eine ausgeschriebene Ingenieursstelle beworben, machte eine Auswahlrunde mit und bekam danach die Nachricht: mit der festen Stelle wird es nichts. Aber als Leiharbeiter können Sie bei uns anfangen. Herscheid nahm an, denn die Konditionen waren nicht schlecht. 4100 Euro brutto als Einstiegsgehalt zahlte ihm die Münchener Firma, die ihn an Airbus auslieh. Später waren es 5000 Euro. Das war in Ordnung, fand er. Und dennoch geriet er bald ins Grübeln. Schon beim Urlaubsgeld stutzte er, beim Weihnachtsgeld erhärtete sich der Verdacht: Die zahlen mir weniger aus als den Festangestellten. Er rechnete nach, studierte Tarifverträge und Zusatzvereinbarungen und kam zu dem Ergebnis: 2300 Euro waren ihm in einem Jahr durch die Lappen gegangen. Das fand er ungerecht, schließlich hieß es doch: Equal Pay. Er marschierte zum Betriebsrat seiner Leihfirma. Dort hatte man wenig Verständnis für das Luxusproblem des Kollegen. Was beschwerst du dich, dir geht's doch gut, hielten ihm Kollegen in der Leiharbeitsfirma vor, die in anderen Betrieben arbeiteten und viel weniger verdienten. Und auch aus den Reihen der IG Metall in Hamburg hielt sich die Sympathie für sein Anliegen in Grenzen. Herscheid ließ sich davon nicht beeindrucken. Wenn hier Gleichbehandlung herrscht, dann möchte ich auch das Gleiche bekommen wie die fest angestellten Kollegen.

Er klagte und bekam recht. Ob Leihkräfte oder Festangestellte – bei Airbus haben alle Anspruch auf 13,25 Monatsgehälter, etwas anderes sei aus der Betriebsvereinbarung nicht herauszulesen, befand das Arbeitsgericht in zweiter Instanz.[33] Die IG Metall jubelte, das Urteil sei ein Beleg dafür, dass die geforderte Gleichbehandlung notfalls auch vor Gericht erkämpft werden könne. Herscheid hat inzwischen das Geld, aber er ist noch nicht am Ziel. Er sieht nämlich weitere Ungerechtigkeiten, gegen die er ankämpfen will. Bei Prämien und Bonuszahlungen sieht er sich auch benachteiligt. Und auch für die beiden ersten Jahre hat er keine Nachzahlung bekommen. Der Streit geht also weiter – es stehen noch einige tausend Euro auf dem Spiel. Airbus selbst nahm dem Ingenieur die Klage übel. Wenige Tage nach dem Urteil wurde Herscheid abbestellt – er ist seinen Job bei dem Flugzeugbauer los. Ein hoher Preis für das Recht, das er erkämpft hat. Dennoch hadert er nicht mit sich. »Ich will nicht mehr als Leiharbeiter arbeiten«, sagt er. Die ständige Ungewissheit, wie lange er angefordert wird, das findet er auf Dauer schwer erträglich. Manchmal wurde er für vier Monate gebucht, dann für ein halbes Jahr. »Und immer in dem Wissen, es kann jederzeit vorbei sein.« Herscheid hat diese Ungewissheit auch als einen Mangel an Wertschätzung empfunden, den er nicht auf Dauer erleben möchte. Schließlich hat er studiert, ist eine jener Kräfte, die angeblich so händeringend gesucht werden – und die sich trotzdem ihres Arbeitsplatzes nie sicher sein konnte.

Sparmodell in Hamburg – Aus Leiharbeitern werden Werksverträgler

Aber immerhin wurde ihm diese Unsicherheit vergleichsweise gut entlohnt. Das ist auch bei Airbus in Hamburg so selbstverständlich nicht mehr. Denn der Konzern will die Kosten senken, hat sich mit »Power 8« ein ehrgeiziges Sparprogramm verordnet. Vor allem die Personalausgaben sollen sinken. Und deshalb wird nun der Rotstift angesetzt. Ins Visier der Controller geraten nun auch die Leiharbeiter, denn »an die Festangestellten kommen die ja nicht so einfach ran«, sagt Peter Regent*. Also wird bei denjenigen gekürzt, die fast genauso viel verdienen – bei den Leiharbeitern. Die werden nun teil-

* Name geändert

weise durch billigere Werksverträgler ersetzt. Für die nämlich gilt die vertraglich fixierte Gleichbehandlung nicht.

Peter Regent hat das erfahren müssen. Er arbeitet seit drei Jahren im Gebäudemanagement, wie es im Airbus-Jargon heißt. Der Maschinenbautechniker sorgt dafür, dass in den etwa hundert Bürohäusern und Produktionshallen auf dem weitläufigen Areal in Hamburg-Finkenwerder alles funktioniert. Er wird gerufen, wenn die Heizung ausfällt oder ein Rolltor klemmt, wenn ein Aufzug defekt ist oder die Klimaanlage streikt. Seit drei Jahren macht er das nun. Anfangs als Leiharbeiter. Aber dann hieß es: Wir müssen sparen. Die Personalkosten müssen reduziert werden. Nun wurde die Arbeit aber nicht weniger. Also kam sein Chef auf eine listige Idee – und bot ihm einen Job als Werkverträgler an. Für Regent hatte das den Vorteil, dass er seine Stelle behalten konnte. Und sein Chef konnte stolz vermelden: eine Stelle eingespart. »Werkverträgler werden nämlich nicht im Stellenplan geführt«, so Regent, für den die Operation gleichwohl schmerzliche Folgen hatte. Denn er bekommt jetzt weniger Geld, obwohl er die gleiche Arbeit macht.

Peter Regent wäre froh, jenen Status wiedererlangen zu können, den Klaus Herscheid nicht mehr ertragen mag. Er würde einiges dafür geben, wieder Leiharbeiter bei Airbus zu werden. Allein des Geldes wegen. 2700 Euro brutto bekommt er pro Monat, das sind 800 Euro weniger als zuvor. Werkverträgler fallen nicht unter die Equal-Pay-Vereinbarung – Regent wird nun nach Leiharbeitstarif bezahlt. Ansonsten ist alles gleich geblieben, auch den Arbeitgeber hat er nicht wechseln müssen, er ist noch bei derselben Personalfirma angestellt wie zu Leiharbeiterzeiten.

Regent findet das ungerecht, das sei »eine Sauerei«, schimpft er. Schließlich hat sich an seiner Arbeit nichts verändert. Und was ihn noch mehr trifft: nicht nur sein Einkommen hat sich verschlechtert, sondern auch die Chancen auf eine feste Stelle bei Airbus. Das aber ist sein Ziel, von dem er sich nun ein gutes Stück entfernt hat. Deshalb hält er sich – wie die meisten bei Airbus – nach außen bedeckt. Denn ihm ist klar, dass er auf vergleichsweise hohem Niveau klagt. Zwar spürt er die Einschnitte, er muss noch einen Kredit abbezahlen und deshalb in Zukunft etwas strenger haushalten. Aber insgesamt ist sein Einkommen ganz ordentlich.

Hauptsache, er hat dort überhaupt einen Arbeitsplatz, sagt er sich. Aus diesem Grund hat er seinen eigenen Abstieg tatkräftig mitgestaltet, hat die Stellenbeschreibung so umformuliert, dass sie juristisch wasserdicht ist. Denn eigentlich sind Werkverträge nur zulässig, wenn sie auf ein klar umrissenes Projekt bezogen sind, auf eine Arbeit, die auch zeitlich abgegrenzt werden kann – was bei seiner Arbeit eher schwierig ist. Reparaturen und Wartungsarbeiten müssen ja dauerhaft erledigt werden. Deshalb hofft er auch, dass er an Bord bleibt, wenn sein Werkvertrag in Finkenwerder endet. Aber sicher kann er sich da nicht sein. Die wirtschaftlichen Aussichten verdüstern sich. Und er ahnt, dass die Werkverträgler und Leiharbeiter als Erste gehen müssen.

Bei Krankheit Kündigung

Es geschah während der Nachtschicht. Arjoun arbeitete im Lager eines Paketdienstes. Der 30-Jährige wollte eine Kiste aus dem Regal heben und sie auf das Laufband bringen, damit sie noch rechtzeitig den Flieger erreichte. Er verlor das Gleichgewicht, stürzte von der Leiter und fiel zu Boden. Nach dem Aufprall spürte er einen zweiten Schlag. Das 30-Kilo-Paket traf ihn an der rechte Hüfte. Arjoun rappelte sich auf. Ein paar Abschürfungen, mehr nicht, dachte er. Und als die Schmerzen etwas nachließen, nahm er die Arbeit wieder auf. Er schleppte sich noch drei Tage zur Arbeit, dann waren die Schmerzen zu stark. Er ging zum Arzt. Die Seite war geschwollen, alles tat weh. »Gebrochen ist nichts«, stellte der Arzt nach dem Röntgen fest, diagnozierte allerdings schwere Prellungen im Hüft- und Nierenbereich. »Damit können Sie keine schweren Pakete schleppen«, sagte er und schrieb ihn für zwei Wochen krank.

Sein Arbeitgeber hatte dafür wenig Verständnis. Schon nach einer Woche bekam er einen Brief mit der Aufforderung, sich sofort in der Zweigstelle zu melden. Dort überreichte ihm der Chef die Kündigung. »Wir haben jemand anderen für den Job«, sagte der knapp. »So lange Ausfallzeiten können wir uns nicht leisten.«

Arjoun war seinen ersten Job als Leiharbeiter schon nach zwei Wochen wieder los. Aber er fand neue Jobs bei anderen Leihfirmen. Mal arbeitete er in einer Kosmetikfirma, mal auf einer Mülldeponie. Häufig Nachtschicht, immer schlecht bezahlt. Manchmal bekam er nicht einmal fünf Euro pro Stunde. Eine eigene Wohnung konnte er mit dem geringen Einkommen nicht bezahlen, Arjoun wohnte noch bei seinen Eltern. Nach einem Jahr war er am Ende. Er konnte nicht mehr. Und er stieß auf eine Sachbearbeiterin in der Arbeitsagentur, die ihm half, nach einem neuen Weg zu suchen. Nun macht er eine Ausbildung zum Medientechniker. »Es ist schlimm, wie die mit den Menschen umgehen«, so Arjoun über seine Erfahrungen mit der Zeitarbeit. »Ich hätte mir das vorher nicht vorstellen können. Du bist kein Mensch, du bist eine Maschine. Wenn du krank bist, bist du wertlos. Dann wirst du abgeschoben.«

Natürlich ist Krankheit kein Kündigungsgrund. Aber wie Arjoun haben viele nicht den Mut, sich gegen solche Zumutungen zu wehren. Wer kann sich schon einen Anwalt leisten, um dann vors Arbeitsgericht zu ziehen. Viele versuchen vielmehr, Ärger mit dem Arbeitgeber zu vermeiden, indem sie auch dann noch arbeiten gehen, wenn sie eigentlich ins Bett gehören. »Ich habe viele gesehen, die haben sich wochenlang krank zur Arbeit geschleppt«, sagt eine Betriebsrätin, die ihren Namen nicht nennen will – aus Furcht, Ärger mit der Geschäftsleitung zu bekommen. »Die meisten haben Angst, ihren Job zu verlieren. Deshalb schlucken sie alles.«

Dieter Voigt ist Betriebsrat bei der Zeitarbeitsfirma Randstad und hat ähnliche Erfahrungen gemacht. Viele Beschäftigte kämen zwar zu ihm und beklagten sich. Sagten dann aber gleich: aber nur nicht meinen Namen nennen. »Viele haben einfach Angst, ihren Job zu verlieren«, konstatiert er. Auf die Mitarbeiter werde großer Druck ausgeübt. Manchmal stimmten die Lohnabrechnungen nicht, viele seien auch einfach zu niedrig eingruppiert. Und wenn einer krank sei, dann riefen oft die Disponenten an und drängten, damit die Leihkräfte wieder zur Arbeit kämen. Die Drohung müsse oft gar nicht ausgesprochen werden: wer sich sträubt, geht bei der nächsten Vertragsverlängerung leer aus.

Tatsächlich wird in der Branche mit harten Bandagen gearbeitet. Jakob Enders* ist da kampferprobt, er ist seit sechs Jahren als Leiharbeiter unterwegs. Er kann einiges einstecken, aber »ich lasse mir auch nicht alles gefallen«, sagt er. Das hat auch sein Arbeitgeber erfahren. Der hatte ihn beim Waschmittelkonzern Henkel platziert. Dort stand er an der Maschine, die die Kartons für das Waschpulver produzierte. Eine Arbeit im Schichtsystem. Früh, spät und nachts, immer im Wechsel. Nach vier Wochen konnte Enders nicht mehr. Er vertrug die Nachtschicht nicht, der ständige Rhythmuswechsel machte ihn fertig. Morgens um sieben Uhr, wenn er zu Hause ankam, war er hellwach und kam nicht zur Ruhe. »Tagsüber konnte ich nicht schlafen, machte kein Auge zu. Und abends fuhr ich hundemüde zur Arbeit.« Am nächsten Tag dasselbe Spiel. Er fühlte sich immer schlapper, bekam Kopfschmerzen, konnte abends auch nicht mehr gut sehen. Die Fahrt mit dem Auto zur Arbeit wurde zum Abenteuer. Während der Nacht konnte er sich kaum noch auf den

---

* Name geändert

Arjoun Komar*

Ich habe ein Jahr bei mehreren Leiharbeitsfirmen gearbeitet. Das war die bislang schlimmste Zeit in meinem Leben. Ich habe das nicht für möglich gehalten, wie ich da behandelt worden bin. Zwei Wochen war ich in einer Kosmetikfirma, die haben einfach keinen Lohn gezahlt. Vielleicht haben die gedacht: Der ist Ausländer, mit dem können wir das machen. Da habe ich da aufgehört und habe aus Wut die Sicherheitsschuhe mitgehen lassen. Dann bekam ich einen Brief von der Firma: Sie schulden uns noch 11 Euro 30 für die Schuhe.

Ich habe in der Zeit noch bei meinen Eltern gewohnt. Eine eigene Wohnung hätte ich mir gar nicht leisten können bei dem Lohn. Ich habe kein einziges Mal mehr als sechs Euro pro Stunde bekommen. Und oft haben die bei den Stunden noch geschummelt, haben weniger abgerechnet, als ich gearbeitet hatte. Einmal wurde ich mit drei Leuten morgens zu einer Mülldeponie bestellt. Wir sollten um fünf Uhr in der Früh da sein. Wir machten uns also um vier Uhr morgens auf den Weg. Als wir ankamen, sagte der Vorarbeiter: Ich brauche nur einen, die anderen können wieder gehen. Und Geld haben wir dann natürlich auch nicht bekommen. So kann man doch nicht mit Leuten umgehen.

Ich bin einiges gewöhnt. Habe in Hotels Betten gemacht und in Restaurants gekellnert. Halt die Jobs, die so anfielen. Das war nicht toll. Aber die miesesten Jobs hatte ich als Leiharbeiter. Da darfst du nicht mal krank werden. Im Lager ist mir einmal ein 30-Kilo-Paket auf die Hüfte gefallen, das hat höllisch wehgetan, alles war rot und geschwollen, ich konnte kaum noch gehen. Der Arzt hat mich für zwei Wochen krankgeschrieben. Da hat mich die Zeitarbeitsfirma gekündigt. Die behandeln einen nicht mehr als Mensch. Die behandeln einen wie eine Maschine. Wenn die nicht mehr funktioniert, wenn die kaputt ist, dann ist sie wertlos, dann schmeißt man sie weg. So habe ich mich gefühlt. Jetzt mache ich eine Ausbildung, die hat mir die Arbeitsagentur vermittelt. Und ich hoffe, ich muss nie mehr als Leiharbeiter arbeiten.

*Name geändert

Beinen halten, am anderen Morgen lag er dann wieder wach im Bett und fand keinen Schlaf. Eine Tortur. »Es ging einfach nicht mehr«, sagt Enders. Er ging zum Arzt. Wurde für eine Woche krank geschrieben. Und bekam ein Attest, dass er keine Nachtschichten mehr machen könne. Eine Woche später hatte er die Kündigung im Briefkasten.

Enders zog vors Arbeitsgericht. Und bekam recht. Nach drei Monaten Arbeitslosigkeit musste ihn sein Arbeitgeber wieder einstellen und ihm obendrein für diese Zeit nachzahlen, was ihm an Arbeitslohn entgangen war.

Kapitel 6

Beschäftigte ohne Lobby – Wer kümmert sich um Leiharbeiter?

Für Peter Hartmann begann der Abstieg, als die Wirtschaft noch unter Volldampf lief, als der Aufschwung in Deutschland seinen Höhepunkt noch nicht erreicht hatte. Im Herbst 2006 war das. Ein trüber, nasskalter Tag im Rheinland, das Auto sprang nicht an, die Zündkerze war defekt. Hartmann ärgerte sich, weil er im feinen Nieselregen schon frühmorgens nass wurde. Seine Klamotten waren noch immer klamm, als sich in der Frühstückspause die Nachricht verbreitete. »Einer kam reingelaufen und rief: Bei den Gabelstaplern gibt's einen Wechsel«, erinnert sich Hartmann und saugt kräftig an der filterlosen Zigarette. Klang harmlos, noch wusste ja keiner, was da auf einen zukommen würde. Heute weiß Hartmann: Hier begann seine Karriere als Leiharbeiter, sein Abstieg zur flüchtigen Arbeitskraft, die mal hier, mal dort eingesetzt wird. »Und wenn es gerade nichts zu tun gibt, stehe ich als Erster auf der Straße.«

Davon ahnte er noch nichts an diesem tristen Herbsttag. Da fuhr Hartmann noch bei Tedrive den Gabelstapler. Angestellt war er bei TNT, einem Logistiker, der bei dem Autozulieferer in Düren einzelne Produktionslinien fuhr. Der Job war in Ordnung, er kam gut über die Runden. Aber das sollte sich schnell ändern. Hartmann und seine Kollegen wurden von der Zeitarbeitsfirma Tremonia übernommen. Und was das bedeutete, zeigte ein Blick auf den neuen Arbeitsvertrag: 25 Prozent weniger Lohn, keine Zuschläge mehr für

Überstunden und Nachtschicht. Das waren die Bedingungen, die Tremonia Peter Hartmann und seinen Kollegen diktierte. Das Klima wurde rauer, die Kürzung des Gehalts war nur der Auftakt, sagt Hartmann. Ständig gab es Ärger wegen der Lohnabrechnung, wegen Zuschlägen und Überstunden, um Zeitkonten und Urlaubstage. Der Unmut unter den Leiharbeitern wuchs, hinter vorgehaltener Hand, in den Pausen, wurde viel gemosert. »So kommen wir nicht weiter«, dachte nicht nur Hartmann und gründete gemeinsam mit elf Kollegen einen Betriebsrat. Zumindest hatte er das vor.

Wenn Leiharbeiter einen Betriebsrat gründen wollen

Hartmann wurde Mitglied des Wahlvorstands und wollte auch kandidieren. Die Einladungen für die Gründungsversammlung waren schon verschickt – da brach alles zusammen. Hartmann und seine Kollegen wurden kurzerhand gekündigt. Es gibt nicht genug Arbeit, hieß es offiziell. Komisch nur, dass es ausgerechnet die Rebellen traf. Knapp hundert Leiharbeiter von Tremonia arbeiteten damals bei Tedrive – für elf gab es plötzlich, kurz vor der geplanten Betriebsratswahl, keine Arbeit mehr. Und zufällig waren es diejenigen, die die Wahl initiiert hatten. Hartmann klagte gegen die Kündigung, Tremonia zahlte eine Abfindung, die Betriebsratswahl wurde abgesagt. Die Zeitarbeitsfirma dementiert, dass es hier einen Zusammenhang gibt. Die Wahl verstieß, so Regionalleiterin Nadine Hackenberger, »gegen Form- und Fristvorschriften, sodass es letztlich nicht zur geplanten Installation eines Betriebsrates kam«. Tremonia habe gar nicht gewusst, wer die Initiatoren der Betriebsratswahl gewesen sind, »daher wäre eine Entlassung allein aus diesem Grund nicht möglich gewesen. Zu keinem Zeitpunkt standen Entlassungen im Zusammenhang mit einer Betriebsratswahl.«

Beschäftigte ohne Lobby

Peter Hartmann stand nun auf der Straße – nach dreieinhalb Jahren, die er bei dem Autozulieferer gearbeitet hatte. Seitdem pendelt er zwischen Job und Arbeitsagentur. Immer wieder vermittelt ihn sein Betreuer bei der Agentur an eine Leihfirma – feste Arbeitsplätze sind schon lange nicht mehr in Reichweite. Manchmal sind es ein paar Wochen, mal auch nur ein paar Tage, die er im Einsatz ist. Hartmann sieht das nüchtern. Wenn die Wirtschaft ins Stocken gerät, wenn die Maschinen in den Fabriken nur noch mit halber Kraft laufen, dann geraten die Arbeitsplätze der Leiharbeiter schnell in Gefahr. Sein letzter Job dauerte nur einen Tag – er hatte seinen Arbeitsvertrag gerade unterschrieben, da teilte ihm der Personalchef mit: Wir brauchen Sie nicht mehr. Und die Chefin von der Leihfirma sagte: Tut mir leid, wir haben keinen anderen Job. Ich muss Ihnen kündigen.

»Das ist eine Zweiklassengesellschaft. Hier die gut verdienenden Festangestellten, da die schlecht verdienenden Leiharbeiter«, findet Hartmann. Aber es ist nicht nur der schlechtere Lohn, der den Unterschied ausmacht. Leiharbeiter sind oft schon von Weitem an ihrer speziellen Schutzkleidung erkennbar. Sie müssen in der Kantine meist mehr fürs Essen zahlen und haben weniger Urlaub. Mal dürfen sie die Umkleidekabinen nicht benutzen, mal werden ihnen Prämien und Zuschläge vorenthalten. In der betrieblichen Hierarchie »stehen sie ganz weit unten«, stellt Charlie Röhricht fest. Er ist Betriebsrat beim Lkw-Zulieferer Schmitz Cargobull in der Nähe von Münster. Das Unternehmen – in Europa Marktführer – hatte in Spitzenzeiten ein Drittel der Beschäftigten auf Leihbasis engagiert. Inzwischen sind alle Leihkräfte verschwunden – die Aufträge blieben aus, da mussten die Leihkräfte gehen.

Manchmal reicht aber auch schon die versuchte Gründung eines Betriebsrates, um den Job zu verlieren. »Man darf sich nicht unterkriegen lassen«, meint Hartmann. Er weiß, dass ihn sein nächster Job wieder zur einer Leihfirma führen wird. »Ich habe ja gar nichts gegen Leiharbeit«, sagt er. »Aber ich will dafür halbwegs ordentlich bezahlt werden.« Er will von seiner Arbeit leben können. »Ich lass mich nicht mit so 'nem Hungerlohn abspeisen.« Bei seinem vorletzten Job verhandelte er eine Woche lang mit der Leihfirma. Die bot ihm erst 7 Euro 38 an, die unterste Stufe nach DGB-Tarif. Hartmann pokerte, die Leihfirma suchte dringend einen Kranführer – und legte noch 1 Euro 50 drauf. So kam er auf knapp neun Euro pro Stunde.

Aber es sind mühsame Kämpfe, die Leiharbeiter sind meist ganz auf sich gestellt. Sie sind Beschäftigte ohne Lobby, ohne Stimme – von den Gewerkschaften lange Zeit ignoriert, von den Arbeitgebern unter Druck gesetzt. Beim Marktführer Randstad kümmern sich immerhin schon seit über 30 Jahren Betriebsräte um die Rechte der Leihkräfte. Auch die Konkurrenten Adecco und Manpower haben nachgezogen. Für kleinere Leihfirmen dagegen – und das ist die große Mehrheit, insgesamt gibt es über 7000 – sind Betriebsräte oft ein Reizthema. Dort fehlt meist eine Anlaufstelle, die sich um die Probleme der Beschäftigten kümmert.

Lars Friedrich* hat Arbeitskollegen gesehen, die sich mit Keuchhusten zur Arbeit schleppten oder mit Hexenschuss. »Die konnten sich die Schuhe nicht mehr zubinden, solche Schmerzen hatten die«, sagt Friedrich. Aber noch größer als das körperliche Leiden war ihre Angst, den Job zu verlieren. Lars Friedrich hat fünf Jahre als Leiharbeiter im ostwestfälischen Bielefeld gearbeitet. Es war eine bedrückende Phase in seinem Leben, sagt er. »Es ging eigentlich ständig bergab.« Es war nicht nur das geringe Einkommen, das ihn zermürbte. Mindestens genauso belastend war zumeist das Arbeitsklima, das oft schwierige Verhältnis zu den Festangestellten, die Unsicherheit, wie lange man in einem Betrieb bleiben kann. »Man

---

* Name geändert

kann gar nicht mehr planen, weil man nicht weiß, wo man morgen arbeitet. Da muss man schon ziemlich abgebrüht sein, um das nicht an sich rankommen zu lassen.«

»Mit Sklavenarbeit wollen wir nichts zu tun haben«

Die Leiharbeiter sind die modernen Schmuddelkinder der Arbeitsgesellschaft, mit denen sich auch Gewerkschaften und Betriebsräte nur zögerlich einlassen. »Mit Sklavenarbeit wollen wir nichts zu tun haben«, so formulierte ein Betriebsrat die gängige Haltung bei IG Metall und Co. Durch die massive Ausweitung der Branche haben zwar auch viele Arbeitervertreter gemerkt, dass die kategorische Ablehnung nicht mehr ganz zeitgemäß ist. Aber die lang gepflegte Verweigerung wirkt nach. »Wir haben die Leiharbeiter in den Betrieben zu lange vernachlässigt«, räumt IG-Metall-Vize Detlef Wetzel inzwischen ein. Die IG Metall sei von dem Boom in der Zeitarbeit regelrecht überrollt worden, sagt Willi Eisele, IG-Metall-Bevollmächtigter in Dresden. Und dieses Defizit hat Folgen.

Weder der IG Metall noch den anderen Gewerkschaften im DGB ist es bis heute gelungen, eine nennenswerte Basis in der Leiharbeiterschaft zu gewinnen. So müssen die konkurrenzentwöhnten Einheitsgewerkschaften plötzlich mitansehen, wie Organisationen auf das spärlich besetzte Spielfeld stürmen, die jahrelang abseits ein eher tristes Dasein fristeten: die christlichen Gewerkschaften. Nach Schätzungen des DGB haben die mitgliederschwachen Splitterorganisationen Tarifverträge für ein Drittel der Leiharbeiter abgeschlossen. Und was noch peinlicher ist für die stolzen Einheitsgewerkschaften: Es ist ihnen kaum gelungen, entscheidend bessere Ergebnisse auszuhandeln als die ungeliebte Konkurrenz.

»Wäre der gewerkschaftliche Organisationsgrad höher gewesen, dann hätten wir mehr durchsetzen können«, hält Willi Eisele fest.

Marion Kurt*

Ich bin jahrelang von meinen fest angestellten Kollegen gemobbt worden. Von allem haben sie mich ausgeschlossen, von jedem Treffen. Wenn ich in den Raum gekommen bin, sind die Gespräche verstummt. Und meine Ideen haben die Kollegen nie angenommen. Anerkennung gab es überhaupt nicht. Nur jeden Tag diese angespannte Atmosphäre. Und immer die Angst, Fehler zu machen. Ich musste nicht 100 Prozent bringen, ich musste 200 Prozent bringen. Wir waren dort Menschen zweiter Klasse. Einmal war eine Lampe nicht richtig aufgehängt. Da sagte ein Mitarbeiter: »Die trifft ja nur die Leiharbeiter, um die wäre es nicht so schade. Wenn man so was hört und dann sieht man noch den Lohnzettel der Festangestellten – das tut weh. Seelisch war das schon ziemlich belastend. Ich habe jeden Abend geheult. Aber ich habe mich in meinen Bereich sehr gut eingearbeitet. Da kann mir keiner was. Das hat mich stark gemacht. (aus: Schwarz-Weiß Buch Leiharbeit, IG Metall, Frankfurt am Main 2008.)

* Name geändert

Eine schlichte Erkenntnis, die sich in Gewerkschaftskreisen erst allmählich durchsetzt. Die IG Metall immerhin macht die bedrückenden Konditionen in der Leiharbeiterbranche nun offensiv zu ihrem Thema, hat mit über 300 Betrieben bessere Konditionen für die Leiharbeiter ausgehandelt. Bei BMW, Daimler und Airbus etwa werden Leih- und Stammbelegschaft inzwischen weitgehend gleich behandelt. »Wir sind dabei, mit den betroffenen Kollegen ins Gespräch zu kommen. Wir müssen ihnen klarmachen, dass wir an der Front des Tarifvertrags für sie was rausholen können – wenn wir besser aufgestellt sind.«

Die IG Metall feiert es als großen Erfolg, dass sie 2008 rund 10 000 Leihkräfte als Mitglieder gewonnen hat – allerdings von einer niedrigen Ausgangsbasis aus. »Wir sind in der Leihbranche nicht streikfähig«, sagt Christian Iwanowski, IG-Metall-Sekretär in Nordrhein-Westfalen. Und eine Gewerkschaft, die nicht streiken kann, müssen die Arbeitgeber nicht wirklich ernst nehmen. Über die Betriebsräte in den Entleihbetrieben – also dort, wo die Leihkräfte zum Einsatz kommen – will die Gewerkschaft an die neue Klientel herankommen. Aber ganz so einfach ist auch das nicht. Sie sind schwer greifbar, oft nur ein paar Tage oder Wochen im Betrieb – da ist es schwierig, vertrauensvolle Kontakte zu entwickeln.

Beispiel Hella. Ein Autozulieferer mit Sitz im westfälischen Lippstadt. Der Konzern, der die großen Autofirmen mit Licht und Elektronik versorgt, hat die hauseigene Leihfirma Avitea gegründet, die in Spitzenzeiten tausend Leute unter Vertrag hatte, die wiederum an die eigene Muttergesellschaft, aber auch an andere Firmen ausgeliehen werden. Bis heute ist es der IG Metall dort nicht gelungen, einen Betriebsrat zu gründen. »Wir finden dort keine Basis«, sagt Alfons Eilers, Bevollmächtigter der IG Metall in Lippstadt. Die Leihkräfte seien schwer zu fassen, weil sie nur kurze Zeit in einem Betrieb sind. Vielleicht liegt es auch an den Konditionen: Avitea zahlt einen kräftigen Zuschlag auf den Leihtarif, die Beschäftigten haben auch Anspruch auf alle Prämien und Zuschläge. »Das ist fast wie Equal Pay«, so Gewerkschaftsfunktionär Eilers.

Aber auch alte Ressentiments erschweren oft die Annäherung. Häufig, so hat der Soziologe Wolfram Wassermann in einer Studie festgestellt, sehen Gewerkschafter und Betriebsräte Leiharbeiter »nicht als gleichberechtigte Belegschaftsmitglieder, sondern gewissermaßen als Externe. Der Begriff des ›Fremdarbeiters‹ tauchte in unseren Interviews im Zusammenhang mit Leiharbeitnehmern nicht selten auf.«[34]

Warum sich die Gewerkschaften bei der Annäherung so schwertun

Für die Gewerkschaften wird das allerdings zu einem immer größeren Problem. Ihre traditionelle Basis in den Betrieben schwindet und wird durch eine neue, flüchtige Randbelegschaft ergänzt, zu der sie auch über ihre örtlichen Basisstationen, die Betriebsräte, nur zögernd Zugang findet. Das unterhöhlt die Machtposition der Gewerkschaften gerade dort, wo sie sich bislang besonders stark wähnten: in den industriellen Großbetrieben. Eine Untersuchung der IG Metall in den neuen Bundesländern belegt, dass gerade hier die Leiharbeitsquote recht hoch liegt. 17 Prozent der Wahlberechtigten zur Betriebsratswahl im Bezirk Berlin-Brandenburg waren Zeitarbeiter, in der Verwaltungsstelle Berlin sogar 34 Prozent. Dumm nur für die Gewerkschaften, dass sie diesen Machtfaktor bislang kaum für sich erschlossen haben.

Diese Erfahrung hat auch Wolfram Wassermann vom Büro für Sozialforschung in Kassel gemacht. Er hat sich in Fabriken und Bürohäusern umgehört, wie mit Leiharbeitern umgegangen wird – und fand zahlreiche Hinweise, die die These von der Zweiklassengesellschaft stützen. Zwar sagten ihm viele Betriebsräte, bei ihnen würden alle gleich behandelt, egal ob Stamm- oder Leiharbeitnehmer. »Jeder kann zu uns kommen, wenn er etwas auf dem Herzen hat.« Auf Nachfrage wurde aber allzu oft eingeräumt, dass die Leiharbeiter selten kämen. Die seien halt sehr scheu und zurückhaltend.

»Die Leute trauen sich nicht, zu uns zu kommen«, sagt der Betriebsrat eines Maschinenbauunternehmens, in dem fast die Hälfte der Beschäftigten auf Leihbasis engagiert war. Von »vielen traurigen Verhältnissen« erfuhr er im Gespräch, »die Unsicherheit, die Angst vor Kündigungen, die unklaren Entlohnungsbedingungen«.[35] Bedrückende Erlebnisse, die der Betriebsrat ohnmächtig zur Kenntnis nahm. »Helfen können wir da kaum, höchstens Ratschläge geben.« Das wäre immerhin schon eine ganze Menge. In der Praxis sieht es oft anders aus. Nicht selten kommt es zur offenen Konfrontation. Stammbeschäftigte sehen durch den Einsatz der Billigjobber ihre vergleichsweise gut dotierten Stellen in Gefahr. »Die Leiharbeiter arbeiten auf Teufel komm raus«, empörte sich der Betriebsratsvorsitzende eines Autozulieferers, der ein Fünftel der Belegschaft auf Leihbasis beschäftigte. »Die lassen sich alles gefallen, drängen sich bei Überstunden nach vorn und lecken – auf deutsch gesagt – den Meistern die Stiefel ab.«

Die Hoffnung, fest übernommen zu werden, spornt viele Leihkräfte zu besonderem Ehrgeiz an. Und häufig machen die Vorgesetzten in den Betrieben zusätzlichen Druck. »Wenn du zur Wochenendschicht nicht bereit bist«, so drohte ein Meister den Leihkräften, »dann kann ich dich auch abmelden! Dann kannst du nächste Woche gehen.« Eine Drohung, die in wirtschaftlichen Krisenzeiten ihre Wirkung selten verfehlt. Die Leiharbeiter übernehmen meist klaglos die Jobs, die sonst keiner übernehmen will, sie arbeiten zu niedrigeren Tarifen, machen Überstunden ohne Zuschläge und feiern selten krank. Sie sind die schlecht bezahlten Underdogs im Betrieb, die von vielen Seiten Druck verspüren. Es sei ein schwieriger Spagat, hier zu vermitteln, meint der Betriebsratschef eines Elektrounternehmens. »Das ist aufreibend, wenn du die Rechte deiner eigenen Leute sichern und die Leiharbeiter nicht als Menschen zweiter Klasse behandeln willst.«

Wie einfach Leihkräfte und Festangestellte gegeneinander in Stellung zu bringen sind, zeigte sich auch im Sommer 2007 bei der Telekom. Die Gewerkschaft Verdi rief zum Arbeitskampf auf, um gegen Stellenabbau und sozialen Kahlschlag beim einstigen Monopolisten zu protestieren. In den Service-Centern der Tochter VCS war davon nur wenig zu spüren. Denn die Leihkräfte legten noch eine Schippe drauf, um den Ausfall der streikenden Kollegen aufzufangen.

Eine Strategie, die sich auch in anderen Branchen bewährt hat. Im Handel etwa versuchte die Dienstleistungsgewerkschaft Verdi 2007 über ein Jahr lang verzweifelt, die Arbeitgeber an den Verhandlungstisch zu zwingen. Mehrere Streikaufrufe liefen ins Leere, die Arbeitgeber riefen kurzerhand bei Zeitarbeitsfirmen an und besetzten die verwaisten Kassen in den Kaufhäusern durch Leihkräfte. Auch die Deutsche Bahn hat aus den Arbeitskämpfen der Vergangenheit gelernt. Bahnchef Hartmut Mehdorn stockt derzeit die Zahl der Leiharbeiter im Konzern mächtig auf, um die renitente Lokführergewerkschaft GdL zu domestizieren.

Interessenkonflikte im Betrieb: Von Lohndrückern und Streikbrechern

Das sorgt nicht gerade für Entspannung im innerbetrieblichen Verhältnis. »Leiharbeiter sind das schwächste Glied in der Kette«, so der langjährige Leiharbeiter Lars Friedrich. Oft wurde er angefordert, wenn es Ärger gab im Unternehmen. Wenn zum Beispiel die Vorstandsetage auf niedrigere Tarifgruppen oder längere Arbeitszeiten drängte, um die Lohnkosten zu senken, und der Betriebsrat blockierte. Dann war der Einsatz der Leihkräfte eine unmissverständliche Drohgebärde an die Belegschaft: Wenn ihr nicht spurt, dann machen wir das mit neuen Billigkräften von außen.

Sich in derartigen betrieblichen Spannungsfeldern zu bewegen, zehrt an den Kräften. Lars Friedrich hat das fünf Jahre mitgemacht und war wie befreit, als er endlich den Absprung geschafft hatte. Er hat fest bei einer Spedition angeheuert, als Lastwagenfahrer. Nicht gerade sein Traumjob, aber besser, als sich weiter als Leihkraft verdingen zu müssen, sagt er. Lars Friedrich wohnt am Stadtrand von

Bielefeld. Dort sind die Mieten niedriger. Eine kleine, bescheidene Dachgeschosswohnung, ein Zimmer mit Kochnische, grauer Teppich, eine ausziehbare Couch. Er hat gelernt, mit wenig Geld auszukommen. Geht selten aus, Restaurants und Kneipen sind tabu. Hin und wieder gönnt er sich einen Kinobesuch. Den einzigen Luxus, den er sich leistet, ist ein gebrauchtes Auto. Denn »ohne Wagen ist man hier aufgeschmissen«.

Lars Friedrich entspricht nicht gerade dem klassischen Bild eines Leiharbeiters. Er hat Abitur, schloss sein Studium der Soziologie an der Universität Bielefeld bei Niklas Luhmann ab. Und wenn man ihn so sieht mit den korrekt gescheitelten blonden Haaren, dann würde man ihn tatsächlich eher in das philosophische Seminar verorten als in den Führerstand eines Lastwagens. Aber irgendetwas ging schief in seiner Laufbahn, er dockte an der Uni nicht richtig an, fand aber auch den Absprung aus dem akademischen Apparat ins Berufsleben nicht. Dann kam ein schwerer Verkehrsunfall dazu, er musste lange Zeit pausieren, bis er wieder voll einsatzfähig war. Als er dann wieder einen Arbeitsplatz suchte, stellte er verwundert fest: der Arbeitsmarkt ist zu. Niemand braucht einen nicht mehr ganz jungen Soziologen ohne jegliche Berufspraxis. Friedrich aber brauchte einen Job. So entdeckte er die Leiharbeit.

Anfangs ließ sich das auch ganz gut an. Er arbeitete für die Telekom, stieg in Kollegenkreisen schnell zum EDV- und Computerexperten auf, musste dann aber schnell erkennen, wie vergänglich derartige Hochphasen sein können. Öde Jobs in Baumärkten waren bald das, was ihm noch angeboten wurde. So machte er sich zwangsweise vertraut mit den Schikanen und Gemeinheiten in der Branche. Kündigungen in der Probezeit mit anschließender Wiedereinstellung, um den Kündigungsschutz auszuhebeln und Tarifsteigerungen zu umgehen; Fahrgeld, das nicht bezahlt wurde; unterschlagene Arbeitszeiten; Ärger in den Belegschaften und auch wenig Gemeinsinn unter den Leiharbeitern. Das war es, was ihn am meisten zermürbt hat. »Alle haben gekuscht, alle hatten Angst, den Mund aufzumachen.« Und als Lars Friedrich den Mund aufmachte, war er seinen Job rasch los. Er versuchte einen Betriebsrat bei der Leihfirma zu gründen, mobilisierte im Kollegenkreis, gewann Leute für den Wahlvorstand, verschickte Einladungen und stand auf der Kandidatenliste – und wurde noch vor der Wahl gefeuert. Es wurde nie ein Betriebsrat gewählt.

Die Angst um den Job: »Alle kuschen, keiner macht den Mund auf«

Der diplomierte Sozialwissenschaftler fand neue Jobs in der Leihbranche. Mal für Monate, mal für Wochen. Aber immer ohne Aussicht auf eine feste Anstellung. »Es war eine zähe Abwartsspirale«, sagt Friedrich. 900 Euro sprangen am Ende netto für ihn raus – zu wenig, um auf Dauer damit klarzukommen. Schon eine Reparatur am Auto oder unvorhergesehene Ausgaben für Medikamente konnten sein labiles finanzielles Gerüst ins Wanken bringen. An Urlaubsreisen oder Altersvorsorge war erst gar nicht zu denken.

»Wir haben einen starken Betriebsrat, der sorgt dafür, dass hier alles sauber abläuft«, sagt Petra Timm, die Sprecherin von Randstad. Und sie fügt hinzu: »Den gibt es bei uns schon seit 1973.« Soll heißen: Bei Randstad werden die Rechte der Leiharbeiter sehr ernst genommen. Hier gibt es eine lange Tradition der Mitbestimmung – anders als sonst in der Branche.

Fragt man allerdings an der Basis nach, dann stehen auch die Großen der Branche wie Randstad oder Adecco nicht mehr in ganz so strahlendem Licht. »Es ist schlimm, wie hier mit den Leuten umgegangen wird«, hält eine junge, resolute Betriebsrätin von Randstad fest, die ihre Anonymität wahren will – schließlich habe sie schon genug Ärger mit der Geschäftsleitung. Sie berichtet von den täglichen Kämpfen, die sie ausfechten muss, damit die Leihkräfte nicht über den Tisch gezogen werden. Sie kennt die Tricks der Firmen, die Zeitarbeiter auf 400-Euro-Basis anstellen und dann Vollzeit arbeiten lassen. Sie weiß, wie die Leiharbeiter bei Urlaubszeiten und Überstunden abgezockt werden. Wie Beschäftigte unter Druck gesetzt werden. »Viele kennen ihre Rechte ja gar nicht und können sich kaum wehren«, sagt sie. Und oft schauten auch die Betriebsräte nur zu. Sie berichtet von einer Frau, für die die Zeitarbeitsfirma 14 Tage lang keine Arbeit hatte – da verordnete ihr der Disponent kurzerhand rückwirkend Zwangsurlaub. Ein zu Rate gezogener Betriebsrat stimmte zu. Die wirtschaftliche Lage sei derzeit halt schwierig, begründete er das Vorgehen. »Der Umgangston im Betrieb wird unfreundlicher«, konstatiert die Aktivistin. Gerade jetzt, da sich in vielen Entleihfirmen die Auftragslage verschlechtert und die Zahl der Leiharbeiter zurückgefahren wird, werde ein ungeheuerer Druck ausgeübt.

Das hat auch Erdal Ok zu spüren bekommen. Fünf Jahre schon arbeitet der 28-jährige Türke als Leiharbeiter auf dem weitläufigen Werksgelände von Ford in Köln-Niehl. Mal bei einem der zahlreichen Zulieferer, mal bei dem Autokonzern selbst. Er hat Karosserien lackiert, Achsen montiert und Lichtmaschinen eingebaut. Angefangen hat er mit einem Stundenlohn von 6 Euro 85 Cent. Drei Jahre hat er mit diesem kargen Lohn geschuftet. Ok wohnte mit Frau und Tochter noch bei seinen Eltern, eine eigene Wohnung konnte er sich nicht leisten. 800 bis 900 Euro hatte er am Monatsende auf dem Konto. Zu wenig, um auf eigenen Füßen zu stehen.

Dann kamen die fetten Jahre. Erdal Ok, der gelernte Kraftfahrzeugmechaniker, wechselte zu Getrag, ein Joint Venture, an dem Ford direkt beteiligt ist. Dort arbeitete er in der Endkontrolle, er musste überprüfen, ob die Getriebe rund laufen – und notfalls mit einer

Handfeile kleine Unebenheiten beseitigen. Da Ford bei Getrag die Konditionen diktierte, bekam Ok genauso viel Geld wie die Festangestellten. Denn bei Ford gilt Equal Pay. Der junge Türke bekam plötzlich über 13 Euro pro Stunde, fast das Doppelte von dem, was er zuvor verdiente. Welch ein Glücksfall.

Doch die Glückssträhne hielt nicht lange, Erdal Ok hat seinen Job verloren. Er wurde entlassen. Nicht von Ford, sondern von Adecco, der Leihfirma, bei der er angestellt war. »Ich hab da zuviel Staub aufgewirbelt«, sagt er. »Ich wurde denen lästig.« Bei der letzten Betriebsratswahl rutschte er auf die Reserveliste. Und begann, sich um die Sorgen und Nöte der Kollegen zu kümmern. Da gab es reichlich zu tun. Zumal die übrigen Kollegen in der Arbeitnehmervertretung ihren Job nach seinem Empfinden ziemlich lax angingen. Es fing bei den Sicherheitsschuhen an. Die waren aus Gummi und sorgten für Schweißfüße. Oft passte die Schuhgröße nicht. Der Betriebsratschef sagte zu ihm: »Lass mal gut sein. Ich besorg dir andere.« Erdal Ok ließ nicht locker, es ging ihm nicht nur um die eigenen Füße, er wollte, dass alle ordentliches Schuhwerk bekamen. Er ging den Kollegen im Betriebsrat mit seinem Engagement offenbar ziemlich auf die Nerven. Und auch seinem Arbeitgeber. Schlusspunkt war der Streit um den Metalltarifabschluss 2008, bei dem die Gewerkschaft 4,1 Prozent mehr durchgesetzt hatte. Das muss doch auch für uns gelten, fand Erdal Ok. Und wandte sich zuerst an den Betriebsrat von Adecco. Und als der sich nicht rührte, wandte er sich Hilfe suchend an den mächtigen Betriebsrat von Ford. Der sorgte dafür, dass auch die Leiharbeiter mehr Geld bekamen. Erdal Ok zahlte dafür einen hohen Preis: Kurze Zeit später war er seinen Arbeitsplatz los. Und was ihn besonders erbost: »Der Betriebsrat hat meiner Entlassung zugestimmt. Die wollten ihre Ruhe haben.«

Ok klagte und hatte Erfolg. Seinen Job hat er zwar nicht zurückbekommen. Aber Adecco zahlte ihm 9000 Euro Abfindung. Geld, das er gut gebrauchen kann. Seine Frau hat gerade das zweite Kind zur Welt gebracht. Und vielleicht, so tröstet er sich nun, war es gar nicht mal so schlecht, wie es gelaufen ist. Denn wenige Wochen nach seiner Entlassung stürzte die Autoindustrie in ihre schlimmste Krise seit Jahrzehnten. Ford fuhr die Anlagen herunter, die Bänder standen wochenlang still. Viele seiner früheren Kollegen verloren ihre Arbeitsplätze. Ohne Abfindung.

Kapitel 7

Ein neuer Trend – Konzerne verlagern Personal in hauseigene Leiharbeitsfirmen

Stefan Lunk war von Anfang an dabei. »Es ging sofort nach den Reformen los. Da saßen wir in den Startlöchern«, sagt der Hamburger Arbeitsrechtler. Er arbeitet bei der Kanzlei Latham & Watkins und erklärt Unternehmen, wie sie Kosten sparen können. Sein Tipp: Gründen Sie eine hauseigene Leiharbeitsfirma. So kann man mühelos die starren Tariflöhne umgehen. »Die Unternehmen, die zu uns kommen, sind in der Regel tarifgebunden«, so Lunk. Manche seien in wirtschaftlichen Nöten und schauten sich daher nach Wegen um, die Kosten zu senken. »Manche wollen es auch einfach mal ausprobieren.«[36]

Es ist ein lohnender Weg, frohlockt auch Fachkollege Michael Lipinski. Er hat einen kleinen juristischen Ratgeber für auslagerungswillige Konzerne mit dem etwas holprigen Titel »Absenkung des Tarifniveaus durch die Gründung von AÜG-Gesellschaften« geschrieben. Heißt übersetzt so viel wie: Wie man durch hauseigene Leiharbeitsfirmen viel Geld sparen kann.

Sicher, es gebe auch andere Wege für Unternehmen, von den starren Regeln des Tarifvertrags abzuweichen, räumt Lipinski ein. Mittlerweile lassen die meisten Branchen Abweichungen zu, wenn ein Betrieb in wirtschaftlichen Nöten steckt. Allerdings gefällt der Weg nicht allen. Denn wenn die Konzernleitung auf Einschnitte ins Lohngefüge drängt oder Weihnachts- und Urlaubsgeld beschneiden will, dann wollen Gewerkschaft und Betriebsrat ein Wörtchen mitreden. Sie wollen in die Bücher schauen und sich selbst ein Bild machen von der Notlage, bevor sie Zugeständnisse machen. Und in der Regel sind die auch zeitlich befristet. Kein Hebel also, um dauerhaft die Personalkosten zu senken, gibt Lipinski zu bedenken.

Da hat die Ausweitung der Leiharbeit einen ganz anderen Charme. Gerade in Hochlohnbranchen lassen sich durch den Einsatz geliehener Billigkräfte schöne Erfolge erzielen, loben die Unternehmensberater. Sie empfehlen die Leiharbeit als strategisches Instrument – und zwar am besten in Eigenregie. Wer nämlich die Rekrutierung von billigem Personal nicht externen Dienstleistern überlässt, spart die Überlassungskosten. Angenehmer Nebeneffekt aus Arbeitgebersicht: Die Mitbestimmung im Betrieb kann man auf diese Weise auch noch ausbremsen.

Einer der Vorreiter war der Autokonzern VW. 2001 gründeten die Wolfsburger die AutoVision GmbH. Eine Servicegesellschaft, die schon jetzt mit einem Umsatz von 280 Millionen Euro und über 7000 Beschäftigten eine der größten im Land ist. AutoVision vermittelt oder verleiht nach eigenen Angaben einzelne Mitarbeiter oder auch ganze Belegschaften. Sie sorgt »für mehr Flexibilität, für mehr Effizienz, für mehr Erfolg«, wobei auch der Umstand zum Tragen kommt, dass die VW-Tochter niedrigere Löhne zahlt als das Mutterhaus, die Tarife liegen um bis zu 60 Prozent unter dem VW-Haustarif. »Wir sichern Beschäftigung am Standort und tragen zur Umstrukturierung des Konzerns bei«, lässt sich Geschäftsführer Dirk Coers zitieren.[37]

Auch bei den Autozulieferern macht das Modell inzwischen Schule. Die Spedition Fiege im münsterländischen Greven hat eine expandierende Zeitarbeitstochter aufgebaut. Auch Sozialverbände und Kirchen, Krankenhäuser und Verlagshäuser haben die Vorteile der hauseigenen Leiharbeit erkannt.

Allerdings ist die Sache nicht ganz unumstritten. Konzerninterne Leiharbeitsfirmen, wie sie Lipinski empfiehlt, seien ein »Hasard-Spiel, das katastrophal enden könne«, warnt Peter Schüren. Tochterfirmen, die allein den Zweck hätten, der Muttergesellschaft Personal zum Dumpingtarif auszuleihen, seien Scheinkonstruktionen. Strohmänner, die nur geschaffen würden, um bestehende Regeln zu umgehen. Und das sei nicht zulässig.

Auch bekennende Vertreter von Ausgründungen wie Lipinski räumen Risiken ein. »Dient die Konstruktion allein der Unterschreitung des Tarifniveaus, dann besteht die nicht ganz unerhebliche Gefahr der Anwendung des Umgehungsverbots«, schreibt Lipinski in seiner juristischen Expertise. Wer nicht aufpasst, kann Ärger mit der Justiz bekommen.

Aber, so beruhigen die Berater, mit ein paar einfachen Handreichungen können verdächtige Hinweise kaschiert werden. So sollten Tochter und Mutter vermeiden, in allzu symbiotischen Beziehungen miteinander verbunden zu sein. Hundertprozentige Beteiligungen etwa zählen dazu. Auch raten die Experten von allzu engen personellen Verflechtungen ab. So müsse der Konzernchef nicht auch die Leiharbeitsfirma leiten. Denn dies könnte Hinweise auf eine unerlaubte Scheinkonstruktion geben.

Erstaunlich aber ist, dass sich die Ratschläge bislang noch wenig herumgesprochen haben. Beim Klinikum Essen etwa leitet der Personalchef die Leiharbeitstochter, bei Ameos in Bremen ist es die Pflegedirektorin, bei der Arbeiterwohlfahrt in der Hansestadt der Vorsitzende selbst. Naheliegend ist das ja, in den meisten Fällen haben die konzerneigenen Personalgesellschaften nur einen Kunden: die Muttergesellschaft selbst. Verständlich, dass man da einen weiteren Chef für entbehrlich hält.

Die meisten Firmen geben sich auch wenig Mühe, diese einseitige Abhängigkeit zu verdecken. Was ihnen bislang allerdings auch nicht geschadet hat, denn sie haben in der Praxis kaum etwas zu befürchten. Die Arbeitsagenturen in ihrer Funktion als Zulassungsbehörde geben sich mit einer rein formalen Prüfung zufrieden. Sie kontrollieren die persönliche und finanzielle Integrität der Antragsteller, begutachten polizeiliche Führungszeugnisse und Bescheinigungen von Banken und Finanzämtern. Was die Firmen anschließend tun, entzieht sich ihrem Blickfeld. »Wir prüfen nicht, ob eine Firma ihr Personal dorthin auslagert«, sagt Rolf Singler von der Regionaldirektion der Arbeitsagentur in Nordrhein-Westfalen.

Auch die Politik nimmt eine recht legere Haltung ein. Das Arbeits- und Wirtschaftsministerium in Nordrhein-Westfalen teilte auf Anfrage lapidar mit: »Ob das Vorgehen der Firmen seine Richtigkeit hat, kann von hier nicht beantwortet werden.«

Bleibt die Justiz. Während der Kirchengerichtshof der evangelischen Kirche die Gründung von konzerneigenen Leiharbeitsfirmen untersagte, zeigen sich die weltlichen Richter offener. Der Gesetzgeber habe die Kostensenkung mit der Leiharbeitsreform zum legitimen Ziel erklärt, urteilte das Landesarbeitsgericht Niedersachsen am 28. Februar 2006. Daher »kann die konzerninterne Arbeitnehmerüberlassung mit dieser Motivation nicht gesetzeswidrig sein«.

In der Zeitarbeitsbranche selbst sieht man die Entwicklung durchaus kritisch. Mit zusätzlichem Flexibilisierungsbedarf habe das nichts zu tun, wenn Konzerne Teile der Stammbelegschaft in hausinterne Leiharbeitsfirmen auslagerten, kritisiert Volker Enkerts, der Präsident des Branchenverbands BZA. Dadurch sollten schlicht Tarifverträge umgangen werden, um die Löhne zu senken. »Das ist nicht nur unfair, sondern schädigt auch den Ruf der Zeitarbeitsbranche.« Auch Marcel Pelzer von der Zeitarbeitsfirma Manpower sieht die guten Sitten in Gefahr. »Das ist Schmuddelei.«

Kapitel 7.1

Kirchen und Sozialverbände – Lohndumping auf umkämpften Märkten

Nachmittags um drei tritt Gerda Schulte* ihren Dienst an. Sie deckt für die 30 Bewohner in dem Dortmunder Altenheim die Tische, schmiert Brote, kocht Tee und teilt den Kartoffelsalat aus. Und nebenbei hört sie zu, lauscht den Sorgen der Alten. »Die haben ja sonst keinen, der ihnen zuhört. Das ist eigentlich das Wichtigste«, sagt die 43-Jährige. Sie hat auf ihrer Station viel mit Demenzkranken zu tun. Die brauchen eine intensive Betreuung. Oft lässt sie die Erinnerung im Stich, dann wissen sie nicht, wo sie sind und wo sie hingehören, erkennen auch das Pflegepersonal nicht. »Da braucht man gute Nerven«, seufzt Gerda Schulte. Und Zeit. Aber gerade daran mangelt es. »Es geht hier ziemlich chaotisch zu.«. Die Personaldecke ist dünn, und selbst wenn sie sich beeilt, wenn sie nach dem Essen im Eiltempo abdeckt, die Tische säubert und das Geschirr in die Spülmaschine packt – in der regulären Arbeitszeit wird sie selten fertig.

Aber das ist nicht der Grund dafür, dass sie ziemlich frustriert ist. Der Job macht ihr ja Spaß. Da schaut sie nicht ständig auf die Uhr. Nur honoriert ihr Arbeitgeber das nicht. Stattdessen hat der ihr kräftig das Gehalt zusammengestrichen. Im Sommer 2007 war das, da lief ihr Zeitvertrag aus. Kein Problem, sagte die Heimleitung, wir bieten ihnen einen neuen Vertrag an. Alles sollte beim Alten blei-

* Name geändert

Kirchen und Sozialverbände

ben: dieselbe Station, dieselbe Arbeit. Nur bei der Bezahlung, da seien Einschnitte leider unvermeidlich. Statt zwölf Euro pro Stunde bekommt Gerda Schulte seitdem nur noch knapp acht Euro, ein Drittel weniger als vorher. Außerdem wurden die Wochenendzulagen gestrichen. Genauso wie das Weihnachtsgeld. Knapp 400 Euro fließen monatlich für den Teilzeitjob noch auf ihr Konto. Davon kann sie nicht leben – die Arbeitsagentur muss einspringen und ihr schmales Gehalt aufstocken.

Wie Gerda Schulte ist es vielen bei der Arbeiterwohlfahrt im Bezirk Westliches Westfalen ergangen. Systematisch hat der Verband, der über 60 Heime im Ruhrgebiet und Münsterland betreibt, Mitarbeiter in die hauseigene Zeitarbeitsfirma gedrängt. Das Ziel der Operation: Die AWO will die Lohnkosten senken.

Sie beschreibt dabei nur einen Weg, den börsennotierte Industrieunternehmen schon lange beschreiten. Andere folgten. Und sie haben die Instrumente verfeinert. So gründete die Deutsche Bank mit der Zeitarbeitsfirma Manpower eine Tochter, um die Leiharbeit in der Geldbranche einzuführen. Mittlerweile nutzen selbst Firmen in Niedriglohnbranchen wie der Gebäudereinigung die Leiharbeit als strategischen Hebel, um die Kosten zu drücken. Der Sozialforscher Markus Promberger berichtet in einer Studie von einem süddeutschen Gebäudereiniger, der die Zahl der Leiharbeiter in der konzerneigenen Tochterfirma Anfang 2004 von 30 auf 1300 aufstockte und im Gegenzug die eigene Stammbelegschaft drastisch reduzierte. Die Flughäfen in Nürnberg und München haben ganze Abteilungen in Service-Gesellschaften ausgegliedert. Die Deutsche Bahn will den konzerninternen Arbeitsmarkt – so nennt der Konzern die eigene Leiharbeitstochter – wie erwähnt kräftig ausweiten. Tausend zusätzliche Lokführer stellt das Unternehmen derzeit als Zeitarbeiter ein. Insgesamt soll die Zahl der Leihkräfte verdoppelt werden.

Die Arbeiterwohlfahrt gründet eine Zeitarbeitstochter und spart viel Geld bei den Löhnen

Inzwischen sind auch Sozialkonzerne wie die AWO auf den Zug aufgesprungen. Der Trick funktioniert so: Wenn Zeitverträge wie bei Gerda Schulte auslaufen, bietet die AWO einen neuen Vertrag an. Allerdings nicht direkt beim Wohlfahrtsverband, sondern bei der Arbeiterwohlfahrt Personalservicegesellschaft (AW PSG). Die leiht die Arbeitskräfte dann wieder an die Muttergesellschaft aus. Eine Rochade mit durchschlagender Wirkung. Denn für die AW PSG gelten andere Regeln. Dort wird Gerda Schulte nicht als Hauswirtschafterin beschäftigt, sondern als Leiharbeiterin. Und für die gelten viel schlechtere Tarifverträge.

Wie aber passt das zu dem Image, das die Arbeiterwohlfahrt ansonsten pflegt? Tief verwurzelt in der Arbeiterbewegung, macht sich die AWO gerne für die sozial Schwachen und Unterprivilegierten stark, sorgt sich um soziale Gerechtigkeit und Solidarität. Im eigenen Haus scheinen die hehren Werte aber nur wenig zu zählen. Nie war sie krank, sagt Gerda Schulte. Hat nie geklagt, weil die Arbeit in der vorgesehenen Zeit nicht zu schaffen war. Als Dankeschön bekam sie eine Gehaltskürzung. »Die haben mir die Pistole auf die Brust gesetzt. Du kannst weiter hier arbeiten, aber nur für weniger Geld«, sagt die gelernte Erzieherin. Zähneknirschend stimmte sie zu. Sie war ja froh, überhaupt einen Job zu haben. »Mit 43 kann ich mir die Angebote nicht aussuchen.«

Inzwischen hat die Arbeiterwohlfahrt im Bezirk Westliches Westfalen über 300 Beschäftigte in die Leiharbeit ausgegliedert, ein Fünftel des Personals in den Küchen und Hauswirtschaftsabteilungen der 60 Seniorenheime. Das bringt der AWO gleich mehrfachen Gewinn. Die Beschäftigten bekommen weniger Lohn, und die AWO spart durch den hausinternen Verleih auch noch die Mehrwertsteuer. Macht zusammen einen Kostenvorteil von 50 Prozent, rechnet Geschäftsführer Wolfgang Altenbernd vor.

Noch bedeutsamer aber ist die langfristige Wirkung: Die Leiharbeit ist der Hebel, um die Belegschaften nachhaltig unter Druck zu setzen. Altenbernd hat da beste Erfahrungen gemacht. Seit drei Jahren liegt er mit Betriebsrat und Gewerkschaft über Kreuz, weil die sich seinem Drängen nach generellen Einschnitten bei den Löhnen widersetzen. Altenbernd zog die Daumenschrauben an, gliederte ganze Belegschaften aus, kündigte Tarifverträge und weitete die Leiharbeit aus. Die Botschaft war klar: Wenn ihr nicht zustimmt, machen wir es eben ohne euch. Eine Drohung, die auch bei Betriebsratschef Bernhard Beyer-Peters nicht ohne Wirkung blieb. »Wir können nur noch Schlimmeres verhindern«, sagt der Arbeitnehmervertreter inzwischen resigniert. Er hat sich längst damit abgefunden, dass er generelle Einschnitte ins Lohngefüge nicht mehr abwehren kann. »Wir wollen diesen Wildwuchs verhindern. Dass die AWO sich immer mehr den Tarifverträgen entzieht und die Löhne drückt.« Eine Art geordneter Rückzug also. Eine Absenkung der unteren Tarifgruppen im zweistelligen Bereich ist bereits im Gespräch. »Wir stehen mit dem Rücken zur Wand«, räumt Beyer-Peters ein.

Einsparungen seien aber auch dringend nötig, meint der Geschäftsführer der AWO, Wolfgang Altenbernd. »Wenn wir die Kosten nicht senken, dann können wir bald ganz dichtmachen.« Der Druck der privaten Konkurrenz sei brutal, sagt er. Die zahlten viel geringere Löhne, hätten sich dem Diktat der Flächentarife längst entzogen – und dadurch einen großen Vorteil gegenüber Anbietern wie der AWO. »Wenn wir darauf nicht reagieren, dann sind wir auf Dauer nicht mehr wettbewerbsfähig.«

Wolfgang Altenbernd malt das Bild einer Branche, in der ein wilder Verdrängungswettbewerb herrscht. Ein Kampf, bei dem Träger wie die AWO gleich von zwei Seiten in die Mangel genommen würden.

Martina Aftinos, arbeitete in einem Pflegeheim
der Arbeiterwohlfahrt:

Ich habe zwei Jahre in der Küche eines AWO-Pflegeheims gearbeitet. Ich hatte immer Zeitverträge, manchmal zwei Monate, selten mehr als vier Monate. Und dann hieß es plötzlich, sie können hier weiterarbeiten, aber nur über die Leihfirma. Für sieben Euro in der Stunde, vorher habe ich zwölf bekommen. Auch das Urlaubs- und Weihnachtsgeld wurde gestrichen, es gab keine Zuschläge fürs Wochenende. Das find ich unglaublich. Dass ausgerechnet die Arbeiterwohlfahrt das macht. Die gibt sich doch sonst so sozial, setzt sich für die Schwachen ein. Und das nur, um den Lohn zu kürzen. Einen anderen Grund kann ich dafür nicht erkennen. Der Geschäftsführer hat das ja auch gesagt: Wir müssen sparen, andere machen das noch billiger. Unsere Arbeit hier spielt offenbar keine Rolle mehr, Hauptsache es ist billig. Das hat mich sehr wütend gemacht. Trotzdem habe ich erst mal weitergearbeitet. Das kam ja alles sehr überraschend. Bis zuletzt haben die uns gesagt: Da ändert sich nicht viel. Und als ich dann den Vertrag vor mir liegen hatte, war ich wirklich schockiert. Da habe ich ja erst gesehen, was die mit uns vorhatten. Ich habe ja auch zwei Kinder, aber das interessierte die überhaupt nicht. Wir müssen ja von irgendwas leben. Die gucken nur, wo sie noch sparen können. Und am einfachsten ist es natürlich, den Beschäftigten ans Geld zu gehen.
Ich hatte immer gehofft, hier mal fest übernommen zu werden. Stattdessen wurde ich dann gekündigt, weil ich mich gewehrt hab. Die AWO musste mir ein halbes Jahr das normale Gehalt nachzahlen. Dann wurde ich entlassen. Aber ich hätte sowieso nicht weitergearbeitet. Nicht zu dem Lohn.
Mir wurden andere Zeitarbeitsjobs in Krankenhäusern angeboten, die waren noch schlechter bezahlt. Bei einem sollte ich 5 Euro 60 pro Stunde bekommen. Überall stecken die Leihfirmen drin. Das fand ich erschreckend. Wie soll man denn davon leben? Ich habe dann bei der Caritas in einer Krankenhausküche einen neuen Job gefunden. Leider habe ich da kaum noch Kontakt mit den Patienten, das fehlt mir schon. Aber ich werde anständig bezahlt.

Zum einen von Pflegekassen und Kommunen, die immer weniger Geld für die Betreuung von Alten, Behinderten und Jugendlichen ausgeben. Und zum anderen von kommerziellen Anbietern, die ihnen mit Dumpingangeboten das Wasser abgraben. »Wir haben kommerzielle Dienstleister, die kaufen Mitarbeiter in Polen, in der Ukraine, in Tschechien und bieten die für drei oder vier Euro an. Also ich glaube, wir sind da noch nicht am Ende des Weges angekommen.«

Wo aber führt dieser Weg hin, fragen sich die Beschäftigten nicht nur bei der Arbeiterwohlfahrt. Auch bei den größten Arbeitgebern in Deutschland, den beiden Kirchen, rumort es. Sie hätten inzwischen eine Renditelogik übernommen, mit der man auch mühelos eine Autofabrik betreiben könnte, sagt Wolfgang Lindenmaier. Er ist Mitglied in der arbeitsrechtlichen Kommission der evangelischen Kirche. Und er beobachtet mit zunehmender Sorge, wie sich die Leiharbeit in den Diakonien der evangelischen Kirche »wie eine Seuche ausbreitet«.

Erstaunlich ist das schon, dass sich Lohnsenkungsstrategien nun auch bei gemeinnützigen Unternehmen breitmachen, die sich – wie die Sozialverbände und die Kirchen – eigentlich dem Guten und Edlen verpflichtet fühlen. Sie werben für gesellschaftliche Gerechtigkeit und Solidarität, kämpfen gegen soziale Kälte und Ausgrenzung. Und sind in ihrem Handeln »von kapitalistischen Arbeitgebern nicht mehr zu unterscheiden«, kritisiert Bernd Rautenberg.

Zeitarbeit in der Kirche – Die Stiftung Friedehorst setzt auf Niedriglöhne

Bernd Rautenberg weiß, wovon er spricht. Er ist Mitarbeitervertreter in der Stiftung Friedehorst. Das ist ein Unternehmen des Diakonischen Werks in Bremen. 1400 Menschen arbeiten hier in der Alten- und Behindertenpflege, in der Berufsförderung und in einem neurologischen Rehabilitationszentrum. Hier findet sich das Muster, dem auch Sozialverbände wie die AWO folgen. 2005 gründete die Geschäftsführung die hauseigene Zeitarbeitsfirma Parat. Neues Personal wird seitdem vorzugsweise dort eingestellt.

Helga Werner* war eine der Ersten, die bei Parat anfing. Seit zweieinhalb Jahren arbeitet sie in der Telefonzentrale der Stiftung. Angestellt aber ist sie bei Parat, der kirchlichen Leiharbeitstochter. Die wiederum leiht sie an Friedehorst aus. Die Stiftung spart so einiges an Geld. Denn Helga Werner bekommt nur 7 Euro 81 pro Stunde, die Hälfte des Kirchentarifs, den ihre fest angestellten Kollegen bekommen.

»Beim Vorstellungsgespräch hat man mir gesagt: Das ist nur vorübergehend. Das wird später angeglichen«, sagt die blonde, hochgewachsene Frau. Sie hatte auf das Wort der Kirchenleute vertraut. Deshalb kündigte sie ihren alten Job und fing in Friedehorst an – in der Hoffnung, hier einen sicheren Arbeitsplatz zu finden. Einer, der zum Überleben ausreicht. Schließlich ist Friedehorst in Bremen eine Institution, die lange Zeit als guter Arbeitgeber galt, der ordentlich bezahlt.

Aber das ist Vergangenheit. Das weiß inzwischen auch Helga Werner. Oft denkt sie, dass es ein Fehler war, den alten Arbeitsplatz bei einem großen Kaffeeröster aufzugeben. In Friedehorst hangelt sie sich von einem schlecht bezahlten Zeitvertrag zum nächsten. Mal sind es vier Monate, mal ein halbes Jahr. Von Festanstellung ist längst nicht mehr die Rede, auch nicht von einer Gehaltsaufbesserung. »Frustrierend ist das.«

Plumpe Lohndrückerei nennt es Bernd Rautenberg, der Vorsitzende der Mitarbeitervertretung. Schritt für Schritt hat Friedehorst das Per-

---

* Name geändert

Kirchen und Sozialverbände

sonal ausgelagert – und sich dabei weder vom Widerstand der Beschäftigten noch von höchstrichterlichem Urteil stoppen lassen. Das oberste Kirchengericht in Hannover nämlich befand – auf Klage der Belegschaft –, dass die Ausweitung der Billigjobs mit den Grundsätzen der evangelischen Kirche nicht in Einklang zu bringen sei. Leiharbeiter dürften nur eingesetzt werden, um kurzfristige und vorübergehende Aufgaben zu übernehmen, etwa bei Krankheit oder in Ferienzeiten, so lautete das Verdikt. Nicht akzeptabel sei dagegen der auf Dauer angelegte Einsatz. Denn dadurch entstünden Beschäftigte zweiter Klasse. Und das sei mit den kirchlichen Moralvorstellungen nicht vereinbar.

Kirchengerichte intervenieren: Leiharbeit ist mit den Moralvorstellungen der Diakonie nicht vereinbar

Das Urteil ließ wenig Spielraum für Interpretationen: Lohndumping durch Leiharbeit, das hat in der Kirche nichts zu suchen. Und doch blieb der Richterspruch ohne Wirkung. Denn Verstöße dagegen werden nicht geahndet. So ist es kaum verwunderlich, dass die Leitung der Stiftung Friedehorst sich nur mäßig beeindruckt zeigte von der Schelte der Richter. Sie machte einfach weiter wie bisher. Und stiftete nebenbei durch Umstrukturierungen Verwirrung. So gründete sie immer neue Tochterfirmen, in die Teile der Belegschaft ausgegliedert wurden. Diakonische Dienste wurden ins Leben gerufen und wieder aufgelöst. Zuerst ging es von der Stiftung in die Zeitarbeit, von dort in eine der neuen Servicegesellschaften. Und am Ende landeten viele wieder in der Stiftung. »Manchmal wussten wir selber nicht mehr, bei wem wir eigentlich angestellt waren«, sagt eine Frau, die innerhalb eines Jahres dreimal innerhalb der Diakonie den Arbeitgeber wechselte.

Das Ergebnis dieser Rochaden war jedoch immer das gleiche: die Löhne sanken. Am Ende fanden sich die Beschäftigten in niedrigeren Gehaltsgruppen wieder. Nicht die vergleichsweise hohen Kirchentarife sind heute in Friedehorst bei Neueinstellungen die Orientierungsmarke, sondern die niedrigen Entgelte, die in der Leiharbeitsfirma gezahlt werden.

Aber die Beschäftigten wollen das nicht mehr klaglos hinnehmen. An der Basis formiert sich Widerstand. Wenn die Kirchen sich schon verhalten wie ganz normale Unternehmen, dann sollten sie auch so behandelt werden, sagt Mitarbeiter-Sprecher Rautenberg. Das heißt konkret: Die Kirchen sollen auf ihre Sonderstellung verzichten.

Diese ist in Artikel 140 des Grundgesetzes garantiert. Er räumt den Kirchen ein Selbstbestimmungsrecht ein – auch in arbeitsrechtlichen Fragen. So kann etwa ein Mitarbeiter von Friedehorst im Streitfall kein reguläres Arbeitsgericht anrufen, er muss sich an einen Kirchenrichter wenden. Streiks und Aussperrungen sind nicht vorgesehen. Und Gehaltserhöhungen werden in paritätisch besetzten Kommissionen ausgehandelt. Den dritten Weg nennen die Kirchen das, ein Weg, der vom harmonischen Miteinander gekennzeichnet sein soll.

Den aber können in Friedehorst immer weniger Beschäftigte erkennen. Daher haben sie in einer Petition an den Bundestag gefordert, Friedehorst den kirchlichen Sonderstatus zu entziehen. Dann, so Belegschaftsvertreter Rautenberg, herrschten wenigstens klare Verhältnisse. Wohin das führen kann, hat die Tarifrunde im Herbst 2008 gezeigt: Da übten die Beschäftigten erstmals zaghaft den Arbeitskampf.

Das Betriebsklima in Friedehorst ist nach dem jahrelangen Kleinkrieg auf den Nullpunkt gesackt, es herrscht eine frostige Atmosphäre. Hannelore Rohlfing hat das am eigenen Leib erfahren. Acht Jahre lang arbeitete sie als Altenpflegerin in Friedehorst. An ihrer Arbeit gab es nie etwas auszusetzen. Trotzdem wollte die Geschäftsleitung sie in die Zeitarbeit abdrängen, mit entsprechend schlechter Bezahlung. »Das ist einfach nicht christlich, wie sich unsere Kirchenleitung da verhält«, kritisierte sie öffentlich. Die Vorstandsetage nahm ihr das übel. Sie schickte ihr eine Abmahnung und drohte weitere Konsequenzen an. »Sollte es erneut zu einer derartigen, geradezu verleumderischen Äußerung kommen, müssen Sie mit einer Kündigung rechnen.«

Solch ruppige Methoden sorgen nicht gerade für Beruhigung. Viele sind verunsichert, kaum jemand traut sich noch, seine Meinung öffentlich zu sagen. Aber es wächst auch die Empörung. »Was haben wir schon zu verlieren«, sagte sich Helga Werner. »Wir können uns doch nicht alles gefallen lassen.« Sie hat etwas getan, was ziemlich selten vorkommt in deutschen Leiharbeitsfirmen: Sie hat einen Betriebsrat gegründet. »Wir müssen uns jetzt erst einmal schlau machen, welche Rechte wir eigentlich haben«, sagt sie kämpferisch, aber die Angst schwingt mit. Als während des Gesprächs jemand ins Zimmer platzt, zuckt sie zusammen, ihre Gesichtszüge erstarren. Sie schweigt, wechselt das Thema. Erst als der ungebetene Gast wieder draußen ist, entspannt sie sich. Und bittet den Bürokollegen, die Tür zu verschließen. Eine Sicherheitsmaßnahme, um weitere unliebsame Überraschungen zu vermeiden. Sie will sich nicht noch mehr Ärger einhandeln. »Wenn hier rumerzählt wird, dass ich mit Journalisten rede, dann ist das nicht mehr witzig«, sagt sie. Sie weiß um ihre unsichere Lage. Ihr Vertrag läuft in wenigen Monaten aus – und sie hofft auf eine Verlängerung.

Die Geschäftsleitung schweigt: »Kein Kommentar«

Die Bremer Diakonie, zu der die Stiftung gehört, reagiert ziemlich ratlos auf die Verwerfungen in den eigenen Reihen. Michael Schmidt, Landesdiakoniepfarrer und Geschäftsführer des Diakonischen Werkes, zuckt die Achseln. Natürlich sei das nicht im Sinne der evangelischen Kirche, was da geschehe. Aber andere machten es doch genauso. Leiharbeit sei ja nicht allein eine Spezialität der Bremer. Bundesweit habe sich die Leiharbeit bei beiden Kirchen längst durchgesetzt. Und er sieht »mit Sorge, dass die Entwicklung weitergeht«. Auch bei der Caritas, dem katholische Pendant zur Diakonie, sei das »kein unüblicher Weg«.[38] Was aber treibt die gemeinnützigen Unternehmen der Kirchen und Sozialverbände zu solch einem Vorgehen? Der Geschäftsführer der Stiftung Friedehorst, Georg-Hinrich Hammer, hält sich bedeckt. Auf Anfrage ließ er ausrichten: Zu den Konflikten in Friedehorst könne er keine Stellung beziehen. Das sei ein schwebendes Verfahren.

Dabei wirft der Kollisionskurs von AWO, Diakonie und Co. viele Fragen auf. Fragen nach der Glaubwürdigkeit, Fragen aber auch nach den Ursachen und den Folgen. Warum greifen die Institutionen selbst so entschlossen zu Mitteln, die sie anprangern, wenn sie in der privaten Wirtschaft angewendet werden? Haben sie ihre ethischen Grundsätze längst über Bord geworfen, wenn es ums Geschäft geht? Können sie sich nur so auf dem umkämpften Sozialmarkt behaupten? Kann nur ein brachialer Sparkurs auf Kosten der Belegschaft helfen?

Die Arbeiterwohlfahrt sei kein Sanierungsfall, sagt Wolfgang Altenbernd. »Wir haben hier ganz geordnete wirtschaftliche Verhältnisse.« Das heißt: Es fallen keine Verluste an. Aber große Sprünge könne man auch nicht machen. Im Gegenteil. In einigen Bereichen seien die hohen Gehälter einfach nicht mehr zu bezahlen. »Wir müssen jedes Jahr kämpfen, um die schwarze Null zu erreichen.«

Ähnlich sieht es auch Klaus-Dieter Kottnik, der Präsident des Bundesverbands der Diakonie. Er macht sich stark für einen gerechten Lohn, der den Menschen ein gutes Auskommen sichert. Und doch sieht er keine Alternative zum eingeschlagenen Weg. »Die Alternative wäre, und das ist der Gewissenskonflikt, die Alternative wäre zu sagen, wir machen die Arbeit gar nicht mehr. Wir geben sie auf«, so Kottnik in einem Fernsehinterview, das intern zu erheblichem Aufruhr führte.

»Die Sache ist ziemlich kompliziert«, schränkt er nun ein. Um klarzumachen, wie kompliziert die Lage ist, in der die Sozialeinrichtungen der Kirchen stecken, holt er weit aus, referiert über geänderte Finanzierungsregeln, streift das Jahr 1992, in dem der Gesetzgeber das frühere Pflegesatzsystem aufgab und seitdem Preisdiktate im Bereich der Pflege herrschen. Die Kostenträger wollen Konkurrenz. Konkurrenz nicht um die beste Leistung, sondern um den niedrigsten Preis, wie Kottnik sagt. Und diesem neuen Kampf seien auch diakonische Einrichtungen ausgesetzt. »Wir sind ja kein Großkonzern, der hier geschlossen verhandeln kann.« Jede einzelne der 27 000 evangelischen Pflegeeinrichtungen in Deutschland müsse selbstständig mit den Kassen über Pflegesätze und Refinanzierungskosten verhandeln. »Und wir müssen dabei konkurrieren mit privaten Anbietern, die viel geringere Löhne zahlen als wir.« Eine prekäre Lage. Ein Drittel der Einrichtungen kämpfe ums Überleben, sagt Kottnik.

Kein Sanierungsfall – Die Stiftung Friedehorst fährt stattliche Gewinne ein und setzt auf Expansion

Im Bremer Norden ist von einem verzweifelten Überlebenskampf wenig zu spüren. Am Eingang zu dem weitläufigen Gelände steht ein kleiner, etwas schmuddeliger Flachbau. Die Telefonzentrale, in der Helga Werner morgens um sechs ihren Dienst antritt. Aber hinter der Schranke breitet sich ein prosperierender Sozialpark aus. Hier ist viel in Bewegung. Es wird viel gebaut und gebaggert, Kräne recken ihre langen Arme in den Himmel, Baufahrzeuge rattern durchs diakonische Viertel. Friedehorst befindet sich auf strammem Expansionskurs. Die Stiftung will die Geschäftstätigkeit erweitern, es wird kräftig investiert. Eine neue Pflegeklinik soll entstehen, das

Berufsförderungswerk wird ausgebaut, der Reha-Komplex vergrößert. Und dann ist da noch das jüngste Renommee-Projekt der Stiftung: das Eduard-Nebeltau-Gymnasium. Eine Eliteschule, die 300 Euro pro Monat an Schulgeld kostet. Ein Projekt, das etwas aus dem Sozialportfolio der Stiftung heraussticht.

Auch beim Blick in die Bilanz ist keine akute Notlage zu erkennen. Die Stiftung weist für 2006 einen Gewinn von 1,48 Millionen Euro aus, das sind 400 000 mehr als ein Jahr zuvor. Der Überschuss verzehnfachte sich beinahe auf 865 000 Euro. Keine schlechte Bilanz. Die Stiftung, so scheint es, kann dem erbitterten Überlebenskampf auf dem Sozialmarkt ziemlich gelassen entgegenblicken.

Aber warum nur, so fragen sich Mitarbeiter wie Helga Werner, fehlt dann das Geld, um halbwegs ordentliche Löhne zu zahlen? Die Chef-Etage will sich nicht in die Karten schauen lassen. Vielleicht, weil sie dann in Erklärungsschwierigkeiten geriete? Weil sie dann Mühe hätte zu begründen, warum sie Tarifverträge unterläuft und eine Zweiklassengesellschaft in den Kirchenbetrieben installiert? Es ist nicht so sehr der wirtschaftliche Druck, der den Kirchen zu schaffen macht, glaubt Wolfgang Lindenmaier. Die Unternehmensphilosophie habe sich geändert. Eine Philosophie, die neuerdings auf Wachstum und Expansion ausgerichtet sei. Eine Philosphie, die sich durch einen aggressiven Vorwärtsdrang auszeichne.

Neuer Führungsstil: »Die Löhne werden hier vom Arbeitgeber nach Gutsherrenart festgelegt«

Einer der Protagonisten dieses neuen Stils ist Wolfgang Wanning. Er ist Chef der Evangelischen Heimstiftung, mit 5500 Beschäftigten und 6800 Pflegeplätzen der größte Kirchenkonzern im Bereich der Altenpflege in Deutschland. Wanning, der früher Manager bei einem Versicherungskonzern war, pflegt einen offenen Stil, er redet nicht lange drum herum. Und er macht schnell klar, worum es auch bei kirchlichen Konzernen geht: um Rendite und Wachstum. Und da lässt er sich nicht gerne von Gewerkschaften oder kirchlichen Bedenkenträgern reinreden. »Die Löhne werden hier einseitig vom Arbeitgeber nach Gutsherrenart festgelegt«, heißt seine Führungsdevise.[39] Die Leiharbeit dient ihm dabei als Instrument für die gezielte Auslagerung von Unternehmensteilen. Ein Viertel sämtlicher Leistungen der Heimstiftung wird bereits in diesen neu geschaffenen Gesellschaften erbracht. Dadurch umgeht Wanning das kirchliche Arbeitsrecht mit seinen Mitbestimmungsmöglichkeiten ebenso wie die relativ hohen Tarife. Seine Begründung: Nur so könne man auf dem umkämpften Markt bestehen. »Andernfalls hätten wir Standorte aufgeben müssen oder wären pleitegegangen.«

Nicht alle können diese Logik nachvollziehen. Denn auch die Evangelische Heimstiftung nagt nicht am Hungertuch. Nach Angaben der Fachzeitschrift *Wohlfahrt Intern* investiert der schwäbische Sozialkonzern pro Jahr 45 Millionen Euro in den Bau meist außerdiakonischer Einrichtungen. Ein Viertel – also rund elf Millionen Euro – steuert die Heimstiftung aus eigener Tasche bei. Den Rest finanziert sie über Zuschüsse und Kredite.

Wolfgang Lindenmaier hält daher auch das Argument, die kirchlichen Betriebe könnten nur überleben, wenn sie den Mitarbeitern ans Portemonnaie gingen, für reichlich weit hergeholt. Im Einzelfall könne es Notlagen geben. Insgesamt aber gehe es den Einrichtungen ziemlich gut. Er sieht – wie auch Mitarbeitervertreter Uli Maier – das Problem in der Führungsetage. Maier wirft der Spitze der Heimstiftung »Wildwest-Methoden« vor. Die Männer um Wanning hätten sich längst losgesagt von den ethischen Grundprinzipien der evangelischen Kirche. »Die meinen, sie müssten sich an nichts mehr halten.«

Eine Einschätzung, die durch ein von der Diakonie in Auftrag gegebenes Rechtsgutachten gestützt wird. Der Tübinger Rechtswissenschaftler Ulrich Bälz nennt darin ein besonders krasses Beispiel. In einem Altenpflegeheim sind nur noch der Geschäftsführer und der Hausmeister nach kirchlichem Tarif angestellt. Der Rest des Personals wird von einer eigens zu diesem Zweck gegründeten Tochtergesellschaft ausgeliehen. Natürlich zu deutlich schlechteren Konditionen. Bälz hält diese Form der Tarifflucht für nicht zulässig. Seine Schlussfolgerung: Die Einrichtungen setzen mit dieser Praxis ihre Sonderrechte aufs Spiel, sie müssten aus der Diakonie ausgeschlossen werden – falls sie ihren Kurs nicht schleunigst korrigierten.

Das aber wird kaum geschehen. Der Vorstandsvorsitzende des Diakonischen Werks Württemberg, Helmut Beck, hat Verständnis für den Kurs der diakonischen Manager. Er verweist auf den wirtschaftlichen Druck, der auf den kirchlichen Einrichtungen laste. Kommerzielle Anbieter versuchten, der Diakonie durch Dumping-Angebote das Wasser abzugraben. Meist kämen nur die Billigsten zum Zug. »Wir stehen unter großem Druck«, sagt Beck.

So sieht es auch Klaus-Dieter Kottnik. Man nimmt dem Präsidenten der Diakonie ab, dass ihn die Verwerfungen in der evangelischen Kirche ernsthaft bekümmern. »Wir betreiben kein Lohndumping«, konstatiert Kottnik beinahe trotzig. »Wir zahlen von allen doch noch die höchsten Löhne.« Aber wie lange noch. Auch die Kirche müsse Abstriche machen, räumt er ein. »Wir können uns dem Wettbewerbsdruck nicht entziehen.«

Kritiker aber meinen, die Kirchenleitung tue zu wenig, um diesen Druck zu mindern. Sie vermissen eine klare Strategie, um die Abwärtsspirale zu stoppen. Die großen Wohlfahrtsverbände zum Beispiel setzen sich für einen allgemein verbindlichen Mindestlohn für die Sozialbranche ein, um dem freien Fall der Löhne einen Riegel vorzuschieben. »Private Konkurrenten und Schwarzarbeiter unterlaufen gezielt Tarife«, lässt Wilhelm Schmidt, Bundesvorsitzender der Arbeiterwohlfahrt, verlauten. Die großen Player der Branche hätten die Chance, diese Entwicklung zu bremsen – indem sie sich für Mindestlöhne in der Branche starkmachten. Wenn es nicht gelänge, eine Lohnuntergrenze einzuziehen, dann »kommt die AWO in Gefahr, dass sie wegen des Kostendrucks keine Tariflöhne mehr zahlen kann«, warnt Schmidt.

Gemeinsam mit den Kirchen dominieren die Wohlfahrtsverbände 80 Prozent des Sozialmarktes. »Sie haben großen politischen Einfluss«, sagt Wolfgang Lindenmaier, Mitarbeitervertreter im Diakonischen Werk Württemberg. Ein Mindestlohn für die Branche wäre keine Illusion, wenn alle mitzögen. Aber die Kirchen ziehen nicht mit. Kottnik hält eine Branchenregelung für falsch und will allenfalls einen allgemeinen gesetzlichen Mindestlohn, der für alle Branchen gilt, akzeptieren. Den aber wird es so schnell nicht geben, zu groß sind die politischen Widerstände. So bleibt alles beim Alten, kritisiert Lindenmaier mit wachsender Verbitterung. Und er lässt keinen Zweifel, wer dafür die Verantwortung trägt: die Kirchen. »Sie nutzen ihre Macht, nur um Dumpinglöhne durchzusetzen. Alle Welt regt sich über Lidl und Aldi auf, die Kirche ist schlimmer.«

Kapitel 7.2

Krankenhäuser – Die Suche nach neuen Sparmodellen

Zwei Tage hat sie mit sich gerungen, dabei hatte sie eigentlich keine Wahl. Mit 46 Jahren, alleinerziehend und zwei Kinder – wie hätte sie da das Angebot ablehnen können. Zumal sie an der Arbeit hing. Seit zwei Jahren machte sie den Job schon, genug Zeit, um herauszufinden, dass das »genau die richtige Arbeit für mich ist, das wollte ich immer machen. Man könnte auch sagen, es ist mein Traumjob.« Zaghaft sagt sie das, als sei sie selbst erstaunt über die Worte. Denn vieles bei Ameos in Neustadt bei Kiel ist alles andere als traumhaft. Ständig gibt es Ärger mit der Geschäftsführung, deshalb möchte sie auch nicht, dass ihr richtiger Name genannt wird – schließlich will sie ihren Arbeitsplatz nicht verlieren. Die Stimmung ist frostig, angespannt. Aber wenn Karin Diebel in ihrer Wohngruppe ist, spielt das keine Rolle mehr. 13 Menschen betreut sie, der Jüngste ist gerade der Pubertät entwachsen, der Älteste ist im Rentenalter. Menschen, die viel Zuwendung und Pflege brauchen. Menschen mit starken seelischen und körperlichen Auffälligkeiten, wie es in der Kliniksprache heißt. »Die schwierigsten Fälle landen bei uns«, sagt sie. Manche werden schon mal aggressiv, flippen aus, werfen mit Eimern oder Stühlen um sich. Da entstehen oft brenzlige Situationen. Aber es sind Menschen, die ihr viel geben. Menschen, die ihr in den zwei Jahren sehr ans Herz gewachsen sind. Die wollte sie nicht im Stich lassen. Und doch hat sie lange überlegt, ob sie den Job annehmen soll. Denn eigentlich findet sie es ziemlich unverschämt, wie man mit ihr umgegangen ist. »Man hat meine Lage ausgenutzt.«

Zwei Jahre arbeitete sie bereits in der Psychiatrie in Neustadt, Abteilung Pflege. Sie hatte einen befristeten Arbeitsvertrag, aber sie hatte allen Grund darauf zu hoffen, im Anschluss übernommen zu werden. Schließlich war man mit ihrer Arbeit sehr zufrieden. Zwei Tage vor Vertragsende dann die überraschende Wende. Ja, wir wollen Sie gerne weiterbeschäftigen, sagte die Geschäftsleitung und überreichte ihr den unterschriftsreifen Arbeitsvertrag. Merkwürdig nur, dass sie nicht bei Ameos, sondern bei einer neuen Firma angestellt sein sollte, der Ameos Servicegesellschaft Holstein mbH.

»Das machen doch alle Krankenhäuser«

Inzwischen weiß sie, was sich hinter dem bizarren Manöver verbirgt. Die Ameos Servicegesellschaft ist die hauseigene Leihfirma. Und über die heuert Ameos seit dem Frühjahr 2008 gezielt Personal für die Klinik an. Mitarbeiter wie Karin Diebel, deren Zeitverträge auslaufen, bekommen nur noch Anschlussverträge bei der Zeitarbeitstochter. Und auch neues Personal wird mit Vorliebe bei der Servicegesellschaft angestellt. Der Grund ist einfach: Das Krankenhaus will damit die Personalkosten senken. »Leiharbeit ist doch nichts Exotisches, das machen alle Krankenhäuser«, verteidigt Ameos-Geschäftsführer Michael Dieckmann. Und er hat recht. Auch private Konkurrenten und Uni-Kliniken verschieben inzwischen Personal in eigene Tochterfirmen, um bestehende Tarifverträge zu umgehen. Aber Ameos treibt die Umstrukturierung besonders energisch voran. »Wir haben ein großes Problem, das wir damit in den Griff bekommen wollen: Das sind die Ausfallzeiten der Mitarbeiter«, sagt Dieckmann. Von den 1900 Mitarbeitern in den Ameos-Kliniken in Schleswig-Holstein fehlten ständig 150 wegen Krankheit, Schwangerschaft oder Fortbildung. Diese Lücken sollen mit Kräften aus der hauseigenen Leihfirma gefüllt werden. »Das ist erst mal ein Versuch«, wiegelt der Ameos-Chef ab. »Wir wollen ausprobieren, ob das funktioniert.« Der Anteil der Leihkräfte werde deutlich unter zehn Prozent bleiben.

Für die Beschäftigten ist der Versuch allerdings mit schmerzhaften Einbußen verbunden. Als Leiharbeiterin bekommt Karin Diebel nun 1200 Euro netto im Monat, als Festangestellte hätte sie ein Drittel mehr bekommen. Sie bekommt geringere Zuschläge für die Arbeit in der Nacht und am Wochenende, auch beim Weihnachts- und Urlaubsgeld muss sie zurückstecken. Außerdem hat sie weniger Urlaub. Und nach zwei Jahren in der Klinik begann für sie erneut die Probezeit, sie machte zwar denselben Job, allerdings bei einem neuen Arbeitgeber. »Ich habe gedacht, das ist doch ein Witz, das können die nicht mit dir machen.« Ameos zeigte sich aber völlig humorfrei und stellte sie kühl vor die Alternative: Entweder Sie akzeptieren die Bedingungen oder Sie gehen.

Karin Diebel akzeptierte. Dabei war das Klima in der Klinik ohnehin schon äußerst angespannt. Die Ausgliederung des Personals in die hauseigene Leiharbeitsfirma war nur der vorläufige Höhepunkt eines erbitterten Streites an der Neustädter Klinik. Ein Streit zwischen Geschäftsleitung und Belegschaft, der direkt nach der Übernahme des ehemaligen Landeskrankenhauses durch den Schweizer Konzern Ameos im Jahr 2005 ausbrach und sich seitdem kontinuierlich verschärft hat. »Es ging immer ums Geld«, sagt der Hamburger Rechtsanwalt Gerhard Ceserano. Er vertritt den Betriebsrat der Klinik und kann sich über einen Mangel an Arbeit nicht beklagen. Die Prozessordner mit dem Schildchen Ameos füllen die Regale in der Elb-Sozietät. Sie erzählen davon, wie ein Konzern ein öffentliches Krankenhaus übernahm und anschließend auf Rendite trimmen wollte. Ameos gab dabei schon früh die Richtung vor. »Alle Einrichtungen, die länger als sechs Monate zur Gruppe gehören«, so wird Vorstandschef Axel Paeger mehrfach zitiert, »erwirtschaften aufs Jahr gerechnet eine Umsatzrendite von 20 Prozent. Das erreichen außer uns in Deutschland nur zwei Wettbewerber. Und das soll künftig so bleiben.«

Hohe Ziele: Zwanzig Prozent Umsatzrendite im Krankenhaus?

Paeger hat Ameos erst 2002 gegründet und nach eigenen Angaben inzwischen zu einem der »größten Anbieter psychiatrischer Einrichtungen in Europa« gemacht. Vor allem in Deutschland ist der Konzern stark vertreten, dort hat er gezielt öffentliche Kliniken und psychiatrische Einrichtungen übernommen. Über die Finanzierung dieses erstaunlichen Aufstiegs – der Konzern beschäftigt inzwischen 5500 Menschen an 35 Standorten und erzielt eine Bilanzsumme von insgesamt 350 Millionen Euro – hat es immer wieder Spekulationen gegeben. Nach Paegers Angaben haben Schweizer Pensionskassen das Geld bereitgestellt. In Gewerkschaftskreisen wird auch über private Geldfonds spekuliert, die den Aufstieg von Ameos finanziert haben sollen.

In jedem Fall hatte Paeger eine klare Strategie, wie die Kliniken nach vorn gebracht werden sollen: durch scharfe Einschnitte bei den Gehältern des Personals. Die Geschäftsleitung um Michael Dieckmann und Theresia Kleikamp machten sich nach der Übernahme zügig ans Werk. Neues Personal wurde nicht mehr – wie zuvor – nach dem Tarifvertrag für den öffentlichen Dienst eingestellt, sondern nach hausgemachten Regeln. Es gab harte Auseinandersetzungen, räumt Dieckmann ein. »Da sind Positionen aufeinandergeprallt, die sehr weit auseinanderlagen.« Neue Ärzte schnitten noch vergleichsweise gut ab, die Übrigen aber, das Pflege- und Küchenpersonal, die Betreuer und Therapeuten, mussten Einbußen bis 42 Prozent hinnehmen, so die Betriebsräte. Auch sie möchten lieber anonym bleiben. Das Klima sei so angespannt, dass auch sie um ihre Stellen fürchten müssten, sagt einer. Andere, die nicht die Immunität des Betriebsrates genießen, haben das schon erfahren müssen. Eine Frau, die sich in einem Fernsehbericht anonym über das Vorgehen der Klinikleitung beklagte, wurde trotz verstellter Stimme identifiziert und prompt gefeuert. Ihr Glück hat sie nun in Dänemark gefunden. Dort hat sie einen Job im Krankenhaus bekommen, dort verdient sie nun das Doppelte, heißt es.

Aber nicht alle können und wollen einfach wegziehen. Karin Diebel ist ja erst vor Kurzem umgezogen, um den Weg zur Klinik zu verkürzen. Sie will auch ihre Kinder nicht schon wieder aus ihrer gewohnten Umgebung reißen. Sie sieht mit Sorge, wie sich Angst und Misstrauen in der Klinik breitmachen. Sie sieht aber auch, wie Widerstandsgeist erwacht. Die Belegschaft hat sich dem Vorgehen der Geschäftsführung mehrfach entgegengestellt, es gab Protestaktionen, die Wirkung zeigten. Der Betriebsrat klagte gegen die neue Lohnpolitik der Klinikspitze und bekam vom Landesarbeitsgericht in Kiel Unterstützung. Derart willkürliche Eingriffe ins Tarifgefüge seien mitbestimmungspflichtig, befanden die Richter. Die Geschäftsleitung müsse den Betriebsrat einbeziehen, wenn sie die Löhne ganz nach eigenem Gusto gestalten wolle. Ein empfindlicher Dämpfer für die Klinik, über den die Belegschaftsvertreter nicht allzu lang jubeln konnten. Denn Ameos fand schnell neue Wege, um die anvisierten Ziele zu erreichen. Das Hospital senkte nun die Tarife bei Neueinstellungen generell um 20 Prozent gegenüber den Altverträgen – das, so befanden die Arbeitsrichter, sei auch ohne Zustimmung des Betriebsrates möglich. »Es ist wie beim Wettlauf zwischen Hase und Igel«, sagt ein Belegschaftsvertreter. »Wir laufen immer hinterher.«

So war das auch im vergangenen Jahr. Betriebsrat und Gewerkschaft wollten einen Haustarifvertrag durchsetzen, der an das Niveau der öffentlichen Kliniken angelehnt ist. Nach Monaten des erbitterten Ringens lenkte Ameos überraschend ein, sagte die Übernahme des Tarifvertrags der Länder zu, für alle, die künftig fest angestellt werden. Und selbst die Absenkung um 20 Prozent soll innerhalb von drei Jahren schrittweise wieder aufgehoben werden. Ein »erster wichtiger Durchbruch«, jubelte Oliver Dilcher, Sekretär der Dienstleistungsgewerkschaft Verdi. »Wir können selbstbewusst in die Zukunft schauen.« Und auch Dieckmann schlägt nun sanfte Töne an. Natürlich müsse Ameos auf die Finanzen schauen, und die Ausgaben für die Löhne machten nun mal 70 Prozent der Kosten aus. Aber Ameos sei ein solventes, gesundes Unternehmen. Massive Einschnitte seien kein Thema. Zumal der Spielraum da sehr begrenzt sei bei einem ehemals öffentlichen Hospital wie in Neustadt. »Da kann man nur in minimalen Schritten das Lohngefüge ändern.«

Aber in der Belegschaft trauen viele dem Frieden noch nicht so recht. Sie fragen sich, wer denn in Zukunft noch in den Genuss dieses Kompromisses kommen werde. Denn Ameos treibt die Auslagerung des Personals weiter voran, neue Mitarbeiter werden vorzugsweise über die hauseigene Leihfirma angestellt. Ameos gründete die Tochter während der laufenden Tarifverhandlungen, was Gewerkschaftsaktivist Dilcher »ungeheuerlich« findet, weil es die Verhandlungsatmosphäre nachhaltig gestört habe. Und noch im Spätherbst 2008, als sich der Konflikt zu entspannen schien, gab Ameos eine umfangreiche Bestellung für die Leihfirma auf. Gesucht wird Klinikpersonal jeglicher Couleur, angefangen von ärztlichen Schreibkräften über Alten- und Krankenpfleger, Erzieher und Heilerzieher bis hin zu Sozialpädagogen. Nur Ärzte müssen nicht damit rechnen, an die hauseigene Servicegesellschaft verwiesen zu werden.

Wohin das führen könnte, das lässt sich in dem Ameos-Klinikum Dr. Heines in Bremen studieren, nach eigenen Angaben das älteste private Hospital in Deutschland. Dort ist die Klinik-Kette mit ihrer Strategie weit gekommen. Zwar rebellierten Betriebsrat und Gewerkschaft gegen die Sparpolitik der Geschäftsleitung, und es schien, als ob die Belegschaft nach erbittertem Arbeitskampf einen bahnbrechenden Erfolg erzielt hätte. Fast neun Wochen streikten die Beschäftigten im Winter 2004, der Betrieb der Klinik wurde durch eine Notbesetzung aufrechterhalten. Erstmals heuerte die Klinikleitung Leihkräfte an, um die Lücken zu stopfen – ein Modell, das später Schule machen sollte. Nach gut zwei Monaten Ausstand lenkte die Geschäftsführung ein, akzeptierte die Tarife im öffentlichen Dienst als Referenzmarke, Kürzungen bei Urlaubs- und Weihnachtsgeld aber blieben. Ein Erfolg eigentlich für Gewerkschaft und Betriebsrat, aber es wollte so recht kein Jubel aufkommen.

Auch Torsten Riegert*, Pfleger in der Psychiatrie, empfand das Ergebnis als »faulen Kompromiss«, zu wenig sei herausgekommen nach so einem langen Kampf. Viele waren enttäuscht und ausgelaugt, die Belegschaft war des Kämpfens müde. So musste die Geschäftsleitung, die zu den Vorgängen keine Stellungnahme abgeben will, wenig Widerstand überwinden, als sie sich daranmachte, Plan B umzusetzen. Sie gründete – drei Jahre vor den Kollegen in Neustadt – eine hauseigene Leihfirma und verschob nach und nach Personal. Ein bequemer Weg, um die eben abgeschlossenen Tarifverträge zu umschiffen. Psychologen und Therapeuten, Pfleger und Betreuer finden seitdem überwiegend in der Bremer Servicegesellschaft eine Anstellung. So wie Torsten Riegert. Als sein Zwei-Jahres-Vertrag auslief, hatte er nur eine Chance, weiter bei Ameos zu bleiben: als Leiharbeiter. Für Riegert bedeutete das 500 Euro weniger

* Name geändert

Lohn, keine Schichtzulagen, längere Arbeitszeiten. »Eigentlich ist das unzumutbar für den Job«, sagt er. Aber er hat festgestellt: Es gibt wenig Alternativen. Inzwischen ist er aus privaten Gründen ins Ruhrgebiet gezogen. Dort hat er schnell einen neuen Arbeitsplatz gefunden: bei einer Leiharbeitsfirma. Ruhrmed heißt sie und ist speziell auf den Gesundheitssektor spezialisiert. Auf alle anderen Bewerbungen, die er direkt an Kliniken und psychiatrische Pflegeeinrichtungen geschickt hatte, erhielt er stets eine kurze Antwort: zurzeit leider kein Bedarf.

Vorbild Bremen: Ein Viertel der Belegschaft sind Zeitarbeiter

An der Klinik in Bremen, so schätzt Verdi-Sekretär Uwe Schmid, ist inzwischen ein Viertel der Belegschaft als Leiharbeiter beschäftigt. »Wir haben das lange Zeit nicht wahrgenommen«, sagt ein Betriebsrat, der lieber anonym bleiben möchte. Und jetzt werde es schwierig, das zurückzudrehen. Zumal sich die Belegschaftsvertreter auch ziemlich uneins sind, ob sich dafür ein erneuter Konflikt mit der Geschäftsleitung lohnt – schließlich stehen die Festangestellten doch ganz ordentlich da.

Bei den Kollegen in Neustadt ist das anders. Dort hat der Betriebsrat wiederholt die Zustimmung zur Einstellung von Leihkräften verweigert, was allerdings nur aufschiebende Wirkung hat. Nun fahren die Arbeitnehmervertreter schärferes Geschütz auf. Sie halten das ganze Leasing-Modell der Klinik schlicht für illegal – und haben geklagt. Die Begründung: Die Service-Tochter der Klinik sei gar keine richtige Verleihfirma, sie sei eine Art trojanisches Pferd, gegründet nur zu dem Zweck, der Muttergesellschaft billiges Personal zuzuführen. Und das, so meint der Hamburger Arbeitsrechtler Gerhard Ceserano, sei gesetzeswidrig. Er verweist auf ein Urteil des Landesarbeitsgerichts Schleswig-Holstein vom 18. Juni 2008.[40] Die Richter in Kiel mussten sich mit einem Verkehrsunternehmen befassen, das mehrere Busfahrer in einer Leihfirma ausgelagert hatte. Ein nicht zulässiger Vorgang, befanden die Richter, denn der Tochter fehlte alles, was eine Leihfirma ausmachte: die Lizenz, das Personal, die Infrastruktur. Es ist ein Urteil von wegweisender Bedeutung, mit dem sich demnächst das Bundesarbeitsgericht befassen muss – das unterlegene Unternehmen legte Berufung ein.

Dem Urteil blickt man nicht nur in den Ameos-Kliniken mit Spannung entgegen. Auch die staatliche Konkurrenz hat aufgemerkt, denn auch dort hat man die Vorzüge der Leiharbeit erkannt. Beispielsweise an der Uni-Klinik Essen. Das landeseigene Hospital hat 2006 die Leihfirma PSG gegründet. Neues Personal für die Klinik, so hat die Geschäftsleitung ganz unverblümt angekündigt, werde jetzt nur noch bei der Servicetochter angestellt. Das ginge nicht anders, sonst sei das Hospital nicht mehr wettbewerbsfähig.

Frieda Heimeroth* hat vor einem Dreivierteljahr in der Leihfirma angefangen. Sie arbeitet an der Pforte, nimmt Anrufe entgegen, erklärt Besuchern den Weg, reicht die Post weiter. Sie ist gelernte Verkäuferin, hat viele Jahre in Bäckereien gearbeitet, jetzt machen ihr die Beine zu schaffen, sie kann nicht mehr den ganzen Tag stehen. Deshalb hat sie gewechselt, hatte erst befristete Verträge am Klinikum; jetzt ist sie allerdings in die Leiharbeitstochter gerutscht. Besser als arbeitslos, sagt sie. Aber sie hofft, dass sie auf Dauer doch noch fest übernommen wird, allein des Geldes wegen. Sie arbeitet oft 50 Stunden in der Woche, damit sie halbwegs zurechtkommt. »Dann komme ich immerhin auf 1100 Euro, so viel brauche ich einfach zum Leben.« Sie könnte auch noch mehr Schichten bekommen, könnte noch öfter am Wochenende am Empfang sitzen. »Aber ein bisschen Privatleben will ich mir doch auch noch bewahren.«

* Name geändert

Heimeroth kann gut mit Geld umgehen, sie hat alles genau durchgerechnet. Ihr Einkommen reicht für eine kleine Wohnung am Stadtrand und ein gebrauchtes Auto, das braucht sie, um frühmorgens zur Arbeit zu kommen. Vor Jahren hat sie begonnen, auch noch ein paar Euro zur Seite zu legen, für die private Altersvorsorge. »Eigentlich ist das ja sinnlos, meine gesetzliche Rente wird ja kaum über 500 Euro liegen, da bin ich später sowieso auf Sozialhilfe angewiesen.« Frieda Heimeroth lässt sich davon nicht unterkriegen, sie versucht mit dem auszukommen, was sie hat. Und hin und wieder ist auch eine kleine Belohnung drin: Sie sammelt kleine Porzellan-Krüge und zierliche Glasfiguren. Das sind kostbare Stücke, für die spart sie oft mehrere Monate.

Kliniken in Not: Staatliche Unterfinanzierung und dramatischer Investitionsstau

Alexandra Willer, die Personalratschefin, kennt diese Fälle. Sie sieht, wie die Mitarbeiter Überstunden kloppen, um mit dem Geld klarzukommen. Und sie sieht, wie die Klinikleitung alle Hebel in Bewegung setzt, um die Löhne zu drücken. »Die sagen uns schon seit Jahren: Wir müssen sparen, sonst können wir den Laden dicht machen.« Die Personalrätin sieht auch den wirtschaftlichen Druck, der auf den Krankenhäusern lastet. Der Wissenschaftsrat zum Beispiel sprach in einer Studie von »oft dramatischen Investitionsrückständen« und einer bedenklichen Unterfinanzierung durch den Staat. Aber kann das auf dem Rücken der Beschäftigten abgeladen werden, fragt sich die Personalrätin. Ist Lohndumping die passende Antwort auf die wirtschaftlichen Engpässe?

Die Geschäftsführung der Uni-Klinik hält sich bedeckt, sie wollte sich dazu nicht äußern. Der Personalrat sagt Nein. Bislang hat die Belegschaftsvertretung – wie die Kollegen in Neustadt – alle Anträge der Klinikleitung für den Einsatz von Leiharbeitern abgelehnt, was allerdings wenig bewirkt hat. Spätestens der Aufsichtsrat überstimmte die Belegschaftsvertretung und sorgte so dafür, dass die Leihkräfte trotzdem eingestellt werden.

Die Folgen machen sich im Klinikalltag immer stärker bemerkbar. Die Kluft in der Belegschaft wird größer. Und mit den Ungleichheiten wachsen auch die Spannungen, gut gesicherte Festangestellte und billige Leiharbeiter begegnen sich täglich, verrichten die gleichen Jobs, nur werden sie höchst unterschiedlich behandelt. Die einen gehören zur Klinik, die anderen nicht. Das sorgt für Zündstoff. »Das Klima wird immer schlechter«, sagt ein Pfleger. »Und das schlägt sich auch immer mehr auf die Qualität der Pflege nieder.« Viele sind frustriert, weil sie das Gefühl haben, die Klinikleitung schaue nicht mehr auf ihre Leistungen, sondern nur noch auf die Kosten. »Diese Strategie macht den Laden kaputt«, so Belegschaftsvertreter Stefan Gastmeier.

Die Personalratschefin Willer berichtete dem Aufsichtsrat in einem Brief vom 26. Januar 2007 von »besorgniserregenden Zuständen« im Klinikum. Mobbing auf den Stationen nehme zu, viele versuchten, in anderen Häusern eine Stelle zu bekommen oder leisteten frustriert nur noch Dienst nach Vorschrift. »Wir mussten auch entsetzt mehrere Freitode zur Kenntnis nehmen.« Immer mehr Beschäftigte fürchteten den sozialen Abstieg, fürchteten, in die Leihfirma abgeschoben zu werden. Vorgesetzte drohten auch häufig mit dieser Möglichkeit, nutzten die Leihfirma »als Peitsche zur Erzielung noch höherer Arbeitsleistungen«. Das ernüchternde Fazit der Personalrätin: »So kann und wird das Universitätsklinikum Essen keine Zukunft haben.«

Geändert hat sich seitdem wenig. Die Geschäftsleitung schweigt und setzt ihren Sparkurs unbeirrt fort. Und auch intern gerät der Personalrat immer wieder unter Druck. Viele Festangestellte sind sauer, weil er die Einstellung von Leihkräften blockiert; so bleiben Stellen unbesetzt, und Ärzte und Pfleger wissen nicht, wie sie die Arbeit bewerkstelligen sollen. Auch Leiharbeiter wie Frieda Heimeroth sehen den Kurs des Personalrats mit gemischten Gefühlen. Natürlich ist sie gegen Lohndrückerei. Aber sie denkt auch: Hauptsache, ich bin erst einmal drin, vielleicht werde ich ja irgendwann mal übernommen.

Eine schwierige Lage für den Personalrat. »Das ist wie eine Lawine über uns gekommen«, stellt Alexandra Willer fest. Auch sie weiß nicht genau, wie viele Leihkräfte inzwischen in der Klinik arbeiten. 350 habe die Leitung beantragt. Wie viele von denen bereits im Dienst sind, wie viele vorher schon eingestellt wurden, ist unklar: das Direktorium behält die Zahlen für sich. Es könnten 200 sein, vielleicht auch schon 400.

»Wir werden das Feld nicht kampflos freigeben«, sagt Willer entschlossen. Es gehe hier doch um etwas ganz Grundsätzliches: Es gehe darum, wie viel uns die Arbeit in einem Krankenhaus noch wert sei. »Alle wollen doch, dass sie in den Krankenhäusern gut behandelt werden. Dann kann man aber die Leute, die dort arbeiten, nicht bis zum Letzten ausquetschen.«

Zumal die wirtschaftliche Lage gar nicht so schlecht ist. Die Uniklinik Essen etwa verbuchte 2007 Erträge in Höhe von 434 Millionen Euro, das waren 16 Millionen mehr als ein Jahr zuvor. Unter dem Strich stand ein Plus von knapp 5 Millionen Euro.

Erfreulich sind auch die Zahlen, die die Ameos-Krankenhäuser vorlegten. Die Klinik in Neustadt erwirtschaftete 2006 – neuere Zahlen liegen nicht vor – einen Vorsteuergewinn von 2,9 Millionen Euro, bei einem Umsatz von gut 90 Millionen. Auch die Bremer Einrichtung »ist im regionalen Wettbewerb gut positioniert«, wie es im Jahresbericht heißt, und weist gegenüber »öffentlichen Krankenhäusern Wettbewerbsvorteile« auf, was sich in einem Überschuss von 1,1 Millionen Euro bemerkbar macht.

Kapitel 7.3

Medien – Verlage auf Konfliktkurs mit der Belegschaft

Schon an der Pforte wurde er gestoppt. Torsten Vorweg* kam nicht rein. Er hielt seinen Hausausweis, seit Jahren seine bewährte Eintrittskarte, unter den Scanner, aber die Drehtür bewegte sich nicht. Es war die wenig charmante Erinnerung daran, dass für ihn eine neue Zeitrechnung bei der Allgemeinen Zeitung begonnen hatte. Der Hausausweis war ungültig, die Email-Adresse funktionierte auch nicht mehr. Ein verstörendes Gefühl, denn eigentlich tat Torsten Vorweg doch nur das, was er schon seit Jahren täglich bei der Allgemeinen Zeitung tat: Er trat seinen Dienst in der Sportredaktion an. Acht Jahre hatte er als freier Mitarbeiter dort gearbeitet, schon während des Studiums hatte er für das Blatt geschrieben, hatte sich vor allem die Wochenenden um die Ohren geschlagen, das sind im Sport die Großkampftage. Dann das Volontariat und die anschließende Übernahme. Eigentlich lief alles nach Plan. Und doch geriet gerade einiges aus den Fugen. Denn die Übernahme kam einer Degradierung gleich. Torsten Vorweg – das wurde ihm spätestens an der Pforte wieder schmerzhaft bewusst – hatte den Sprung nicht geschafft. Er war kein normaler Redakteur, er war nur eine Leihkraft, ein Mitarbeiter zweiter Klasse. Nicht angestellt beim Verlag, sondern bei der neu gegründeten Leiharbeitsfirma des Hauses.

* Name geändert

»Wir wollen Sie unbedingt halten«, hatte ihm sein Chef noch gesagt, was ihm natürlich schmeichelte, man schätzte seine Arbeit. »Aber es geht nur zu diesen Konditionen.« Das bedeutete konkret: Er bekam ungefähr 500 Euro weniger als die Kollegen. Und diese Kluft würde sich in den nächsten Jahren noch vergrößern, denn für Leihkräfte sind große Gehaltssprünge nicht vorgesehen. Für den dreifachen Familienvater eine schmerzliche Aussicht. Dabei will er nicht ungerecht sein. Er ist dankbar, betont er mehrfach, dass man ihm die Gelegenheit gab, sich zu bewähren, dass er hier eine solide Ausbildung bekam, auf die er nun aufbauen kann. Und doch bleibt ein bitterer Geschmack. Warum machen die das, fragt er sich. An der globalen Finanzkrise kann es nicht liegen, auch nicht an der Rezession in Deutschland, denn die war noch nicht in Sicht, als Torsten Vorweg von seiner Degradierung erfuhr. Die Verlagsgruppe Rhein Main fuhr ordentliche Gewinne ein, die Werbeeinnahmen sprudelten – von Krise konnte im Sommer 2006 nun wahrlich nicht die Rede sein. Schwer verständlich für Torsten Vorweg, warum das Pressehaus, das in Mainz und Wiesbaden unangefochtener Platzhirsch ist, zu so drastischen Sparmaßnahmen griff. Personalchef Holger Deets ließ auf Anfrage ausrichten, der Verlag werde sich dazu nicht äußern.

Norddeutsche Vorreiter – Verlage auf der Suche nach Sparmöglichkeiten

Der traditionsreiche Regionalverlag, nach eigenen Angaben einer der »kompetentesten Werbepartner und führenden Informationsanbieter in der wirtschaftsstarken Rhein-Main-Region«, befindet sich in illustrer Gesellschaft. Scharenweise sind die Verlage in den vergangenen Jahren aus dem Flächentarifvertrag ausgestiegen, um den hohen Branchentarifen der Dienstleistungsgewerkschaft Verdi zu entgehen. Neuester Spartrick ist die Gründung hauseigener Verleihfirmen. Ein Trend, der wie eine Welle über die Branche schwappt. Vor allem in Norddeutschland lagern die Verlage massenhaft Personal aus. Bei der Nordwest-Zeitung in Oldenburg sind nach Angaben des Betriebsrates inzwischen schon 50 Mitarbeiter bei der NW-Personaldienstleistungsgesellschaft mbH & Co. KG (NWP) angestellt, das sind rund zwölf Prozent der Belegschaft.

Im benachbarten Vechta hat die Oldenburgische Volkszeitung den gleichen Weg eingeschlagen, die Braunschweiger Zeitung setzt inzwischen ebenfalls auf billige Leihkräfte, ebenso die Wilhelmshavener Zeitung und der Weser-Kurier. Der Deutsche Journalisten-Verband (DJV) hat 16 Zeitungsverlage gezählt, die hauseigene Leihfirmen gegründet haben, eine Liste, die keinen Anspruch auf Vollständigkeit erhebt, wie der DJV betont. Die Übersicht bestätigt die Vorreiterrolle norddeutscher Verlage, zeigt aber, dass Leihkräfte auch in südlichen Gefilden mehr und mehr zum festen Verlagsbestandteil werden. Von der Neuen Westfälischen in Bielefeld bis zur Mainpost in Würzburg, von der Märkischen Oderzeitung bis zum Donaukurier, das Sparmodell Zeitarbeit ist in Mode gekommen. Und anders als in vielen anderen Branchen verlassen sich die Verlage nur ungern auf externe Dienstleister, sondern nehmen das Geschäft lieber selbst in die Hand.

Einige Verlage, wie die Braunschweiger Zeitung, lassen den redaktionellen Bereich unberührt und lagern nur Personal aus Produktion und Vertrieb aus. Andere, wie die Nordwest-Zeitung, kennen solche Vorbehalte nicht. Über zehn Prozent der Redakteure, so Betriebsratschef Ulrich Janssen, sind inzwischen Leihkräfte. Volontäre werden inzwischen generell bei der Zeitarbeitstochter angestellt, was Janssen für besonders problematisch hält. Denn im Gesetz sei doch nur von Arbeitnehmerüberlassung die Rede, nicht von Ausbildung.

Der Betriebsrat der Nordwest-Zeitung liegt seit 2004, als die ersten Leihkräfte angestellt wurden, mit der Geschäftsführung über Kreuz. Dabei sind die Belegschaftsvertreter nicht generell gegen Zeitarbeit: Wenn sie dazu diene, kurzfristige Auftragsschwankungen auszugleichen, dann sei das in Ordnung, sagt der stellvertretende Betriebsratschef Jan Lehmann. Aber »bei uns werden dauerhaft geltende Tarifverträge unterlaufen, und das können wir nicht akzeptieren.« Die Stimmung im Verlag habe sich verschlechtert, sagt Lehmann. Festangestellte fürchteten um ihre Arbeitsplätze, die Leihkräfte seien unzufrieden, weil sie schlechter bezahlt werden. Und warum das Ganze? Folgt die Geschäftsleitung strengem betriebswirtschaftlichen Kalkül, muss sie so handeln, um wettbewerbsfähig zu bleiben? Braucht der Verlag mehr Flexibilität, kann er sich die hohen Personalkosten nicht mehr leisten? Die Geschäftsleitung schweigt, man habe in der Vergangenheit schlechte Erfahrungen mit der Presse gemacht, fügt Geschäftsführer Herbert Siedenbiedel an.

Auch beim Braunschweiger Zeitungsverlag hält man sich bedeckt. Zu innerbetrieblichen Abläufen, so lässt Verlagschef Markus Beermann ausrichten, nehme man keine Stellung. Das traditionsreiche Pressehaus, das 1867 die erste Zeitung herausgab, stellt seit dem 1. April 2007 neues Personal nur noch bei der hauseigenen Zeitarbeitstochter DVS an. Das hat die Geschäftsleitung dem Betriebsrat schriftlich gegeben, und das wird seitdem auch praktiziert, wie Belegschaftsvertreter Volker Stehr bestätigt. Nur ein Bereich ist ausgenommen von der Sparstrategie: Redakteursstellen werden nicht mit Leihkräften besetzt.

Inzwischen, so schätzt Stehr, sind bei Verlag und Druckerei insgesamt rund hundert Leihkräfte engagiert. Wenn das so weitergeht, so fürchtet der Chef des Betriebsrats, »dann sind hier bald nur noch Leiharbeiter angestellt«. Die Belegschaftsvertretung kann da wenig

Torsten Häusler*, arbeitet in der Druckerei eines großen Verlages

Ich bin gelernter Betonbauer. Ich war dann vier Jahre bei der Bundeswehr, das hat mich rausgehauen. Ich habe später eine Umschulung zum Elektriker gemacht. Jetzt arbeite ich seit dreieinhalb Jahren in einer Druckerei. Erst hatte ich einen Zeitvertrag, über zwei Jahre, da hab ich gut verdient, genauso viel wie die Festangestellten. Dann hieß es: Sie können hier weiterarbeiten, aber nur in unserer hauseigenen Zeitarbeitsfirma. Da verdiene ich viel schlechter.

Aber noch schlimmer ist das ständige Spießrutenlaufen, das ist schon kein Mobbing mehr. Uns Leiharbeitern werden Fehler untergeschoben, die wir nicht gemacht haben. Wir werden als doof hingestellt. »Du bist nichts, du kannst nichts«, sagen die Festangestellten. Als ich anfing an der Rotationspresse, da hat mir keiner erklärt, was ich eigentlich machen soll. Es gab keine Einweisung. Ich musste mir das selber beibringen, habe mir das bei den anderen dann abgeguckt, wie das geht. Wenn ich gefragt habe, hieß es dann gleich: Stell dich nicht so doof an.

Es ist ein unangenehmes Klima. Die Leiharbeiter und Zeitverträgler müssen sich abmelden, wenn sie auf Toilette gehen, die Festangestellten natürlich nicht. Ich bin oft fix und fertig, wenn ich abends nach Hause komme. Was habe ich getan, dass die so fies sind. Hinter dem Rücken wird gelästert, es werden Gerüchte in Umlauf gebracht. Ständig wird auf einem rumgehackt. Ich fahre immer mit dem Fahrrad, weil ich mir kein Auto leisten kann. Dann heißt es gleich: Hey, hast du keinen Führerschein, warst Du zu blöd für die Prüfung? So geht das die ganze Zeit. Das macht mich fertig. Die sind alle sehr überheblich, die signalisieren die ganze Zeit: Du bist was Schlechteres als wir. Du gehörst nicht zu uns. Auch der Betriebsrat kümmert sich nicht um uns. Ich bin zwar in der Gewerkschaft, aber das ist rausgeschmissenes Geld.

Ich frage mich oft: Wie lange willst du das noch machen? Aber ich bin ja froh, überhaupt einen Job zu haben. Ich bin jetzt 45. Da hat man nicht mehr viele Wahlmöglichkeiten.

* Name geändert

ausrichten. Stehr und seine Mistreiter widersprechen zwar regelmäßig den Anträgen der Geschäftsleitung, wenn diese Leiharbeiter einsetzen will. Aber die Arbeitsgerichte ersetzen meist das ablehnende Votum des Betriebsrates.

Dabei ist die Begründung, die die Geschäftsleitung dem Betriebsrat schriftlich gab, durchaus heikel. Von vorübergehenden Auftragsschwankungen war da nicht die Rede, auch nicht von mehr Flexibilität. Es geht schlicht ums Geld. »Ziel ist die nachhaltige Verbesserung der Wettbewerbsfähigkeit. Hierzu sind Kosteneinsparungen aufgrund des sich verschärfenden Wettbewerbs unumgänglich«, erläutert die Verlagsspitze in dem Schreiben an den Betriebsrat. »Mit dieser Maßnahme soll die notwendige Strukturveränderung der Personalkosten erzielt werden.«

Aber steht es wirklich so schlecht um den Verlag, der inzwischen von der WAZ-Gruppe übernommen wurde, als dass er sich nur noch Leihkräfte leisten kann? Die Frage ist schwierig zu beantworten, da der Verlag keine Bilanzen veröffentlicht. Der Betriebsrat hat einen anderen Eindruck. »Nach allem, was wir wissen«, meint Volker Stehr, »sind wir ein sehr gesundes Unternehmen. Das Haus macht Gewinn.«

Auch bei der Nordwest-Zeitung kann es keine akute Not sein, die den Verlag zur Leiharbeit zwingt – das zeigt ein Blick in die jüngste Konzernbilanz. 2006 erwirtschaftete die Nordwest-Medien GmbH demnach 119 Millionen Euro, unter dem Strich stand ein Gewinn von 11,5 Millionen Euro, ein Viertel mehr als ein Jahr zuvor. Von solcher Leistungskraft träumen andere Branchen, eine Umsatzrendite von knapp zehn Prozent, das kann sich sehen lassen. Inzwischen hat sich die Lage allerdings auch für die Verlage geändert, der Abschwung hat die Medienbranche erfasst, die Werbeeinnahmen fließen spärlicher. Aber in den vergangenen Jahren, so der Medienexperte Horst Röper vom Dortmunder Formatt-Institut, hätten

Unternehmen wie die Nordwest-Zeitung ausreichend Reserven angehäuft, um die derzeitige Krise gut zu überstehen.

Die Goldgräberstimmung der 90er Jahre ist vorbei

In den neunziger Jahren herrschte geradezu Goldgräberstimmung in den Verlagen. Es war die Zeit, als Umsätze und Gewinne in märchenhafte Dimensionen emporschnellten und die Verlage nicht wussten, wohin mit dem Geld. Umsatzrenditen von 20 bis 30 Prozent, so Röper, waren keine Seltenheit, was die Risikobereitschaft in gefährliche Höhen schraubte. Reihenweise verbrannten die Verlage Millionensummen in schlecht vorbereiteten Internet-Projekten oder neuen Luxus-Beilagen. Manch einer holte sich auch auf unbekanntem Terrain wie dem Privatrundfunk eine blutige Nase. Als die Internet-Blase platzte, war die Party dann endgültig vorüber. Es begann das große Reinemachen, die Verlage speckten ab, unrentable Prestigeprojekte wurden abgestoßen. »Heute sind die Verlage viel schlanker als noch vor zehn Jahren«, sagt Medienbeobachter Röper.

Die Verhältnisse haben sich geändert. Die Auflage der meisten Zeitungshäuser sinkt, es hat ein Verdrängungskampf um die sensible Werbekundschaft eingesetzt. Die traumhaften Ergebnisse der neunziger Jahre sind in weite Ferne gerückt. Aber die meisten Verlage, urteilt Horst Röper, stehen auf gesunden Füßen. Das gilt insbesondere für jene Konzerne, die auf ihren lokalen Märkten keine ernsthafte Konkurrenz fürchten müssen. »Die hätten es nicht nötig, durch Leiharbeit die Löhne zu drücken«, sagt Röper.

Nicht nur der Medienexperte fürchtet, dass die neue Sparwelle allzu kurzsichtig auf eine höhere Rendite zielt – und außer Acht lässt, dass langfristig das Produkt, die Zeitung, leiden könnte. »Die Qualität wird sicherlich nicht besser, wenn man immer mehr auf unterbezahlte Leihredakteure setzt«, sagt der Betroffene Torsten Vorweg.

»Man kommt sich vor wie ein Aussätziger, man gehört einfach nicht richtig dazu.« Und das ist auf Dauer nicht gut für Motivation und Betriebsklima. Torsten Vorweg hat das nicht lange ertragen. Nach einem halben Jahr hatte er etwas Besseres gefunden. Er arbeitet jetzt bei einem Online-Dienst, fest angestellt und unbefristet.

Es geht auch anders: Die Augsburger Allgemeine kehrt der Leiharbeit den Rücken

Wer diese Wahl nicht hat, muss sich auf einen längeren Aufenthalt in der Leiharbeit einstellen. Denn noch fährt der Zug mit voller Kraft in diese Richtung. Strategische Risiken wie etwa die Schwierigkeit, kompetente Mitarbeiter dauerhaft an sich zu binden, werden geflissentlich übergangen. Dass es auch anders geht, hat die Augsburger Allgemeine Zeitung vorgemacht. Sie hat Anfang 2009 sämtliche Leiharbeiter wieder in den Konzern eingegliedert. Ein »erster Erfolg gegen Leiharbeit in Zeitungsverlagen«, wie die Dienstleistungsgewerkschaft Verdi kommentierte. Ein Erfolg, der die »Folge einer intensiven Betriebs- und Öffentlichkeitsarbeit war«. Der Verlegerfamilie Holland, die ansonsten viel Wert auf ihr soziales Engagement legt, »wurde das einfach peinlich«, argumentiert der stellvertretende Personalratschef Stefan Merk. 130 Leihkräfte arbeiteten in dem Verlag, davon 30 in der Redaktion. Die kehren nun alle wieder zurück ins große Verlagsboot – allerdings wird ein Großteil gleich wieder ausgegliedert. Der Versand zum Beispiel soll in eine eigene Gesellschaft ohne Tarifbindung verschoben werden. Das macht neue Verhandlungen über Entlohnung und Arbeitszeiten nötig. Aber besser als in der Leiharbeit werde es auf jeden Fall, sagt Betriebsrat Merck. Der Verlag kann es sich auch leisten, für 2006, das sind die letzten verfügbaren Daten, legte er einen goldgeränderten Jahresabschluss vor. Bei einem Umsatz von 191 Millionen Euro wies das Unternehmen einen Bilanzgewinn von 25 Millionen aus, 80 Prozent mehr als ein Jahr zuvor. Inzwischen dürfte auch in Augsburg die Wirtschaftskrise ihre Spuren hinterlassen haben. Aber akute Not sei noch nicht ausgebrochen, sagt Betriebsratschefin Ilona Hilsmann. »Dem Verlag geht es ziemlich gut.«

Kapitel 8

Zeitarbeit in Europa – Wie machen es die Nachbarn?

»Das ist ein großer sozialpolitischer Durchbruch«, jubelte die SPD-Europaabgeordnete Erika Mann. Am 22. Oktober 2008 hatte das Europaparlament nach einem jahrelangen Tauziehen endlich die neue Richtlinie zur Zeitarbeit verabschiedet. Danach sollen Leiharbeiter künftig vom ersten Tag an gleich behandelt werden wie die Stammbeschäftigten. »Diese Forderung wurde von mir schon lange unterstützt«, freute sich Mann.

Damit ist ein jahrelanger Streit innerhalb der EU beigelegt. Der EU-Kommissar für den Bereich Arbeit, Vladímír Špidla, hatte bereits 2002 den ersten Entwurf vorgelegt, der jedoch auf doppelte Kritik stieß: Der Mehrheit im Europaparlament war der Vorschlag nicht forsch genug, einer Minderheit im Ministerrat dagegen gingen die Ideen des Tschechen viel zu weit. Špidla wollte länderübergreifend für einheitliche Regeln in der Leiharbeit sorgen, wollte den Schutz der Beschäftigten erhöhen. Seine Stoßrichtung war klar: Leiharbeiter sollten genauso behandelt werden wie Festangestellte. Allerdings wollte er den Gegnern den Entwurf mit einer Übergangsfrist von sechs Wochen schmackhaft machen. Er stieß damit aber vor allem bei zwei Ländern auf hartnäckigen Widerstand: bei Großbritannien und überraschenderweise auch bei Deutschland. Das SPD-geführte Arbeitsministerium in Berlin stand – von der deutschen Öffentlichkeit weitgehend unbemerkt – in Brüssel hartnäckig auf der Bremse, wenn über neue Spielregeln für die Leiharbeit verhandelt wurde. »De facto hat Deutschland im Rat den Versuch unternommen, deutsches Arbeitsrecht über die EU auszuhöhlen«, empörte sich die grüne Abgeordnete im Europaparlament, Elisabeth Schroedter, noch im Dezember 2007, als die Verhandlungen wieder einmal gescheitert waren. »Es ist höhnisch, dass die Bundesregierung zu Hause vom Schutz der Arbeitnehmer im Bereich der Leiharbeit und des Mindestlohns spricht und der Arbeitsminister auf europäischer Ebene die Verbesserung der Rechte von Leiharbeitern blockiert.«

Die Blockade löste sich erst, als sich die Tarifparteien in Großbritannien im Mai 2008 auf neue Regeln für die Leiharbeiter verständigten. Danach gilt auf der Insel künftig: Leiharbeiter verdienen nach drei Monaten im Betrieb genauso viel wie das etablierte Personal. Die Sperrminorität im Ministerrat bröckelte, im Herbst verabschiedete das Europaparlament die neue Richtlinie. Ein Durchbruch ist sie allerdings nur bedingt. Zwar schreibt sie als Ziel die Gleichbehandlung von Leih- und Stammkräften fest, öffnet aber gleichzeitig ein Schlupfloch, das die Richtlinie entscheidend schwächt. Demnach können die Tarifparteien in den Mitgliedsländern abweichende Regeln vereinbaren. Im Klartext: In Deutschland – wie auch in den meisten anderen Ländern – bleibt alles beim Alten. Das räumt auch die SPD-Abgeordnete Mann ein. »Der weitverbreiteten Ungleichbehandlung von Leiharbeitnehmern und Stammbeschäftigten können wir nur durch eine Novellierung des Arbeitnehmerüberlassungsgesetzes einen Riegel vorschieben. Wir müssen gesetzlich sicherstellen, dass das Prinzip vom gleichen Lohn für gleiche Arbeit uneingeschränkt gilt.« Es gibt da nur ein Problem: Die regierenden Parteifreunde in Berlin zeigen wenig Bereitschaft, die Sache anzupacken.

KAPITEL 8.1

Österreich: Klare Verhältnisse

Eine großblättrige Pflanze lugt zwischen den Stapeln hervor, die sich auf dem Schreibtisch auftürmen. Davor, eingekeilt von Aktenordnern, Gesetzestexten, Handbüchern und Kommentaren, sitzt Franz Kisling, Sekretär der Gewerkschaft Textil-Metall-Nahrung. Ein Mann, der sich in der Zeitarbeitsbranche einen Namen gemacht hat, weil er Unternehmen vor Gericht bringt, die ihre Leihkräfte nicht ordentlich bezahlen. Und da hat er eine ganze Menge zu tun. Kisling deutet auf einen Aktenordner in dem wackeligen Stapel. Da ging es um zwei Millionen Euro, sagt er. Soviel musste das Unternehmen berappen, weil es bei den Lohnabrechnungen geschummelt hatte. 420 Euro, so kam bei der Begutachtung heraus, hatte das Unternehmen seinen Leihkräften monatlich vorenthalten. Nun muss der Konzern nachzahlen, für zwei Jahre. Die Strafe wird den Delinquenten, einen Konzern aus dem Maschinenbau, in keine Krise stürzen, aber unangenehm ist sie doch. Sie erinnert daran, dass es für Zeitarbeit ziemlich klare Regeln in Österreich gibt. Die wichtigste lautet: Die Leihkräfte haben Anspruch auf die »ortsübliche Entlohnung«, wie es im Gesetz heißt. Zeitarbeiter müssen demnach genauso bezahlt werden wie die Stammbelegschaft. Im Einzelfall haben sie sogar Anspruch auf einen satten Zuschlag auf den Branchentarif. Dieser Zuschlag kann bis zu 34 Prozent betragen, etwa wenn der Betrieb Leistungsprämien an die Stammbelegschaft zahlt.

In solchen Fällen wird es kompliziert. Dann kann das Unternehmen nämlich wählen: Es zahlt den Leihkräften exakt den Lohn, den auch die Festangestellten bekommen. Oder es zahlt den normalen Branchentarif plus ein Drittel an Zulage.

Erstaunlich sind beide Varianten. Während die Leihkräfte in Deutschland meist ein Drittel weniger verdienen als ihre fest angestellten Kollegen, bekommen die im alpinen Nachbarland noch üppige Zulagen. Und falls mal ein Unternehmen bei der Abrechnung schlampt, dann steht die Gewerkschaft parat und klagt. Das hat auch der Schweizer Autozulieferer Georg Fischer erlebt. Der Konzern musste sich von der Gewerkschaft vorrechnen lassen, dass er bei den Leihkräften zu knauserig war – und zahlte nach. Wie in den meisten Fällen, sagt Kisling, kam es gar nicht zum Urteil, die Parteien einigten sich außergerichtlich. Für den Metallkonzern war das nicht schön, aber auch kein Grund, die Spielregeln für die Zeitarbeit infrage zu stellen. Insgesamt, so betont Personalchef Daniel Bacher, »sind wir sehr zufrieden damit, wie die Zeitarbeit bei uns organisiert ist«.

Der Konzern, der Kurbelwellen, Einlasskrümmer und Zylinderkopfhauben für die Autoindustrie herstellt, zählt zu den sogenannten Intensivnutzern. In Spitzenzeiten, als die Konjunktur brummte und sich die Auftragsbücher schneller füllten, als die Stammbelegschaft arbeiten konnte, da stellte der Konzern in großem Stil Zeitarbeiter ein, in einigen Werken machten sie ein Drittel der Belegschaft aus. Weil nun aber die Autoindustrie in ein tiefes Konjunkturloch gestürzt ist, laufen auch bei Fischer die Maschinen nur noch mit halber Kraft. Von den 200 Zeitarbeitern ist kaum noch einer da, fast alle wurden nach Hause geschickt. Für den Konzern ein bequemer Weg, die Belegschaftsstärke der Auftragslage anzupassen. »Wir brauchen diese Flexibilität, um mithalten zu können«, argumentiert Bacher. Im Aufschwung besorgt sich der Konzern schnell zusätzliches Personal, das er dann im Abschwung ebenso mühelos wieder loswird, ohne Abfindungen und mit kurzen Kündigungsfristen, meist nicht mehr als ein oder zwei Wochen. Nach diesem Prinzip funktioniert das Geschäft. Nur sind die Unternehmen im Alpenland – anders als in Deutschland – bereit, für diese Flexibilität einen ordentlichen Preis zu bezahlen. Sie speisen die Leihkräfte nicht mit Dumpinglöhnen ab, sondern zahlen ihnen Gehälter, von denen die meisten Kollegen in Deutschland nur träumen können.

Und das Erstaunliche an der Sache ist: Alle sind zufrieden mit der Regelung. Die Gewerkschaften, die Beschäftigten, die Entleiher und die Verleiher. Unisono loben sie die gesetzlichen Regelungen, die der Zeitarbeit in Österreich den Ruch des Unanständigen nahmen. Allesamt stehen sie hinter der Reform, die dafür sorgte, dass Leiharbeiter genauso behandelt werden müssen wie Festangestellte.

Am 15. Januar 2002 verständigten sich die Verhandlungsführer von Arbeitgebern und Gewerkschaften nach monatelangen Verhandlungen auf eine grundlegende Neuordnung der Leiharbeit in Österreich. Diese Neuordnung, so konstatiert Gerhard Flenreiss, der Verhandlungsführer der Zeitarbeitsbranche, »beendete endgültig die Goldgräberstimmung der neunziger Jahre. Diese Zeit ist vorbei und wird nicht wiederkommen.« Aber die Branche gewann im Gegenzug etwas, was ihr auf Dauer mehr einbringen sollte als die Traumgewinne der vergangenen Dekade: eine hohe gesellschaftliche Akzeptanz. Das zeigte sich schon kurz nach dem Durchbruch am Verhandlungstisch. Da hängten die Gewerkschaften große Plakate auf mit dem irritierenden Slogan: »Das Ende der Leiharbeit«. Da liefen bei Flenreiss die Leitungen heiß, viele aus der Branche wollten wissen, was denn jetzt los sei, sie hätten gedacht, es gebe einen Kompromiss. Dabei wollten die Gewerkschaften gar keine neue Konfliktphase einläuten, sondern sich vielmehr von altem Ballast trennen. Sie nahmen öffentlich Abschied vom Kampfbegriff Leiharbeit, was Flenreiss mit dem Gegenslogan konterte: »Der Anfang der Zeitarbeit«. Gewerkschaftschef Rudolf Nürnberger widersprach nicht, er hatte Leiharbeit längst zum unzeitgemäßen Unwort erhoben. Ein Signal, wonach die alten Grabenkämpfe weitgehend beendet waren. Bei den Verhandlungen, so der einst flammende Leiharbeitsgegner, sei ein »herzeigbarer Kollektivvertrag« herausgekommen, der die Branche endgültig aus der Schmuddelecke herausgeholt habe. »Zeitarbeit«, so Nürnberger, »ist mittlerweile, auch aus Sicht der Gewerkschaft, aus einer funktionierenden, flexiblen Wirtschaft nicht mehr wegzudenken«.[41]

Entspannte Gewerkschafter, zufriedene Arbeitgeber – Alle können mit dem Kompromiss leben

Welch eine Zeitenwende. Der Kompromiss markierte das Ende einer langen Phase, in der die Tarifparteien sich erbittert bekämpft hatten. Während die Arbeitgeber satte Gewinne einfuhren und die Zeitarbeit über den grünen Klee lobten, malten die Gewerkschaften die Zustände in der Branche in den dunkelsten Farben. »Es gab nicht nur einzelne schwarze Schafe, sondern ganze Herden, die effektiv Menschenhandel betrieben«, so Arbeiterführer Nürnberger rückblickend über die Leiharbeitsbranche in den achtziger und neunziger Jahren. Unter »schamloser Ausnutzung persönlicher Notlagen« hätten die Firmen in geradezu erpresserischer Weise Gesetze und Tarifverträge umgangen. Verstöße seien – wenn überhaupt – mit lächerlich geringen Strafen geahndet worden. Leiharbeiter seien nicht selten in Baracken zusammengepfercht worden, manchmal diente auch ein Hühnerstall als Quartier. Sie mussten unter unwürdigen Bedingungen zu Dumpinglöhnen schuften, Überstunden wurden selten bezahlt, bei Krankheit drohte die Kündigung. Auf Gewerkschaftskongressen wurde regelmäßig ein »Verbot der Sklavenarbeit« gefordert. Allerdings ohne Erfolg.

Gleichzeitig schnellte die Zahl der Leiharbeiter in die Höhe, sie verdreifachte sich in den neunziger Jahren und bescherte den Leihfirmen üppige Gewinne. Aber auch in der Wirtschaft wuchsen die Sorgen über die Zustände in der Branche. Viele Billigfirmen tauchten auf, die mit Dumpinglöhnen das schnelle Geld und den seriösen Anbietern das Terrain streitig machten. Die Geschäfte liefen glänzend, aber die Stimmung wurde schärfer. Strategisch denkende Köpfe wie Flenreiss sahen mit Unbehagen, dass das Image der Zeitarbeitsfirmen nachhaltig Schaden zu nehmen drohte. »Die soziale und wirtschaftliche Situation war nicht mehr haltbar«, bemerkte auch Harald Kaszanits von der Wirtschaftskammer Österreichs.

Dabei hatte es schon einmal einen hoffnungsvollen Versuch gegeben, der Branche ordentliche Manieren beizubringen. 1988 war das, als die damals regierenden Sozialdemokraten der Branche mit dem Arbeitnehmerüberlassungsgesetz (AÜG) klare Regeln vorgeben wollten. Schon damals lautete der Grundsatz: Leiharbeiter sollen genauso behandelt werden wie die übrigen Beschäftigten. Aber das ganze Gesetz war so schlampig und unpräzise formuliert, dass es viel Spielraum für Interpretationen gab, der zum Missbrauch geradezu einlud, sagt Johann Höfler, Gründer und Chef der Zeitarbeitsfirma T.T.I. Personaldienstleistung. Zunächst aber glaubten auch Gewerkschafter und Betriebsräte, mit der Novelle sei das Ende der unseriösen Anbieter gekommen, nun sei für den Schutz der Leiharbeiter gesorgt. »Der Optimismus währte nur kurz«, sagt Höfler. Nach zwei Jahren »tummelten sich mindestens genauso viele zweifelhafte Anbieter am Markt wie vor Einführung des Gesetzes«.

Und viele neue kamen hinzu; während die Zeitarbeit in Deutschland noch ein Nischendasein fristete, erlebte die Branche in Österreich den ersten Boom, die Zahl der Leihkräfte verdreifachte sich in der Dekade, neue Leihfirmen schossen wie Pilze aus dem Boden.

Aber mit dem Boom verschärfte sich auch die Stimmung in den Betrieben. Die Gewerkschaften starteten Ende der neunziger Jahre eine Kampagne gegen die aus ihrer Sicht entwürdigenden Zustände. Sie zogen gegen Dumpinglöhne vor Gericht, mobilisierten ihre Anhänger, hielten Informationsveranstaltungen in den Betrieben ab. Die Stimmung heizte sich auf. Und in der Wirtschaft sah man mit Sorge, dass jene Zulauf bekamen, die der Leiharbeit am liebsten ganz den Garaus machen wollten.

Lohndumping bringt den Unternehmen langfristig nichts, sagen die Arbeitgeber

Gerhard Flenreiss gehörte zu denjenigen, die früh die Gefahren sahen, die der Branche durch die sich zuspitzenden Konflikte drohten. Er hatte 1989 eine eigene Zeitarbeitsfirma gegründet, wechselte 1994 an die Spitze von Manpower Österreich und stieg zu einem der wichtigsten Sprecher in der Branche auf. Mitte der neunziger Jahre boomte die Branche, die Geschäfte liefen glänzend, aber die sozialen Spannungen nahmen zu. »Wir brauchten einfach klarere Regeln«, sagt Flenreiss, der heute wieder selbstständiger Unternehmer ist. In der Wiener Altstadt, einen Steinwurf von der Staatsoper entfernt, hat seine neue Firma ihren Sitz: MediCare, eine auf das Gesundheitswesen spezialisierte Zeitarbeitsgesellschaft. »Ich war immer davon überzeugt, dass Zeitarbeit nicht dazu dienen sollte, das Lohnniveau zu untergraben«, hält der Branchensprecher fest. Denn nur kurzfristig könnten Unternehmen einen Vorteil daraus ziehen, wenn sie über den Umweg Zeitarbeit bei den Lohnkosten sparen wollten. Langfristig seien die Kosten höher, denn das interne Lohngefälle schaffe frustrierte und demotivierte Mitarbeiter. Und von denen könne man kaum erwarten, dass sie Spitzenleistungen ablieferten. »Am Ende zahlen die Unternehmen drauf«, sagt Flenreiss.

Aber es war nicht einfach, die eigene Branche von dieser Logik zu überzeugen. Erst der massive Druck der Gewerkschaften, die Ende der neunziger Jahre eine regelrechte Prozessflut gegen die Leiharbeitsfirmen lostraten, sorgte für Bewegung bei den Arbeitgebern und verhalf den Moderaten zum Durchbruch. Gewonnen hätten nun alle, sagt er. Die Beschäftigten, deren Rechte gestärkt worden seien, die Verleiher, die nun eine verlässliche Grundlage für ihr Geschäft hätten, und die Entleiher, die flexible und motivierte Mitarbeiter zu vernünftigen Konditionen bekämen.

Mit der Reform ist Zeitarbeit in Österreich teurer geworden. Aber das hat ihre Attraktivität offenbar nicht geschmälert. Die Befürchtungen, die Branche werde nach der Neuregelung einen massiven Einbruch erleben, haben sich jedenfalls nicht bestätigt. Im Gegenteil. Die Zeitarbeitsfirmen haben ihren Höhenflug seit 2002 mit erhöhtem Tempo fortgesetzt. 2008 waren knapp 70 000 Zeitarbeiter in der Alpenrepublik beschäftigt, mehr als doppelt soviel wie zu Beginn der Dekade. Manpower Österreich, nach Marktführer Trenkwalder die Nummer zwei im Land, meldete für 2007 eine Umsatzsteigerung von 20 Prozent. Das Jahr 2008 begann »sensationell«, Geschäftsführer Erich Pichorner meldete Zuwächse von 40 Prozent.

Inzwischen aber hat die globale Wirtschaftskrise auch Österreich erreicht. Unternehmen drosseln die Produktion, Tausende Beschäftigte haben ihre Arbeitsplätze verloren. Ganz oben auf den Entlassungslisten rangieren die Zeitarbeiter. Als beim Stahlhersteller voestalpine im vergangenen Herbst die Aufträge ausblieben, wurden zuerst die Leiharbeiter entlassen. 2000 schickte der Konzern, der in den Vorjahren einen Rekord nach dem anderen verbucht hatte, nach Hause. »Wir versuchen, die Stammbelegschaft zu halten«, entschuldigt sich Vorstandschef Wolfgang Eder. ThyssenKrupp, Siemens und Infineon verkleinerten ebenfalls die Belegschaften, auch hier waren vor allem Zeitarbeiter betroffen.

Aber selbst der weltweite Abschwung werde den Aufstieg nur zwischenzeitlich stoppen, glauben die meisten Experten. Bis 2010, schätzt Irmgard Prosinger, die Leiterin des Marketings beim Branchenführer Trenkwalder, werden über 100 000 Menschen in der Zeitarbeit beschäftigt sein. Österreich hinke im internationalen Vergleich mit einer Quote von gut zwei Prozent noch hinterher. »Viel Potenzial liegt vor allem im Bereich der höher qualifizierten Jobs.« Vor allem für Nachwuchskräfte und Auszubildende werde sich Zeitarbeit zur Einstiegsschiene in die Arbeitswelt entwickeln, meint Helmut Böhm, Vorstandsmitglied bei Trenkwalder. Er rechnet sogar damit, dass sich die Zahl der Zeitarbeiter in den nächsten Jahren mehr als verdoppeln wird. Nach Ansicht von Böhm geht es »nicht mehr bloß um das Vermitteln weg aus der Arbeitslosigkeit. Die Leute suchen mittlerweile auch aktiv Zeitarbeit.«[42] Beim Blick in fernere Zukunft kommt der Vordenker der Branche, Gerhard Flenreiss, zu noch weit optimistischeren Einschätzungen. Er sieht dramatische Veränderungen auf Betriebe und Beschäftigte zukommen. In 15 Jahren werde nur noch eine Minderheit über einen festen Arbeitsplatz verfügen. Der große Rest der Beschäftigten werde zur flexiblen Verfügungsmasse, allzeit bereit oder auch gezwungen, dorthin zu ziehen, wo es einen Job gibt.

Ob der Arbeiter der Zukunft wirklich ein Nomade sein wird, muss sich noch herausstellen. Aber es kann zumindest als ziemlich sicher gelten, dass das Rad nicht mehr zurückgedreht werden kann. Zeitarbeit sei zu einem unverzichtbaren Faktor in der österreichischen Wirtschaft geworden, so Flenreiss. Und nicht nur das. Mit dem Kollektivvertrag habe sich die Branche Spielregeln gegeben, die weit über die Alpenrepublik hinausstrahlten. Österreich habe damit »in Europa – gemeinsam mit den Niederlanden – eine absolute Vorreiterrolle« eingenommen. Auch Bart Samyn, der stellvertretende Generalsekretär des Europäischen Metallarbeiter Bundes (EMB), sieht in Österreich ein »glänzendes Vorbild« für die Zeitarbeitsbranche in Europa. Dort habe man klare Grenzen eingezogen, die »verhindern, dass es zum Lohndumping kommt«.

Modell mit Vorbildcharakter – Die Reformen haben der Branche nicht geschadet

Und dies gelang auf sehr österreichische Art und Weise. Die Tarifparteien besannen sich auf den altmodischen Kompromissweg und fanden so eine halbwegs ausgewogene Lösung, die alle Interessen berücksichtigte. Jedoch schauen einige Akteure neidisch nach Deutschland, denn dort können die Firmen mit ganz anderen Margen rechnen, weil Leiharbeiter viel geringere Löhne als die Festangestellten erhalten. Gerhart Zehetner, Vorstandschef der Eurojobs AG, liegt der Referenzzuschlag schwer im Magen, er beklagt einen hohen Verwaltungsaufwand, weil die Leihfirmen über 120 Tarifverträge im Blick haben müssten, an die die Löhne ihrer Beschäftigten anzupassen sind. Er hält daher eine Anpassung »nach deutschem Vorbild für wünschenswert«. Hermann Rantasa, der Vize-Präsident des österreichischen Verbands Zeitarbeit und Arbeitsvermittlung (VZa), hält dagegen das deutsche Lohngefälle für wenig erstrebenswert. Das österreichische Modell sei gerechter und offenbar nicht weniger attraktiv: Zeitarbeit ist in beiden Ländern annähernd gleich stark verbreitet.

Alle Akteure hätten nun Sicherheit, weil es klare Spielregeln gebe, sagt Branchensprecher Flenreiss. Das habe der gesamten Branche einen Schub gegeben, denn damit habe man gerade denjenigen das Wasser abgegraben, die ihr Geschäft im gesetzlichen Graubereich angesiedelt hätten. Vor der Reform gab es viele Unternehmen, die die schwammigen Bestimmungen nutzten, um Leihkräfte zu Dumpinglöhnen anzustellen. In den neunziger Jahren verdienten Leihkräfte meist 30 Prozent weniger als Festangestellte, stellt die Ökonomin Angela Wroblewski vom Institut für Höhere Studien in Wien fest.[43] Besonders miserabel wurden Frauen entlohnt, sie bekamen im Schnitt 58 Prozent weniger. Diese Lohnkluft wurde durch den neuen Kollektivvertrag für Leihkräfte weitgehend geschlossen, heute kommt es sogar vor, dass Leihkräfte mehr verdienen als Festangestellte. Eine Regelung, die für eine erhebliche Beruhigung des sozialen Klimas in den Betrieben gesorgt hat und »einen wesentlichen Beitrag zur Vertiefung der Rechtssicherheit für alle Seiten leistete«, wie Thomas Kirchner von der Wirtschaftskammer Österreichs (WKÖ) formuliert. Gewerkschaften und Arbeitgeber haben damit gezeigt, dass das auf Konsens angelegte Tarifmodell Marke Österreich durchaus funktioniert und auch in globalisierten Zeiten vernünftige Lösungen finden kann. Auch die anfänglich nicht wenigen Kritiker sind inzwischen weitgehend verstummt. Die größte Sorge auf Arbeitgeberseite, dass die Besserstellung der Leihkräfte einen Kostenschub und damit wirtschaftliche Nachteile für die Unternehmen bringen würde, ist inzwischen weitgehend widerlegt, konstatiert Gerhard Flenreiss. »Die Befürchtungen, dass der Kollektivvertrag eine Wachstumsbremse wäre oder gar eine Kostenexplosion für die Branche bringen würde, haben sich nicht bewahrheitet.«

Dabei schienen die Befürchtungen gar nicht so weit hergeholt, denn die Regeln, die sich die Tarifparteien mit dem Kollektivvertrag gegeben haben, haben es in sich. Danach haben ungelernte Leiharbeiter in jedem Fall Anspruch auf eine Mindestentlohnung von 7 Euro 35 pro Stunde. Ansonsten gilt das Prinzip der ortsüblichen Entlohnung. Geht ein Unternehmen über den Tarifvertrag hinaus, dann wird für die Leihkräfte eine Zulage von 18 Prozent fällig. Gibt es zusätzlich Leistungsprämien, dann kann sich der Zuschlag für die Leihkräfte auf bis zu 34 Prozent erhöhen. Gewerkschaftssekretär Kisling nennt ein Beispiel: Ein Unternehmen zahlt einem Arbeiter einen übertariflichen Lohn von 2200 Euro und packt noch eine Prämie von 150 Euro drauf. Nun gibt es für den Arbeitgeber zwei Rechenmodelle, nach denen er seine Leihkräfte bezahlen kann. Er kann den Branchenlohn zahlen, der – für die unterste Stufe – bei 1914 Euro liegt. Weil das Unternehmen übertariflich und darüber hinaus Leistungslöhne zahlt, wird eine Zulage von 34 Prozent fällig, das macht zusammen 2565 Euro, also 200 Euro mehr, als die Stammbeschäftigten tatsächlich bekommen. In diesem Fall ist Alternative B für das Unternehmen interessanter: Es lässt die komplizierte Rechnerei – und bezahlt den Leihkräften einfach denselben Lohn wie den Stammkräften. Klingt kompliziert, hat aber dennoch »den jahrelangen Streit über die entsprechenden Gesetzespassagen endgültig beendet«, resümiert Arbeitgebervertreter Thomas Kirchner.

Darüber hinaus haben Gewerkschaften und Arbeitgeber auch klare Regeln für die sogenannten Stehzeiten gefunden. Es geht dabei um die Frage, wie Zeitarbeiter entlohnt werden, wenn die Leihfirma gerade keinen Auftrag hat. Grundsätzlich gilt: Die Leihfirma als Arbeitgeber muss den Grundlohn weiterzahlen. Und anders als in Deutschland darf die Leihfirma den Vertrag auch nicht mit dem Ende eines Auftrags kündigen, sondern frühestens fünf Tage danach. Damit soll eine allzu lässige Hire-and-Fire-Mentalität unterbunden werden. Die Leihfirmen werden so gezwungen, sich ernsthaft um neue Aufträge zu kümmern, statt ihre Beschäftigte gleich auf die Straße zu setzen.

Für die Leihfirmen ist das natürlich unbequemer, es macht ihr Geschäft aufwendiger und teurer. »Leiharbeit ist in Österreich nicht besonders billig«, sagt auch Daniel Bacher, Personalchef beim Konzern Georg Fischer. Anders als in Deutschland ist sie in Österreich kaum geeignet, die Personalkosten zu senken, sondern allein, um auf kurzfristige Auftragsschwankungen zu reagieren. »Wir setzen Leihpersonal ein, um Produktionsspitzen, die temporär auftreten, rasch abdecken zu können«, so Peter Greiderer, Personalchef beim Kondensatorenhersteller Vishay in Klagenfurt. Das könnten die Betriebe im Prinzip auch über befristete Verträge machen, räumt Greiderer ein, aber er schätzt es, dass die Leihfirmen den Bewerberpool nach geeigneten Kandidaten durchforsten und »schon eine gewisse Vorauswahl treffen«. Eine Arbeit, die Vishay erspart bleibt; »wir müssen uns nur noch mit für uns interessanten Kandidaten« beschäftigen, so Greiderer, das wiederum spart Zeit und Geld. Bei Vishay bestand in Spitzenzeiten ein Fünftel der Belegschaft aus Leiharbeitern.

Aber nicht immer läuft das Geschäft mit den Leihkräften ganz reibungslos. Oft würden die flexiblen Arbeiter in eine zu niedrige Tarifgruppe eingestuft, dadurch bekämen sie weniger Lohn, lässt Peter Eder von der Gewerkschaft für Metall-Textil-Nahrung in Kärnten verlauten. Oft werde mit den geliehenen Kräften auch ziemlich willkürlich umgesprungen. »Die werden dann Sonntagnacht per SMS verständigt, wie und wo sie am Montag eingesetzt werden«, erzählt Eder.[44]

Dabei seien die rechtlichen Bedingungen für Leiharbeit eigentlich in Ordnung, sagt Eder – wenn sie denn in der Praxis eingehalten würden. Das gilt auch für die Regel, dass Leasingfirmen die Zeitarbeiter auch bezahlen müssen, wenn sie gerade keine Arbeit für sie haben. »Kleine Firmen, die keinen Betriebsrat haben, halten sich oft nicht daran«, sagt Robert Astner von der Arbeiterkammer Kärnten. In den großen Betrieben laufe es besser, da passe der Betriebsrat auf.

Erfolgsbilanz mit Flecken – Nicht immer werden die gesetzlichen Vorgaben eingehalten

Über bedrückende Armut, die nach gesetzlicher Maßgabe eigentlich nicht möglich sein sollte, berichtet Martin Schenk, Sozialexperte bei der Diakonie Österreich und Mitinitiator der »Armutskonferenz«, eines Netzwerks gegen Armut und soziale Ausgrenzung. Er nennt als Beispiel eine Frau, die bei einer Personalleasingfirma einen Job als Hilfsarbeiterin gefunden hat. Sie arbeitet im Schichtbetrieb einer Lebensmittelfirma und verdient 600 Euro netto. Um vier Uhr frühmorgens holt sie ein Firmenbus ab. Um zum Treffpunkt zu gelangen, fährt sie mit dem Moped mitten in der Nacht bei Schnee und Regen durch die halbe Stadt. Die Kinder müssen allein aufstehen und in die Schule fahren. Auch deswegen hatte sie große Bedenken, die Arbeitsstelle anzunehmen. Aber: Sie hatte keine andere Wahl, sonst wäre ihr das Arbeitslosengeld gestrichen worden.[45]

Ein Beispiel, das für viele steht, sagt Martin Schenk. Ein großer Teil des österreichischen Arbeitsmarktwunders gründe auf Jobs, die prekär und nicht existenzsichernd seien: befristete Verträge, Leiharbeit, geringfügige Beschäftigung, Scheinselbstständigkeit. Auch in Österreich spricht man inzwischen von den »working poor«, von denjenigen, die arm sind, obwohl sie einen Vollzeitjob haben. »Arbeit ist kein Garant mehr für ausreichendes Einkommen«, hält auch Helmut Mahringer fest, Arbeitsmarktexperte des Österreichischen Instituts für Wirtschaftsforschung (Wifo) in Wien. Er macht aber weniger den Boom der Zeitarbeit dafür verantwortlich, armutsgefährdet seien vor allem Teilzeit- und geringfügig Beschäftigte.

Dennoch räumen auch Kritiker ein: Es gibt wenige andere Länder, die so erfolgreich die Arbeitslosigkeit bekämpft haben wie Österreich. Mit gut drei Prozent im vergangenen Jahr herrschte im Alpenland praktisch Vollbeschäftigung. Nur die Niederlande mit 2,5 Prozent schnitten in der EU noch besser ab. Der Mangel an Fachkräften ist in Wien und Umgebung ein ernsthaftes Problem, viele Deutsche haben beim südlichen Nachbarn Arbeit gefunden.

So drängt sich der Eindruck auf, dass sich die Arbeitsmarktpolitik im Allgemeinen und die Zeitarbeitsreform im Besonderen trotz aller Probleme in der Praxis bewährt haben. Es gebe nun mehr Sicherheit und Klarheit für die Mitarbeiter und mehr Fairness zwischen den Anbietern, sagen Arbeitgeber und Gewerkschaften in erstaunlicher Übereinstimmung. Zudem habe der branchenweite Mindestlohn das Tarifgefüge stabilisiert. Auch hier hatten viele befürchtet, nun sei das Ende der Zeitarbeit im Niedriglohnbereich eingeläutet. Diese Befürchtungen haben sich inzwischen zerstreut.

Der Kollektivvertrag habe dazu geführt, dass die Branche erwachsen geworden sei, sagt Unternehmer Johann Höfler. Wenn der Lohnwettbewerb nach unten begrenzt werde, dann werde die Qualität wichtiger. Daher hat die Branche ein Qualifizierungsmodell entworfen, über einen Ausbildungsfonds, in den alle Leihfirmen einzahlen, sollen Schulungen und Weiterbildung von Zeitarbeitern finanziert werden.

Auch die deutsche Zeitarbeitsbranche hat viel Positives an den Reformen im Nachbarland entdeckt. So empfiehlt Werner Stolz, Geschäftsführer des Branchenverbandes iGZ, die Neuerungen in Österreich auch der Großen Koalition in Berlin. »Österreich macht es vor: keine Tabus mehr in der Zeitarbeit.« Stolz spielt damit auf die Beschränkungen für die deutsche Bauwirtschaft an. Die darf – anders als in Österreich – kaum Leihkräfte einsetzen. Über den zentralen Punkt der österreichischen Reformen, die generelle Gleichbehandlung von Leihkräften und Stammbeschäftigten, schweigt der Verbandsfunktionär jedoch. An ein paar Tabus möchte man doch gerne festhalten.

KAPITEL 8.2

Niederlande: Reform mit Augenmaß

Es ist Sonntagabend, halb sechs. Die Dämmerung hat eingesetzt, höchste Zeit aufzustehen. Ronald hat ein kleines Nickerchen gemacht, so wie jeden Sonntag vor der großen Fahrt. Er macht sich noch einen Kaffee, packt den Schlafsack ein, füllt die Thermoskanne auf und schmiert ein paar Stullen mit Schinken und Salami. Verpflegung für den Abend und die Nacht. Er verabschiedet sich von Frau und Sohn, steigt in den Wagen und fährt los. Wenn alles glattläuft, ist er in acht, neun Stunden in Amsterdam. Um drei Uhr in der Frühe am Montagmorgen wird er seinen Renault Clio auf dem Werksgelände parken. Dann klappt er den Sitz zurück, schlüpft in seinen Schlafsack und schläft noch drei Stunden; den Wecker hat er auf halb sieben gestellt. Mit dem Klingeln rollt er sich von seinem provisorischen Lager, dehnt den geschundenen Körper und macht sich in der Werkstatt-Toilette ein bisschen frisch. Er verspeist die beiden Stullen, die noch übrig sind, gießt sich einen Kaffee ein. Nun ist er fertig für die Arbeit, streift noch schnell den Overall über und tritt seinen Dienst in der Autowerkstatt Gomes an. So wie an jedem Montagmorgen.

Seit acht Jahren macht Ronald Boshold das jetzt schon so. Am Donnerstagabend nach Dienstschluss setzt er sich in seinen schwarzen Kleinwagen, biegt auf die A7 in Richtung Osten. Auf in die Heimat nach Lychen, ein kleines Städtchen in der Nähe der Müritz, dort warten, 800 Kilometer von seinem Arbeitsplatz entfernt, seine Frau und sein 21-jähriger Sohn auf ihn. Und am Sonntag fährt er dieselbe Strecke retour. 1600 Kilometer legt er an jedem Wochenende zurück, um seinen Arbeitsplatz in Amsterdam mit seinem Familienleben in Mecklenburg-Vorpommern in Einklang zu bringen.

Flucht aus Ostdeutschland – Warum ein Zeitarbeiter aus Neubrandenburg in Amsterdam hängen blieb

Ronald Boshold ist ein Extrempendler. Ein moderner Arbeitsnomade, der dorthin geht, wo es Arbeit gibt. Dass ihn diese Suche vor acht Jahren in die Niederlande führte, war nur auf den ersten Blick Zufall. Boshold hatte in der Zeitung eine Anzeige von einer niederländischen Zeitarbeitsfirma gesehen. Die suchte Kfz-Mechaniker, und Boshold ist Kfz-Mechaniker. Er rief an, zwei Wochen später begann er seinen ersten Arbeitstag in Den Haag. »Eigentlich war das nur für den Übergang gedacht, für ein oder zwei Jahre«, sagt der 47-Jährige. Er ist hängen geblieben, zuerst in Den Haag, später wechselte er nach Amsterdam. Und das liegt daran, dass er trotz der strapaziösen Pendelei ziemlich zufrieden ist mit seinem Job im Nachbarland.

Denn in den Niederlanden hat er etwas gefunden, was er in Deutschland zuvor vergeblich gesucht hatte: Eine Arbeit, die ordentlich bezahlt wird und die zudem noch Spaß macht, weil das Klima stimmt. 1800 Euro verdient er netto in Amsterdam, ein Lohn, von dem er in Deutschland nur träumen konnte. Boshold war jahrelang als Mechaniker in den Wäldern von Brandenburg und Mecklenburg-Vorpommern unterwegs, er wurde gerufen, wenn die großen Schlepper und Raupen schlappmachten und repariert werden mussten. Eigentlich kein übler Job, so Boshold, ein kleiner, drahtiger Mann mit kurzen Stoppelhaaren. Er ist gerne unterwegs, aber das Geld reichte einfach nicht. Boshold wurde nach Ost-Tarif bezahlt, 1200 Euro bekam er am Ende des Monats. Das war auf Dauer einfach zu wenig. Als er das Angebot aus dem Nachbarland bekam, überlegte er nicht lang. Er kündigte und heuerte in Holland als Leihkraft an.

Inzwischen ist die Pendelei zur Gewohnheit geworden. Boshold ist als Zeitarbeiter im Nachbarland im Dauereinsatz. Der Mann aus Lychen ist der Spezialist für die schweren Maschinen, er repariert Geldtransporter, Panzerwagen und Löschfahrzeuge, und er ist ein zufriedener Mensch. »Die Leute hier sind ein bisschen lockerer, nicht so verspannt wie in Deutschland. Da geht es immer darum: Wer ist Chef, wer gibt die Kommandos?« Dass er Leiharbeiter ist, interessiert hier niemanden, sagt er. Und er sieht wenig Gründe, darüber zu klagen. Er wird genauso behandelt wie die Festangestellten. Und die Großwerkstatt ist bemüht, dem Grenzgänger aus Deutschland das Leben einfach zu machen: Boshold arbeitet vier Tage in der Woche, am Donnerstag macht er Schluss, damit sich die Heimfahrten lohnen. »Sonst hätte das keinen Sinn. Das war von Anfang an eine Bedingung, damit ich hier anfange.«

Auch in anderen Punkten wird Boshold zuvorkommend behandelt. Das Auto, mit dem Boshold die nächtlichen Touren in die Heimat bewältigt, zahlt seine deutsche Zeitarbeitsfirma. Auch für das Appartement in dem Ferienpark, in dem er unter der Woche wohnt, muss er nichts bezahlen. Das Pendeln kostet ihn keinen Cent.

Der Grund ist einfach: Fachkräfte aus Deutschland sind in den Niederlanden begehrt. Keiner weiß das besser als Edwin Klawe. Er hat eine kleine Zeitarbeitsfirma in Barneveld, ein Städtchen in der Nähe von Arnheim an der Grenze zu Deutschland. 95 Prozent seiner Leute kommen aus Deutschland, die meisten aus Thüringen, Sachsen und Brandenburg. »Die kann ich bedenkenlos auf jede Baustelle schicken«, sagt er. »Die sind gut ausgebildet, fleißig und immer pünktlich.« Klawe hat früher als Manager bei de Graf gearbeitet, einer der großen Zeitarbeitsfirmen in den Niederlanden. Dort hatte er vor allem mit einem Problem zu kämpfen: Wo bekommt er gute Fachkräfte her? Klawe fand schnell die Antwort: Hinter der Grenze war ein reichhaltiges Reservoir zu finden, qualifizierte Leute, die bereit waren, Hunderte von Kilometer zu reisen, nur um endlich einen Arbeitsplatz zu finden. »Wir kümmern uns um alles, um die Unterkunft, die Papiere. Die Leute sollen zufrieden sein, wenn sie schon weit weg von zu Hause sind. Denn nur dann arbeiten sie auch gerne hier«, konstatiert Klawe.

Ronald Boshold bestätigt das. »Das läuft alles sehr korrekt ab.« Auch Hans-Reiner Franke hat im Königreich von Tulpen und Gouda nur gute Erfahrungen gemacht. Die Firmen störten sich, anders als die Arbeitgeber in seiner thüringischen Heimat, nicht an seinem Alter. Franke war Ende 50, als er seinen ersten Job in den Niederlanden annahm. »Ich bin hier immer sehr fair behandelt worden«, merkt der gelernte Maler an. 1840 Euro verdiente er im Monat, netto. Fahrt und Unterhaltskosten zahlte selbstverständlich die Firma.

Zeitarbeit ist in den Niederlanden seit Langem ein akzeptierter Bestandteil der Arbeitswelt. Auch bei Gewerkschaften löst sie, anders als in Deutschland, nicht automatisch Abwehrreflexe aus. Das hat viel mit der großen Reform der Leiharbeit in den Niederlanden Ende der 90er Jahre zu tun. Damals verabredeten Regierung, Arbeitgeber und Gewerkschaften neue Spielregeln für die Branche. Es ging darum, die soziale Balance, die in den Jahren zuvor verloren gegangen war, wieder herzustellen. Ein »neues Gleichgewicht zwischen den Arbeitsmarktparteien« müsse hergestellt werden, »wobei Flexibilität und Sicherheit Hand in Hand gehen müssten«, hatten die Tarifparteien in einer gemeinsamen Erklärung schon 1996 bekundet. »Flexicurity« hieß das Leitmotiv, das die Neuordnung prägen sollte. Regierung und Tarifparteien erfanden ein recht kompliziertes Stufenmodell, mit dem die beiden gegensätzlichen Ziele erreicht werden sollten: die Beweglichkeit des Arbeitsmarktes bewahren und gleichzeitig die Schutzrechte der Beschäftigten stärken. Die Unternehmen sollten weiterhin schnell und unbürokratisch Leihkräfte rekrutieren können, ohne aber deren Bedürfnis nach Sicherheit außer Acht zu lassen.

Das holländische Modell – Flexibilität für die Unternehmen und Sicherheit für die Zeitarbeiter

Grundsätzlich gilt in den Niederlanden seitdem: Spätestens nach einem halben Jahr müssen die Leihkräfte genauso bezahlt werden wie die Festangestellten. Der Arbeitgeberverband NBBU hat die Gleichbehandlung – anders als der konkurrierende ABU – sogar schon für den ersten Arbeitstag festgeschrieben. Denn die gleiche Entlohnung, so formulierten Gewerkschaft und Arbeitgeber gemeinsam, »dient der Aufrechterhaltung der Ruhe auf dem Arbeitsmarkt«. Aber auch die Zeitarbeiter, die nach der konkurrierenden Vereinbarung des Gewerkschaftsverbands FNV und der Arbeitgeberorganisation ABU erst nach einem halben Jahr mit gleicher Entlohnung rechnen können – und das sind rund 70 Prozent – können auf eine solide Grundsicherung vertrauen. Ein allgemeiner Mindestlohn sorgt dafür, dass auch im ersten Halbjahr die Löhne nicht ins Bodenlose fallen. Derzeit liegt die Untergrenze bei 8 Euro 33. Bei Langzeitarbeitslosen sind leichte Abschläge möglich, dies soll ihre Chancen auf dem Arbeitsmarkt verbessern. Niedrigtarife von drei oder vier Euro, wie sie etwa die christlichen Gewerkschaften in der deutschen Zeitarbeitsbranche vereinbart haben, sind in den Niederlanden nicht vorstellbar.

Vor einigen Jahren war das noch anders. Vor der Neuordnung Ende der neunziger Jahre hatte die Zeitarbeitsbranche in den Niederlanden einen bemerkenswerten Aufstieg erlebt. Es gab wenig Regeln, die den Handlungsspielraum der Unternehmen einengten. Die Wirtschaft boomte, die Zeitarbeitsfirmen fuhren üppige Gewinne ein, aber die Beschäftigten spürten wenig vom Aufschwung. Die Zahl der Leihkräfte verdoppelte sich von 1993 bis 1998, neue Zeitarbeitsfirmen sprossen aus dem Boden, aber die soziale Balance war verloren gegangen.

Es war die Zeit, als die Nachbarn über das holländische Arbeitsmarktwunder staunten. Die Zahl der Arbeitslosen sank, die Zahl der Arbeitsplätze stieg um 20 Prozent auf über sechs Millionen, das Land näherte sich der Vollbeschäftigung, während der Rest Europas über Massenarbeitslosigkeit klagte. Die Niederlande stiegen zum viel bewunderten Vorzeigemodell auf. Hier zeigte sich, wie man es schaffen konnte, wenn alle Kräfte sich dem einen Ziel verschrieben: wirtschaftliche Stagnation und Massenarbeitslosigkeit zu überwinden. Es war der späte Triumph des sogenannten Poldermodells, jener konzertierten Aktion von Regierung und Tarifparteien Anfang der 80er Jahre, die eine Dekade später für wirtschaftliches Wachstum und frischen Wind auf dem Arbeitsmarkt sorgte. Der Befreiungsschlag, zu dem Regierung, Arbeitgeber und Gewerkschaften 1982 im kleinen Örtchen Wassenaar ansetzten, hatte jenes Grundprinzip verinnerlicht, das auch später die Reform der Zeitarbeit prägte: der Wirtschaft neue Kraft zu verleihen, ohne aber den Schutz der Beschäftigten ganz außer Acht zu lassen. So akzeptierten die Gewerkschaften eine zurückhaltende Lohnpolitik und ebneten den Weg für neue, flexible Arbeitszeitmodelle, konservierten im Gegenzug aber einen in Europa nahezu einzigartigen Kündigungsschutz. Unbefristet Beschäftigte können in den Niederlanden nur mit Mühe gekündigt werden, die Arbeitsverwaltung oder ein Gericht muss zustimmen, wenn ein Beschäftigter entlassen werden soll – ein langwieriger und teurer Weg für die Unternehmen.

Beide Seiten schienen zufrieden. Die Unternehmen hatten neue Spielräume bekommen, wurden wettbewerbsfähiger und beweglicher, konnten ihre Belegschaft durch den Rückgriff auf die wachsende Schar der Zeitarbeiter mühelos variieren. Und die Gewerkschaften waren zufrieden, weil die Rechte der Stammbelegschaften gesichert waren. Nur an die Leiharbeiter dachte lange Zeit niemand.

Pragmatismus im Land der Deiche – Regierung, Arbeitgeber und Gewerkschaften korrigieren Fehler der Vergangenheit

Ende der neunziger Jahre war das Missverhältnis nicht mehr zu übersehen. Hier die gut gesicherten Kernmannschaften, dort die ungeschützten Zeitarbeiter. Die Leihkräfte waren schlecht bezahlt, sie verloren schneller ihre Jobs. Sie verdienten im Schnitt 35 Prozent weniger als ihre fest angestellten Kollegen, das ergab eine Studie im Jahr 2000. Nach Erhebungen der Erasmus-Universität in Rotterdam nutzten in den neunziger Jahren 80 Prozent der Unternehmen Leihkräfte, um die Lohnkosten zu drücken. Der Status des Leasing-Personals »war ungeklärt und unsicher«, sagt Ingrid Wilkens, Ökonomin am Institut für Sozialarbeit und Sozialpädagogik in Frankfurt am Main. Es gab keinen Kündigungsschutz, und sie wurden nur für die Zeit bezahlt, die sie tatsächlich in einem Betrieb arbeiteten. Ihr Vertrag mit der Leihfirma endete automatisch, wenn der Entleihbetrieb sie zurückschickte. Die Zeitarbeitsfirmen fungierten mehr als Makler oder Vermittler, nicht als Arbeitgeber. Und die Leihkräfte selbst ähnelten eher freien Mitarbeitern, die kurzfristig für bestimmte Arbeiten rekrutiert und dann wieder heimgeschickt wurden. Es musste etwas getan werden, das wurde auch den Arbeitgebern klar.

Und so setzten sich Regierung, Gewerkschaften und Arbeitgeber wieder an einen Tisch, um eine pragmatische Lösung zu finden. Das

Problem war identifiziert, die Zielrichtung der angestrebten Reform daher schnell gefunden: Es ging um einen besseren Schutz der Leihkräfte. Es sollte Schluss sein mit Diskriminierung und Lohndumping. Die Leihfirmen sollten stärker in die Verantwortung genommen werden, um das soziale Gleichgewicht wiederherzustellen. Gleichzeitig – und das machte den Charme der Lösung aus – sollte die erreichte Flexibilität am Arbeitsmarkt nicht grundsätzlich infrage gestellt werden.

Herausgekommen ist ein kompliziertes, vielschichtiges Stufensystem, in dem die Rechte der Leihkräfte nach einer einfachen Formel ausgeweitet werden: Ihre Position wird sicherer, je länger sie als Zeitarbeiter beschäftigt sind. Schritt für Schritt erlangen sie mehr Rechte, können mit fortlaufendem Vertrag nicht mehr so schnell gekündigt werden, erwerben Ansprüche auf eine Betriebsrente und die Unternehmen müssen in ihre Weiterbildung investieren. So sollte verhindert werden, dass dauerhaft eine neue Kaste von unterprivilegierten Beschäftigten entsteht. Im Gegenzug akzeptierten die Gewerkschaften, dass die zeitliche Befristung der Leiharbeit auf sechs Monate aufgehoben wurde. Das war der Punkt, der den Unternehmern am Herzen lag: Sie können Zeitarbeiter seit 1998 ohne zeitliches Limit einsetzen.

In der ersten Phase des dreistufigen Modells – sie dauert anderthalb Jahre – sind die Schutzrechte der Beschäftigten noch schwach entwickelt. Die Leihkräfte sind zwar bei den Leasing-Firmen angestellt, ein Kündigungsschutz existiert aber nur in Ansätzen. Meldet die Entleihfirma die Leihkräfte ab, weil sie keine Arbeit mehr für sie hat – was derzeit ziemlich häufig passiert –, dann endet automatisch ihr Arbeitsvertrag mit der Leihfirma. Die Leiharbeiter stehen somit auf der Straße, sie müssen nicht einmal explizit entlassen werden. Erst nach zwölf Wochen greift eine Informationspflicht: Die Beschäftigten müssen dann frühzeitig über das Auslaufen eines Vertrags informiert werden; vergisst der Arbeitgeber das, dann muss er den Lohn weiterzahlen.

Nach anderthalb Jahren erklimmt der Leiharbeiter die nächsthöhere Stufe, die noch einmal zwei Jahre dauert. In dieser Zeit ist es nicht mehr ganz so einfach, die Leihkräfte vor die Tür zu setzen, die Verantwortung des Arbeitgebers nimmt zu. Er muss seinen Zeitarbeitern nun befristete Zeitverträge anbieten, die mit einmonatiger Frist gekündigt werden können – vorausgesetzt, die Arbeitsverwaltung oder ein Gericht stimmt der Kündigung zu. Ansonsten muss die Leihfirma bis zum Ende der Laufzeit zahlen, unabhängig davon, ob sie Aufträge hat oder nicht. Anders als in Phase A haben die Leihkräfte nun auch Anspruch auf Lohnfortzahlung, wenn sie krank werden. Nach insgesamt zwei Jahren und maximal acht Zeitverträgen neigt sich die Phase B dem Ende zu, nun heißt es hopp oder topp: Die Leihkraft erhält nun einen unbefristeten Vertrag – oder sie muss sich einen neuen Arbeitgeber suchen.

Ein kompliziertes System, das in all seinen Verästelungen auch in den Niederlanden nur die Experten verstehen. Für die Beschäftigten bleiben zwei Eckpunkte markant in Erinnerung: Nach einem halben Jahr müssen sie so behandelt werden wie der Rest der Belegschaft im Betrieb. Und nach dreieinhalb Jahren ist die unbefristete Anstellung fällig. »Wir wollen das Ganze noch einfacher machen«, sagt Laura Spangenberg vom Arbeitgeberverband ABU. »Die Regelungen sind unglaublich bürokratisch. Es ist kaum möglich, all die Fristen, all die Regeln und Ausnahmen richtig anzuwenden. Es ist schwierig und teuer.«

Die Tarifparteien haben schon Versuche gestartet, die Spielregeln zu vereinfachen – mit mäßigem Erfolg. Zentraler Streitpunkt ist die Frage: Ab wann sollen die Leihkräfte genauso entlohnt werden wie die Stammbeschäftigten im Entleihbetrieb? FNV-Gewerkschaftssekretär Marcel Nuyten meint, ein halbes Jahr sei zu lang, »die Gleichbehandlung muss sofort greifen, vom ersten Tag an«. Tatsächlich kommt nur eine Minderheit in den Genuss der Gleichbehandlung, im Schnitt sind Leiharbeiter 22 Wochen in Folge in einem Betrieb beschäftigt – und damit vier Wochen zu wenig, um Gleichbehandlung reklamieren zu können. Werden sie zum Beispiel nach 25 Wochen vom Entleihbetrieb zurückgeschickt und erhalten einen neuen Arbeitsplatz in einer anderen Firma, dann wird wieder von vorn gezählt. Dann müssen sie ein halbes Jahr im neuen Betrieb arbeiten, bis sie dort den gleichen Lohn bekommen.

Die Gewerkschaften wollen das ändern, stoßen bei den Arbeitgebern aber auf taube Ohren. Die würden die Frist am liebsten noch weiter ausdehnen, etliche hätten die Regelung am liebsten ganz vom Tisch. »Die Leiharbeit wird dadurch teurer«, sagt der Unternehmer Edwin Klawe. Die Arbeitgeber drängen auch auf mehr Flexibilität in Phase B, vor allem mit Blick auf den rigiden Kündigungsschutz. Den Gewerkschaften dauert es gleichwohl zu lang, bis die Schutzrechte für die Beschäftigten greifen. Sie wollen die Fristen verkürzen, damit die Zeitarbeiter schneller in eine unbefristete Anstellung kommen. Nur ein Drittel der Zeitarbeiter kann die Vorzüge der Phasen B oder C genießen, die große Mehrheit verharrt in Phase A, das heißt, sie sind praktisch jederzeit kündbar.

Kritik im Detail, Zustimmung im Gesamten – Die Tarifparteien können mit dem Kompromiss leben

Aber bei aller Kritik im Detail: Die Tarifparteien zeigen sich zufrieden mit der Reform. »Insgesamt ist es ein solides System, wir können damit leben«, hält die Arbeitgeber-Sprecherin Laura Spangenberg fest. Es sei wichtig gewesen, die Lage der Zeitarbeiter zu verbessern. Und auch der Zeitarbeitsmanager Klawe findet gute Worte für die Reform. »Wir brauchen Flexibilität, aber wir müssen die Leute auch gut behandeln, damit sie zu uns kommen. Und damit sie gute Arbeit machen.«

Keine Frage: Die Leiharbeit verleiht den Unternehmen mehr Beweglichkeit. Umstritten ist aber, ob sie auch den Arbeitslosen hilft, schneller wieder Fuß zu fassen auf dem Arbeitsmarkt. Gut 700 000 Arbeitssuchende finden über Zeitarbeit jährlich einen Job in den Niederlanden, und ein Viertel davon gilt als schwer vermittelbar. 17 Prozent werden nach Angaben der Arbeitgeber von dem Entleihbetrieb übernommen. Gleichwohl hat die Sozialforscherin Ingrid Wilkens den Eindruck, »dass sich die Chancen der Problemgruppen am Arbeitsmarkt nicht verbessert haben«.

Die Betroffenen sind ganz angetan von der Reform. 89 Prozent der Zeitarbeitskräfte fühlen sich gut integriert im Betrieb, 95 Prozent bezeichnen die Atmosphäre als positiv. Und auch auf Unternehmerseite fällt das Urteil milde aus. Die große Mehrheit ist zufrieden mit der Neuregelung, nur 27 Prozent der Befragten äußerten sich negativ. Zeitarbeit gilt nach wie vor als eines der wichtigsten Instrumente, um die Belegschaft schnell den betrieblichen Bedürfnissen anzupassen. Zwar war die Zahl der Leiharbeiter in den vergangenen Jahren leicht rückläufig, das liegt aber nach Meinung der Arbeitgeber nicht in erster Linie an der Reform. Arbeitgeber-Sprecher Remco Icke sieht dafür andere Gründe, etwa den spürbar werdenden Mangel an Fachkräften – viele Unternehmen hätten wieder mehr fest angestellt, um Leute an sich zu binden. Langfristig aber, so glaubt Icke, werde die Bedeutung der Leiharbeit weiter steigen. Der Anteil an den Beschäftigten könnte bald auf fünf Prozent anwachsen.

In einem Punkt sehen Gewerkschaften wie Arbeitgeber aber gleichermaßen Korrekturbedarf: Der Kampf gegen die illegale Beschäftigung muss dringend verschärft werden. Noch immer tummelten sich viele kleine Firmen am Markt, die sich nicht an die Vorschriften hielten, die zu wenig Lohn zahlten, Illegale beschäftigten oder keine

Sozialabgaben abführten. Die Zahl der schwarzen Schafe gehe in die Tausende, vermutet Remco Icke. Ein Zehntel der Umsätze in der Branche, so schätzt er, ist nicht ganz sauber. »Wir kontrollieren unsere Mitglieder ziemlich genau, wer sich nicht an die Regeln hält, fliegt raus«, so der Sprecher des Arbeitgeberverbands ABU. Icke sieht vor allem die Regierung am Zug, sie müsse sicherstellen, dass sich kein Unternehmen durch Lohndumping Vorteile verschaffe. »Das schadet uns allen.«

Derzeit steht die Branche ohnehin stark unter Druck. Die Konjunktur stürzt ab, das Klima wird rauer. Die Rezession trifft auch in den Niederlanden die Zeitkräfte zuerst. Und seit einigen Jahren drängen viele Arbeiter aus Osteuropa auf den Markt, die arbeiten auch für weniger Geld. Das ist auch Ronald Boshold nicht verborgen geblieben. Sicher, bislang kann er nicht klagen. Der Lohn kommt pünktlich, die Firma stellt den Wagen für die Heimfahrten und sorgt für die Unterkunft. Er ist zufrieden mit der Arbeit im Land der Deiche. Aber auch er fragt sich nun häufiger: Wie lange bleibt ihm der Job noch? Wie lange hält er die Gewalttouren am Wochenende noch durch? Boshold geht auf die 50 zu, er weiß, er betreibt Raubbau an seinem Körper, das Pendeln hinterlässt Spuren. Aber was ist die Alternative? Sicher, er würde auch einen Job in der Heimat finden. Aber die Bezahlung ist einfach zu schlecht; zudem schreckt ihn die Erinnerung an das miese Betriebsklima in deutschen Firmen. Sein Fazit fällt ernüchternd aus: »Ich kann mir nicht vorstellen, wieder in Deutschland zu arbeiten.«

KAPITEL 8.3

Frankreich: Mehr Geld, weniger Sicherheit

Von Heinz-Peter Arndt

Beim »Sommermärchen«, der Fußball-Weltmeisterschaft in Deutschland im Jahr 2006, schlug die Stunde der Volunteers. Zu Tausenden kümmerten sie sich um die Ordnung in den Stadien und auf den Zufahrtswegen oder um die Betreuung der angereisten Schlachtenbummler aus aller Welt. Die meisten sahen dafür keinen Cent. Acht Jahre zuvor, bei der Fußball-Weltmeisterschaft in Frankreich, war das anders: Das Fest endete nicht nur mit einem überzeugenden Sieg der Gastgeber. Es war gleichzeitig die große Bewährungsprobe einer Branche, die normalerweise wenig mit dem Fußball in Verbindung gebracht wird – der Zeitarbeit: 15 000 freie und 500 feste Helfer kümmerten sich um den erfolgreichen Ablauf der Veranstaltungen. So wurden Funktionäre des Königlich-Niederländischen Fußballverbandes KNVB von Chauffeuren durch das Hexagon gefahren, die im normalen Leben Industriekaufleute waren. Und als Platzanweiser in den Stadien arbeiteten gelernte Metallarbeiter. Angestellt waren sie alle bei Manpower, einer der größten Zeitarbeitsagenturen Frankreichs.

Die Leiharbeit, in Frankreich »interim« genannt, hat eine lange Tradition. Schon in den 50er Jahren gab es in Frankreich die ersten Zeitarbeitskräfte. In den »Trente Glorieuses«, wie die Franzosen die Wachstumsjahre vom Ende des Zweiten Weltkrieges bis zur ersten Ölkrise 1973/1974 nennen, war die Zeitarbeit jedoch auf Kurzeinsätze etwa bei Krankheitsvertretungen begrenzt. Es waren in erster Linie Frauen in der Familienpause, die mit einigen Tagen oder Wochen Zeitarbeit die Familienkasse aufbesserten. Zeitarbeit in der Industrie oder in der Bauwirtschaft begegnete man dagegen selten. Das hatte einen einfachen Grund – Vollbeschäftigung. Frankreich litt wie Deutschland in den industriellen Wachstumsjahren unter Arbeitskräftemangel und konnte ihn nur mithilfe der Zuwanderung aus den ehemaligen Kolonien beheben.

Kontrollierte Offensive – Zeitarbeit boomt trotz restriktiver Gesetze

Das hat sich wie in allen Ländern Europas in den vergangenen 30 Jahren massiv geändert. Die Arbeitslosenquote im Nachbarland liegt seit zwei Jahrzehnten auf einem ähnlich hohen Niveau wie in Deutschland, in den 90er Jahren stieg sie bis auf zwölf Prozent. Bis zum Herbst 2008 sank sie unter acht Prozent, aufgrund der aktuellen Wirtschafts- und Finanzkrise wird sie aber voraussichtlich schon 2009 wieder die Zehn-Prozent-Marke überschreiten. Gleichzeitig hat die Zeitarbeit einen massiven Aufschwung erlebt. Frankreich ist nach den USA, Großbritannien und Japan der viertwichtigste Zeitarbeitsmarkt der Welt. Im Jahr 2007 waren mehr als zwei Millionen Franzosen mindestens einmal als Leiharbeiter beschäftigt. Rund 637 000 Vollarbeitstellen wurden von der Zeitarbeitsbranche besetzt. »Diese Entwicklung erfolgte zwar nicht linear, sondern schwankte mit den Konjunkturzyklen«, erklärt der Soziologe Dominique Glaymann, Autor des Buches »L'Intérim«: »Gleichwohl zeigt die wachsende Zahl an Zeitarbeitern, dass es sich um eine strukturelle Veränderung der Arbeitswelt handelt«. Etwa 3,2 Prozent der Vollarbeitsstellen wurden im Jahresdurchschnitt 2007 von Zeitarbeitern belegt.[46]

Zeitarbeit darf nach der jüngsten Ausweitung der Gesetze für die Vertretung von Stammkräften, zur Abdeckung von Auftragsspitzen, für viele Saisonarbeiten und für die Eingliederung in die Arbeitswelt eingesetzt werden. Verboten ist allein der Einsatz von Zeitarbeitern als Ersatz für streikende Stammarbeitskräfte. Anders als in Deutschland wird der französische Zeitarbeitsmarkt von den großen Agenturen dominiert. Sie machen den Großteil der insgesamt rund 6500 Zeitarbeitsfilialen aus, die über ganz Frankreich verstreut sind. Die größten fünf erwirtschaften als Filialen internationaler Unternehmen rund 80 Prozent des Umsatzes der Branche. Das erklärt sich auch aus dem französischen Ansatz der Zeitarbeit. Die durchschnittliche Einsatzzeit bei den Entleihunternehmen beträgt nur zehn Tage, in Deutschland ist immerhin jeder zweite Leiharbeiter länger als drei Monate in einem Betrieb beschäftigt. Im Klartext: Leiharbeiter dienen in Frankreich mehr noch als in Deutschland als Lückenfüller, die mal hier, mal dort eingesetzt werden. Und das macht ihren Status angreifbar. Denn je kürzer die Vertragszeiten, desto geringer ist der Kündigungsschutz. Zwar sind Verträge bis maximal 18 Monate möglich. Aber die Zeitarbeitsfirmen bevorzugen kürzere Laufzeiten, um die Beschäftigten problemlos entlassen zu können, wenn die Arbeit knapp wird. Es ist eine Methode ohne großes Risiko. Denn wenn es Folgeaufträge gibt, wird einfach ein neuer Vertrag gemacht.[47]

Gleicher Lohn für gleiche Arbeit plus Prämien für Urlaub und Abfindung

Die Jobs der Zeitarbeiter sind in Frankreich unsicherer als in Deutschland, dafür werden sie besser bezahlt als im Nachbarland. Ähnlich wie in Österreich sind Zeitarbeiter in Frankreich keine Billigheimer. Sie haben bei gleicher Arbeit Anspruch auf den gleichen

Arbeitslohn wie ihre fest angestellten Kollegen. Verstöße gegen diese Regelung können mit Strafen bis zu 3500 Euro geahndet werden. Zusätzlich erhalten Zeitarbeiter eine gesetzlich festgelegte Prämie von zehn Prozent als Ersatz für den bezahlten Urlaub, der ihnen nicht eingeräumt wird. Falls die Zeitarbeitsfirma nach Ablauf des Kontraktes keinen Folgeauftrag anbieten kann, bekommen sie noch einmal zehn Prozent der verdienten Summe als Abfindung. Zeitarbeitnehmer werden zudem von ihrem entsendenden Unternehmen sozialversichert und haben Anspruch auf Arbeitslosengeld, wenn sie entlassen werden.

Die französischen Zeitarbeiter zählen im Vergleich zu den Kollegen in den meisten Nachbarländern zu den Spitzenverdienern. Sie verdienen genauso viel wie die Festangestellten, und zwar vom ersten Tag an. Und sie profitieren auch davon, dass deren Löhne nach unten besser abgesichert sind. In Frankreich gibt es keine Billiglöhne, wie sie in Deutschland selbst in tarifvertraglich gebundenen Unternehmen möglich sind. Jenseits des Rheins existiert nämlich das »Salaire Minimum Interprofessionnel de Croissance« (kurz SMIC) – der berufsübergreifende Mindestlohn. Er ersetzte 1970 seinen Vorgänger SMIG (das G stand für »garanti«), der bereits kurz nach dem Zweiten Weltkrieg im Jahr 1950 eingeführt worden war. Mitte 2008 lag der SMIC, den die französischen Arbeitgeberverbände schon einige Male vergeblich abzuschaffen oder zu senken versuchten, bei 8 Euro 71 pro Stunde. Bei der gesetzlichen Wochenarbeitszeit von 35 Stunden macht das rund 1320 Euro pro Vollzeitarbeitsplatz. Das ist im internationalen Vergleich durchaus respektabel. Nach OECD-Analysen liegt der SMIC damit bei 61 Prozent des durchschnittlichen Vollzeitlohns eines französischen Arbeitnehmers. In anderen Ländern mit einem gesetzlichen Mindestlohn klaffen Mindestlohn und Durchschnittslohn deutlich stärker auseinander. In Großbritannien macht Ersterer nur 45 Prozent des

Durchschnittslohn aus, in den Vereinigten Staaten sogar nur 31 Prozent.[48]

Kein Wunder, dass es in Frankreich nicht in erster Linie finanzielle Motive sind, die Arbeitgeber zur Zeitarbeit greifen lassen. Ein Zeitarbeitnehmer – zumindest im Niedriglohnsektor – kommt die Arbeitgeber in der Regel sogar teurer als ein Arbeitnehmer mit regulärem unbegrenztem Vertrag. Das jedoch nehmen die Arbeitgeber in Kauf für die hohe Flexibilität, die ihnen die Zeitarbeit bietet. »Die Reduktion der fixen Arbeitskosten, die Flexibilisierung der Zahl der Arbeitskräfte und eine Teilverlagerung der Personalverantwortung auf die Zeitarbeitsunternehmen sind die wichtigsten Motive für den verstärkten Rückgriff auf Zeitarbeit«, erklärt Dominique Glaymann.

Schub durch die 35-Stunden-Woche

Die Zeitarbeit bekam einen zusätzlichen Schub mit der gesetzlichen Einführung der 35-Stunden-Woche im Jahr 2000. »Die französische 35-Stunden-Woche hatte deutlich positive Effekte auf Wachstum und Beschäftigung«, resümiert Gustav Horn, Leiter des Instituts für Makroökonomie und Konjunkturforschung (IMK) der Hans-Böckler-Stiftung.[49] In der Tat hat Frankreich seit der Jahrtausendwende und besonders bis 2006 deutlich mehr Arbeitsplätze geschaffen als Deutschland. Aber längst nicht alle ausgefallenen Stunden wurden von Angestellten mit unbegrenztem Arbeitsvertrag ersetzt. Die Arbeitgeber kompensierten die 35-Stunden-Woche durch die Ausweitung von befristeten Verträgen und vor allem durch zusätzliche Zeitarbeitskräfte. Allein im Jahr 2000, als die Wochenarbeitszeit verkürzt wurde, stieg die Zahl der jungen Leiharbeiter um nahezu ein Viertel an.

Die flüchtig Beschäftigten finden vor allem in den zyklischen Branchen der französischen Wirtschaft Jobs, allein ein Fünftel der

Zeitarbeiter ist im Hoch- und Tiefbau beschäftigt, fast jeder elfte französische Bauarbeiter arbeitet auf Zeit. In der Industrie sind 7,5 Prozent der Kräfte nur temporär angestellt. Die französischen Autofirmen und ihre Zulieferer, aber auch die Chemiebranche oder Airbus in Toulouse haben in den vergangenen Jahren ihre Belegschaften stark durch Zeitarbeiter hochgefahren. Im Dienstleistungssektor sind dagegen nur 1,7 Prozent der Zeitarbeiter aktiv. Die Flexibilität und gute Bezahlung machen Zeitarbeit in Frankreich mitunter auch für Höherqualifizierte interessant. In den vergangenen zehn Jahren hat sich die Zahl der sogenannten »Cadres«, der höheren Angestellten und Ingenieure, im Zeitarbeitsgewerbe auf 11 000 Vollzeitkräfte mehr als verzehnfacht. Jerome Meunier* ist einer von ihnen. Der 43-jährige Techniker bildete sich vor der Jahrtausendwende zum IT-Ingenieur weiter. Beschäftigt ist er seit 2000 bei Altran, einem französischen Consulting-Unternehmen, das sich auf Höherqualifizierte fokussiert. »Gerade für Einsteiger ist die Zeitarbeit interessant, da die Einstiegsgehälter um bis zu 30 Prozent über einer Festanstellung liegen«, erklärt Meunier. Er hat, was eher ungewöhnlich ist, seine gesamte Vertragszeit in einem Unternehmen absolviert. Allerdings wird sein Arbeitsplatz jetzt zunehmend unsicher: »In der Krise besteht die Tendenz, bei den Consultants zu sparen«, meint der Ingenieur. Nun bedauert er, »nicht schon vor zwei, drei Jahren den Wechsel in eine Festanstellung angestrebt zu haben«.[50]

Aber auch wenn er seinen Job verlieren sollte: IT-Spezialist Meunier hätte gute Chancen, rasch eine neue Stelle zu finden. Für das Gros der französischen Zeitarbeiterschaft trifft das nicht zu. Sie sind gering qualifiziert und damit stark von der Konjunktur abhängig. 39 Prozent der »Intérimaires« sind ungelernte Kräfte, 40 Prozent Facharbeiter. Diese Quoten haben sich im vergangenen Jahrzehnt

* Name geändert

nur unwesentlich zugunsten der Höherqualifizierten verändert. Das spiegelt sich nicht nur im Lohnniveau wider, viele ungelernte Zeitarbeiter müssen sich mit dem Mindestlohn begnügen. Sie müssen aber auch mit erhöhten Risiken im Job leben. »Der geringe Qualifizierungsgrad und die schnellen Jobwechsel wirken sich auf die Arbeitssicherheit aus«, erklärt Yuan Barel. Der Forscher an der Universität Nantes hat 260 Arbeitsunfälle analysiert und Interviews mit Unfallopfern geführt. Sein Fazit: »Zeitarbeiter sind deutlich überproportional von Unfällen betroffen.«[51]

Leiharbeit – Für Berufsanfänger ein normaler Einstieg in die Arbeitswelt

Neben der Unsicherheit durch mangelnde Ausbildung kommt die Unerfahrenheit erschwerend hinzu. Französische Zeitarbeitskräfte sind jung, rund ein Drittel von ihnen sogar unter 25 Jahren. Für 60 Prozent von ihnen ist die Zeitarbeit die erste berufliche Erfahrung. Das liegt auch im französischen Ausbildungssystem begründet. Es ist praxisferner als das deutsche duale System, das die betriebliche mit der schulischen Ausbildung verbindet. Und die meisten deutschen Jugendlichen finden in ebenjenem Betrieb ihren ersten Job, in dem sie ihre Ausbildung absolviert haben. In Frankreich ist das anders. Dort machen rund 80 Prozent der Schüler das Abitur (Baccalauréat). Aber gerade hier bestehen große Leistungsunterschiede. Es gibt die naturwissenschaftlich oder sprachlich orientierten »Bacs«, deren Absolventen später an Universitäten oder den sogenannten »Grandes Écoles« wie der »École Polytechnique« oder der »École Nationale d'Administration« studieren und die Elite des Landes bilden. Und es gibt die technischen »Bacs« mit den weniger leistungsstarken Schülern. Diese besuchen anschließend Berufsfachschulen, um ein Handwerk oder einen Industrieberuf zu lernen. Der Einstieg in die Arbeitswelt fällt vielen dann sehr schwer. Die Folge: Die Jugendarbeitslosigkeit ist hoch, über Praktika und Zeitarbeit suchen viele den Einstieg in den Beruf.

So hat sich Leiharbeit in Frankreich längst zu einem festen Bestandteil der Arbeitswelt entwickelt. Und die Betroffenen selbst sind offenbar nicht unglücklich mit ihrem Los. Für die meisten ist Zeitarbeit die einzige Chance, überhaupt einen Job zu finden. So ergab eine Meinungsumfrage des Zeitarbeits-Forschungsinstituts »L'Observatoire du Travail Temporaire«, dass eine überwältigende Mehrheit der Zeitarbeiter zufrieden ist. Mehr als die Hälfte der Befragten war zuvor arbeitslos gewesen, 32 Prozent kamen von der Universität. Daran hatte sich auch bei einer zweiten Befragung ein Jahr später wenig geändert, obwohl 25 Prozent inzwischen ihren Job verloren hatten. Immerhin 22 Prozent hatten den Absprung in ein unbefristetes Arbeitsverhältnis geschafft.[52]

Inzwischen sehen die Statistiken wohl erheblich schlechter aus. Die Zeiten für Leiharbeiter werden hart: »Die Wirtschaft steckt in der Krise. Und die Leiharbeiter spüren das als Erste«, erklärt François Roux, Sprecher von Prisme, der Dachorganisation der französischen Zeitarbeitsfirmen. Bereits im Oktober 2008 war die Zahl der Leihkräfte um zehn Prozent gegenüber dem Vorjahresmonat geschrumpft. Im Januar 2009 lag das Minus bei mehr als 20 Prozent.[53] Das liegt allerdings nicht nur am dramatischen Wirtschaftsabschwung, sondern auch am neuen Präsidenten. Nicolas Sarkozy hatte mit seinem Dienstantritt im Jahr 2007 als erste Amtshandlungen nicht nur sein eigenes Gehalt verdreifacht und eine Maximalbesteuerung von 50 statt 60 Prozent für die französischen Superreichen durchgesetzt. Getreu seinem Wahlkampfslogan »travailler plus pour gagner plus« (mehr arbeiten, um mehr zu verdienen) hatte er auch die ohnehin bereits aufgeweichten Regelungen zur 35-Stunden-Woche weiter ausgehöhlt. Überstunden sind in Frankreich wieder erwünscht und für die Arbeitnehmer steuer- und abgabenfrei. Für die Unternehmen bedeutet das, dass sie auslaufende Zeitverträge umso schneller kündigen können. Denn falls sich zufällig doch größere Auftragsspitzen ergeben, ist die Stammbelegschaft froh, sich in den Krisenzeiten etwas dazuverdienen zu können. Für die Beschäftigten in der französischen Zeitarbeitsindustrie jedoch sieht die nahe Zukunft ziemlich düster aus.

Schlusswort

In der Krise lernt die Wirtschaft die Vorzüge der Zeitarbeit erst richtig kennen. Selten gingen Massenentlassungen so geräuschlos über die Bühne wie in der gegenwärtigen Rezession. Wenn VW und Continental, MAN und BMW Tausende von Jobs kappen, dann provoziert das dieses Mal keinen Aufschrei der Gewerkschaften, dann stehen nicht die Kollegen mit roten Fahnen und Trillerpfeifen vor den Werkstoren. Dieses Mal geht das still und leise vor sich. Die Konzernleitung muss mit dem Betriebsrat nicht einmal über Abfindungen und Sozialpläne streiten, muss keine Kündigungsfristen berücksichtigen oder eine Prozesslawine vor den Arbeitsgerichten fürchten. Denn tatsächlich müssen VW und Co. dieses Mal überhaupt niemanden entlassen, um die Personalstärke der schrumpfenden Auftragslage anzupassen. Denn die, die nun überzählig sind, sind ja gar nicht fest angestellt, sie sind nur geliehen, auf Zeit beschäftigt, und jetzt werden sie an ihre eigentlichen Arbeitgeber zurückgeschickt, an Randstad, Adecco oder Manpower. Ob es denen nun in spürbarem Umfang gelingt, neue Jobs für die Rückkehrer zu finden, ist noch unklar. Die Krise wird für sie eine Bewährungsprobe.

Klar auf der Hand liegen dagegen die Vorteile für die entleihenden Unternehmen und für deren Belegschaften. Denn die Arbeiter auf Zeit machen die Arbeitsplätze der Stammmannschaft ein bisschen sicherer. Sie werden gebucht, wenn sich im Aufschwung die

Schlusswort

Auftragsbücher füllen, und unbürokratisch zurückgeschickt, wenn die Arbeit weniger wird. Man kann sicher sein, dass die Wirtschaft diese Erfahrung zu schätzen weiß. Die derzeitige Krise wird daher kein nachhaltiger Rückschlag für die Zeitarbeit sein. Im Gegenteil: Sie wird gestärkt aus der Rezession hervorgehen, denn sie hat sich – aus Sicht der Wirtschaft – bewährt. Im nächsten Aufschwung werden die Unternehmen neues Personal vermutlich in noch größerem Ausmaß bei den Leasing-Konzernen anheuern. Denn sie brauchen ganz einfach Flexibilität.

Das ist die Logik, die auch die rot-grünen Reformer im Kopf hatten. Die Wirtschaft muss beweglicher werden, um in den Zeiten der Globalisierung bestehen zu können. Nur so lassen sich Arbeitsplätze überhaupt noch in Deutschland halten. Deshalb haben die Mannen um Exkanzler Gerhard Schröder – gemeinsam mit der Opposition – der Zeitarbeit die Fesseln gelöst. Im Kern ging es darum, einen Schleichpfad zu finden, mit dem die Unternehmen den rigiden Kündigungsschutz umgehen konnten. Nun ist aus dem Schleichpfad längst eine stark befahrene Straße geworden, die Zahl der Zeitarbeiter hat sich seit der Reform glatt verdoppelt.

Für die Unternehmen hat sich dies ohne Zweifel gelohnt. Aber trifft das auch für die Beschäftigten zu? Hat sich die Zeitarbeit als der Jobmotor entpuppt, für den ihn die Befürworter halten? Ist sie die viel beschworene Brücke, über die die hoffnungslosen Fälle zurück in die Arbeitswelt finden? Die Zahlen erscheinen auf den ersten Blick bemerkenswert, das immense Wachstum, die Dynamik der Branche. Die Zeitarbeit hat Bewegung in den Arbeitsmarkt gebracht, kein Zweifel. Die Unternehmen stellen schneller ein, weil sie wissen, dass sie das neue Personal auch schnell wieder loswerden. Das ist zweifellos ein Erfolg. Statt wie in der Vergangenheit erst mal die Überstundenkonten hochzutreiben, ordern die Firmen nun schneller neues Personal bei den Zeitarbeitsfirmen – und das kann auch jenen neue Chancen eröffnen, die bislang im Abseits standen. Man sollte diesen Impuls nicht überbewerten – nur eine kleine Minderheit schafft es aus der Leiharbeit tatsächlich auf einen regulären Arbeitsplatz. Aber man sollte ihn auch nicht ignorieren.

Die Bilanz könnte sich also durchaus sehen lassen, gäbe es nicht die andere, die hässliche Seite der Reform: Bei der Neuordnung ist die soziale Balance verloren gegangen, das Lohngefüge ist nachhaltig ins Rutschen geraten. Die Neuordnung hat nicht nur flexible, sondern vor allem besonders schlecht bezahlte Jobs entstehen lassen. Der empirische Befund ist hier sehr eindeutig: Die Leihkräfte werden für die gleiche Arbeit viel schlechter bezahlt als die etablierten Kollegen.

Dabei hatten SPD und Grüne im Gesetz noch klipp und klar formuliert: Leiharbeiter müssen genauso behandelt werden wie Festangestellte. Davon allerdings kann keine Rede mehr sein, der Boom der Leiharbeit hat vor allem eines beschleunigt: die Verbreitung von Niedriglohn-Jobs. Dies ist der entscheidende Webfehler der Reform. Die Politik gab den Unternehmen ein Instrument in die Hand, um bestehende Tarifverträge auszuhebeln – und die haben das Geschenk dankend angenommen. Vor allem Hochlohnbranchen, in denen die Gewerkschaften stark und das Tarifgefüge fest waren, haben den Aufschwung genutzt, um das Personal in großem Stil mit geliehenen Billigarbeitern aufzurüsten. Betriebe mit einem Anteil an Leihkräften von bis zu 50 Prozent sind keine Seltenheit. Das hat zu einer Spaltung vieler Belegschaften geführt: Hier die etablierten, gut abgesicherten und gut verdienenden Stammkräfte, dort die schlecht verdienenden Zeitarbeiter. Müsste es nicht genau umgekehrt sein: Dass nämlich große Beweglichkeit extra honoriert wird? Im öffentlichen Dienst wird gern so argumentiert: dort sind die Arbeitsplätze besonders sicher, deshalb verdienen die Beschäftigten dort weniger. Bei den Zeitarbeitern dagegen heißt es: die Jobs sind besonders un-

Schlusswort

sicher und sie werden auch noch besonders schlecht bezahlt. Das ist auf Dauer nicht haltbar. Es dürfen nicht diejenigen bestraft werden, denen man große Beweglichkeit abverlangt, die oft täglich wechselnde Einsatzorte haben, die sich ständig neu einarbeiten und sich permanent auf neue Kollegen einstellen müssen.

Das Leitmotiv der Reform wurde in ihr Gegenteil verkehrt – das muss korrigiert werden. Die Verantwortung dafür tragen Politik und Tarifparteien gleichermaßen. Die politischen Reformkräfte, weil sie nichts getan haben, um ihren eigenen Leitgedanken einzulösen, und stattdessen die Aufgabe an die Tarifparteien delegiert haben. Und die sind kläglich gescheitert, vor allem für die DGB-Gewerkschaften ist das ein peinliches Eingeständnis. Auf ihrem ureigensten Terrain, auf dem Gebiet der Lohnpolitik, haben sie erbärmlich versagt. Ihnen fehlt schlicht die Macht, um anständige Ergebnisse durchzusetzen. Es ist ihnen bis heute nicht gelungen, einen nennenswerten Rückhalt unter den Zeitarbeitern zu finden. Die erweisen sich als schwer greifbare und schwer organisierbare Klientel, die es offenbar übel nimmt, dass die Gewerkschaften sie allzu lange als notorische Lohndrücker links liegen ließen. Nun aber müssen die Gewerkschaften verblüfft feststellen: Ihre Basis in den Betrieben schwindet, der harte Kern schrumpft und der flüchtige Rand wächst. Der Boom der Zeitarbeit hat die Gewerkschaften überrollt, und nun fällt es ihnen schwer, den Schalter umzulegen. Ihnen fehlt in der Zeitarbeit, was eine Gewerkschaft stark macht: die Kraft zum Arbeitskampf. Der Frust in den eigenen Reihen ist so groß, dass die DGB-Gewerkschaften ernsthaft überlegen, ganz aus den Tarifverhandlungen in der Zeitarbeit auszusteigen.

So hat die Reform eine bedenkliche Schlagseite entwickelt. Sie hat – im Verbund mit den übrigen Hartz-Reformen – den Niedriglohnsektor in einer Weise befördert, die auch internationale Beobachter aufhorchen lässt. In keinem anderen Industrieland, so konstatierte unlängst die OECD, hat sich die Lohnschere in den vergangenen Jahren so weit geöffnet wie in Deutschland, nirgendwo haben Ungleichheit und Armut so zugenommen wie hierzulande. Das sei keine Voraussetzung für mehr Wachstum, im Gegenteil. Mehr Ungleichheit und weniger soziale Mobilität »beeinträchtigt die wirtschaftliche Leistungskraft insgesamt«, kritisierte OECD-Generalsekretär Angel Gurría.

Dass es auch anders geht, zeigt der Blick über die nationalen Grenzen. Österreich, die Niederlande und Frankreich haben längst umgesetzt, was in Deutschland unmöglich scheint. Dort gilt schon seit Jahren in unterschiedlichen Variationen: gleiche Arbeit für gleiches Geld. Und diese Formel hat der Wirtschaft in den Nachbarländern offenbar nicht geschadet. Die befürchteten Jobverluste blieben aus, die Zeitarbeit erlebte in den Nachbarländern einen glanzvollen Aufschwung. In Österreich und den Niederlanden ist die Arbeitslosigkeit so niedrig wie in keinem anderen EU-Land.

Die pragmatische Herangehensweise der Nachbarn sollte auch den Akteuren hierzulande zu denken geben. Weder Union noch SPD geben da bislang eine gute Figur ab. Daran ändern auch die Mindestlohnpläne der Regierung nichts. Sicher, die SPD hätte gern mehr umgesetzt. Hätte zumindest eine allgemein verbindliche Lohnuntergrenze eingeführt, die das Tarifgefüge nach unten abgesichert hätte. Das aber war mit dem Regierungspartner nicht zu machen. Aber selbst ein Mindestlohn Marke SPD hätte das grundlegende Problem nur gemildert, aber nicht gelöst: die Lohndiskriminierung der Leiharbeiter.

Für die Große Koalition ein peinlicher Leistungsnachweis: Sie hätte viel bewegen können und hat so wenig erreicht. Dabei hätte sie nur einen Satz im Gesetz streichen müssen. Jenen Satz, der die Gleichbehandlung bis zur Unkenntlichkeit relativiert. Dies zu ändern, fehlten Wille und Kraft. Politisches Kapital werden wohl andere daraus ziehen. Oskar Lafontaine & Co. können sich freuen.

Anmerkungen

1 DIW Wochenbericht Nr. 19/2008.
2 Günter Wallraff, Ganz unten, Köln 1985.
3 Ebd.
4 Ebd.
5 Claudia Weinkopf, Mindestbedingungen für die Zeitarbeitsbranche, Expertise im Auftrag des Interessenverbandes Deutscher Zeitarbeitsunternehmen (iGZ), Gelsenkirchen 2006.
6 10. Bericht der Bundesregierung über Erfahrungen bei der Anwendung des Arbeitnehmerüberlassungsgesetzes, Deutscher Bundestag, Drucksache 15/6008, 2005.
7 Welt, 17. Dezember 2007.
8 Frankfurter Allgemeine Zeitung, 8. Januar 2007.
9 Ebd.
10 Zeitarbeit in Nordrhein-Westfalen. Strukturen, Einsatzstrategien, Entgelte, Dortmund 2008.
11 Schätzung des Marktforschungsinstituts Lünendonk, 2008.
12 Schwarz-Weiß-Buch Leiharbeit, Frankfurt am Main 2008.
13 ZDF, Frontal21, 28. Oktober 2008.
14 Die Zeit, 16. Oktober 2008.
15 AZ 2 AZR 412/05.
16 Michael C. Burda/Michael Kvasnicka, Zeitarbeit in Deutschland: Trends und Perspektiven, Berlin 2005.
17 Stern, 27. Juli 2007.
18 Tagesspiegel, 11. März 2007.
19 ARD, Report Mainz, 10. Dezember 2007.
20 ARD, Kontraste, 2. Oktober 2008.
21 ARD, Report Mainz, 10. Dezember 2007.
22 Weinkopf, Gelsenkirchen 2006.
23 Zeitarbeit in Nordrhein-Westfalen, Dortmund 2008.
24 Burda/Kvasnicka, Berlin 2005.
25 DIW Wochenbericht Nr. 10/2008.

26 Bellmann/Kühl, Weitere Expansion der Leiharbeit? – Eine Bestandsaufnahme auf Basis des IAB-Betriebspanels, Düsseldorf 2007.
27 Statistisches Bundesamt, Atypische Beschäftigung auf dem deutschen Arbeitsmarkt.
28 Die Zeit, 26. April 2007.
29 Ebd.
30 CGB-Pressemitteilung, September 2008. CGB-Chef Streibl: »Nein zu staatlichem Lohndiktat.«
31 Reuters, 13. Januar 2009.
32 AZ 10 Sa19/08.
33 AZ 7 Sa 45/07.
34 Wolfram Wassermann/Wolfgang Rudolph, Leiharbeit als Gegenstand betrieblicher Mitbestimmung, Düsseldorf 2007.
35 Wassermann/Rudolph, S. 22.
36 ARD, Report Mainz, 25. Juni 2007.
37 Braunschweiger Zeitung, 23. März 2005.
38 Deutschlandradio Kultur, 12. Juli 2008 (Beitrag »Gute Arbeit für alle? Leiharbeit in kirchlichen Betrieben«).
39 Stuttgarter Zeitung, 19. August 2008.
40 AZ 3 TaBV 12/08.
41 Gerhard Flenreiss, Sicher. Flexibel. Zeitarbeit in Österreich, Wien 2004, S. 38f.
42 Der Standard, 30. Dezember 2006.
43 Angela Wroblewski, Leiharbeit in Österreich – Übergangslösung oder Sackgasse, Wien 2001.
44 ORF, 6. Dezember 2007.
45 Der Standard, 18./19. Februar 2006.
46 Dominique Glaymann, L'Intérim, Éditions la Découverte 2007.
47 Wirtschaftswoche, 1. Februar 2008.
48 Gustav A. Horn et al., Frankreich: Ein Vorbild für Deutschland. Ein Vergleich wirtschaftspolitischer Strategien mit und ohne Mindestlohn, IMK-Report Nr. 31, September 2008.
49 Ebd.
50 Professionnels de l'intérim, services et métiers de l'emploi (Prisme): Rapport Economique et social 2007.

Anmerkungen

51 Yuan Barel, Prévenir les accidents du travail dans le monde de l'intérim, Performance, Nr. 29/2006.
52 L'Observatoire du Travail Temporaire: Regards des intérimaires sur l'intérim, März 2008.
53 Le Parisien, 21. Januar 2009.

Literatur

Arrowsmith, James: Temporary agency work in an enlarged European Union, Irland 2006.

Bellmann, Lutz/Kühl, Alexander: Weitere Expansion der Leiharbeit? Eine Bestandsaufnahme auf Basis des IAB-Betriebspanels, Berlin 2007.

Burda, Michael C./Kvasnicka, Michael: Zeitarbeit in Deutschland. Trends und Perspektiven, Berlin 2005.

Flenreiss, Gerhard (Hg.): Sicher. Flexibel. Zeitarbeit in Österreich. Erfahrungen. Positionen. Perspektiven, Wien. 2004.

Glaymann, Dominique: L'Intérim, Editions la Découverte 2007.

Horn, Gustav A. et al.: Frankreich: Ein Vorbild für Deutschland. Ein Vergleich wirtschaftspolitischer Strategien mit und ohne Mindestlohn, IMK-Report Nr. 31, September 2008.

IG Metall: Schwarz-Weiß-Buch Leiharbeit, Frankfurt am Main 2008.

Jahn, Elke J./Manfre, Anton: Arbeitnehmerüberlassung. Boomende Branche mit hoher Fluktuation, in: IAB-Kurzbericht, September 2006.

L'Observatoire du Travail Temporaire: Regards des intérimaires sur l'intérim, März 2008.

Miegel, Meinhard/Wahl, Stefanie/Schulte, Martin: Die Rolle der Zeitarbeit in einem sich ändernden Arbeitsmarkt, Gutachten gefördert durch die DIS AG, Bonn 2007.

Professionnels de l'intérim, services et métiers de l'emploi (Prisme): Rapport Economique et social 2007.

Promberger, Markus: Leiharbeit im Betrieb. Strukturen, Kontexte und Handhabung einer atypischen Beschäftigungsform, Juli 2006.

Promberger, Markus: Zwischenbilanz und offene Fragen, in: WSI-Mitteilungen, 4/2008.

Schäfer, Holger: Zeitarbeit – Das Branchenportrait, hrsg. vom Arbeitgeberverband Mittelständischer Personaldienstleister, Berlin 2006.

Sczesny, Cordula/Schmidt, Sophie/Schulte, Helen/Dross, Patrick: Zeitarbeit in Nordrhein-Westfalen. Strukturen, Einsatzstrategien, Entgelte. Im Auftrag des Ministeriums für Arbeit, Gesundheit und Soziales in NRW, November 2008.

Statistisches Bundesamt: Atypische Beschäftigung auf dem deutschen Arbeitsmarkt, Wiesbaden 2008.

Wassermann, Wolfram/Rudolph, Wolfgang: Leiharbeit als Gegenstand betrieblicher Mitbestimmung, hrsg. von der Hans-Böckler-Stiftung, Oktober 2007.

Weinkopf, Claudia/Vanselow, Achim: (Fehl-)Entwicklungen in der Zeitarbeit. Expertise im Auftrag der Friedrich-Ebert-Stiftung, Berlin 2008.

Weinkopf, Claudia: Mindestbedingungen für die Zeitarbeitsbranche? Expertise im Auftrag des Interessenverbandes Deutscher Zeitarbeitsunternehmen (iGZ), Gelsenkirchen 2006.

Wilkens, Ingrid: Arbeitnehmerüberlassung in den Niederlanden, in: Bundesarbeitsblatt, November 2005, S. 18-26.

Woitha, Raik: Leiharbeit/Zeitarbeit: Die historische Entwicklung in Deutschland und Europa im Vergleich, Hamburg 2003.

Wroblewski, Angela: Leiharbeit in Österreich – Übergangslösung oder Sackgasse, Wien 2001.

Internet:
www.amp-info.de
www.bza.de
www.cgb.info
www.ig-zeitarbeit.de
www.igmetall-zoom.de
www.labournet.de

Ratgeber von A bis Z

AMP – Arbeitgeberverband Mittelständischer Personaldienstleister
Der AMP ist einer von drei Arbeitgeberverbänden der Zeitarbeitsbranche, mit 1100 Unternehmen ist er nach eigenen Angaben der mitgliederstärkste. Der AMP hat Tarifverträge mit der Tarifgemeinschaft Christlicher Gewerkschaften für Zeitarbeit und Personalserviceagenturen (GCZP) abgeschlossen, die für etwa ein Drittel der Zeitarbeiter gelten. Die Tarifverträge bieten den Beschäftigten schlechtere Konditionen als die der Branchenverbände iGZ und BZA.

Arbeitnehmer-Entsendegesetz (AEntG)
In Langfassung trägt das Gesetz den schönen Titel: Gesetz über zwingende Arbeitsbedingungen bei grenzüberschreitenden Dienstleistungen. Es wurde 1996 verabschiedet, um Lohndumping in der Bauwirtschaft zu verhindern. Mit dem Gesetz wurden allgemein verbindliche Mindestlöhne eingeführt, die auch für Beschäftigte gelten, die von ausländischen Arbeitgebern nach Deutschland entsandt wurden. Ins Entsendegesetz wurden inzwischen 13 Branchen mit knapp drei Millionen Beschäftigten aufgenommen. Die Aufnahme der Zeitarbeit scheiterte bislang am Widerstand von CDU/CSU. In das Arbeitnehmer-Entsendegesetz können nur Branchen aufgenommen werden, die mindestens zu 50 Prozent tarifgebunden sind.

Arbeitnehmerüberlassungsgesetz (AÜG)
Das 1972 verabschiedete Gesetz ist die Grundlage der gewerbsmäßigen Arbeitnehmerüberlassung. Bis 2003 war der Einsatz von Zeitarbeitern unter anderem durch eine Überlassungshöchstdauer begrenzt, die zuletzt zwei Jahre betrug. Mit der Reform des AÜG 2003 wurde die Überlassungshöchstdauer ebenso gestrichen wie das sogenannte Synchronisationsverbot.

Arbeitskleidung
Zeitarbeiter haben – wie andere Beschäftigte auch – Anspruch darauf, dass ihnen das Einsatzunternehmen Arbeitskleidung bereitstellt, wenn dies aus hy-

gienischen oder Sicherheitsgründen nötig ist. So zum Beispiel spezielle Handschuhe bei Arbeiten mit gefährlichen Stoffen, Lederschürzen und Schutzbrillen bei Schweiß- und Schleifarbeiten.

Arbeitsvertrag

Im Arbeitsvertrag sind die grundlegenden Rechte und Pflichten des Beschäftigten geregelt, zum Beispiel die Vergütung und Eingruppierung. Aus dem Arbeitsvertrag muss erkennbar sein, welcher Tarifvertrag gilt. Ist der Betrieb nicht tarifgebunden, dann müssen die Leihkräfte den Festangestellten im Einsatzbetrieb gleichgestellt werden. Im Arbeitsvertrag wird außerdem fixiert, für welche Tätigkeiten und eventuell auch Einsatzorte der Beschäftigte zur Verfügung steht. Über Tätigkeiten, Entlohnung oder Eingruppierung kann man vor Vertragsabschluss verhandeln.

Arbeitszeitkonto

Überstunden oder Fehlzeiten können auf einem Arbeitszeitkonto verbucht und später schrittweise abgebaut werden. Manche Zeitarbeitsfirmen verrechnen Guthaben auf dem Zeitarbeitskonto mit Nichteinsatzzeiten der Beschäftigten. Arbeitsgerichte haben dies wiederholt als nicht zulässige Verlagerung des Arbeitgeberrisikos auf die Beschäftigten gerügt.

Betriebsrat

Wenn Lohnabrechnungen nicht stimmen, Überstunden nicht verbucht werden oder Schutzkleidung nicht bereitgestellt wird, dann ist der Betriebsrat eine Anlaufstelle. Leiharbeiter können sich sowohl an die Vertretung in der Zeitarbeitsfirma – falls vorhanden – oder im Entleihbetrieb wenden. Der Betriebsrat ist per Gesetz als gewähltes Organ beauftragt, die Interessen der Beschäftigten gegenüber der Firmenleitung zu vertreten. Der Betriebsrat des Entleihbetriebs muss von der Firmenleitung unterrichtet werden, wenn Leiharbeiter eingestellt werden.

Bezahlung

Leiharbeitnehmer müssen grundsätzlich genauso entlohnt werden wie vergleichbare Stammbeschäftigte des entleihenden Betriebes. Es sei denn, das

Zeitarbeitsunternehmen hat einen Tarifvertrag mit der Gewerkschaft geschlossen, in dem abweichende Konditionen vereinbart sind. Ob es einen solchen Tarifvertrag gibt, steht – ebenso wie die Lohnhöhe – im Arbeitsvertrag.

BZA – Bundesverband Zeitarbeit
Im Bundesverband Zeitarbeit sind vor allem die großen Anbieter der Branche wie Randstad, Manpower und Adecco organisiert. Der BZA hat mit der DGB-Tarifgemeinschaft Tarifverträge abgeschlossen. Er setzt sich für einen allgemeinverbindlichen Mindestlohn ein.

CGZP – Tarifgemeinschaft Christlicher Gewerkschaften für Zeitarbeit und Personalserviceagenturen
Die CGZP ist eine Tarifgemeinschaft, der vier christliche Gewerkschaften angehören. Sie hat mit dem Arbeitgeberverband AMP Tarifverträge abgeschlossen, die schlechtere Konditionen bieten als die Verträge, die die DGB-Tarifgemeinschaft mit BZA und iGZ vereinbart hat. Zudem erlauben sie ein Absenken der unteren Tarifgruppen in der Probezeit um 9,5 Prozent. Die Tarifgemeinschaft hat zudem Haustarifverträge abgeschlossen, die Löhne unter fünf Euro vorsehen.

DGB-Tarifgemeinschaft
Die DGB-Tarifgemeinschaft besteht aus den acht Mitgliedsgewerkschaften des Deutschen Gewerkschaftsbundes. Sie hat mit den Arbeitgeberverbänden iGZ und BZA Tarifverträge abgeschlossen. Die eigene Forderung nach Gleichbehandlung mit Stammbeschäftigten haben sie darin nicht verwirklichen können.

Gleichbehandlung
Zeitarbeiter müssen wie die Festangestellten eines Entleihbetriebes behandelt werden. So steht es im reformierten Arbeitnehmerüberlassungsgesetz. Die Tarifparteien können aber abweichende Regeln vereinbaren. Das ist der Grund, weshalb die Branche zu fast hundert Prozent tarifgebunden ist. Die Folge: Leiharbeiter verdienen im Schnitt 30 Prozent weniger als die Stammbeschäftigten.

iGZ – Interessenverband Deutscher Zeitarbeitsunternehmen

Im iGZ sind vor allem mittelständische Zeitarbeitsfirmen organisiert. Er hat mit der DGB-Tarifgemeinschaft Tarifverträge abgeschlossen und setzt sich für einen allgemeinverbindlichen Mindestlohn ein.

Klebeeffekt

Nur 15 Prozent der Leiharbeiter werden von dem Entleihbetrieb in ein festes Arbeitsverhältnis übernommen, hat das Institut für Arbeitsmarkt- und Berufsforschung ermittelt (IAB). Weitere 15 Prozent erhalten nach Vertragsende bei anderen Unternehmen eine Beschäftigung (Brückeneffekt).

Konzerninterne Zeitarbeit

Viele Konzerne haben Zeitarbeitstöchter gegründet, um in der Personalpolitik flexibler zu sein. Diese Möglichkeit wird auch genutzt, um Teile der Belegschaft auszugliedern und zu schlechteren Konditionen zu beschäftigen.

Kündigung

Das Ende des Einsatzes im Entleihbetrieb ist nicht gleichbedeutend mit der Kündigung des Zeitarbeiters. Auch wenn die Zeitarbeitsfirma keinen unmittelbaren Anschlussauftrag hat, muss sie den Lohn weiterzahlen.

Kündigungsschutz

Leiharbeitnehmer unterliegen dem allgemeinen Kündigungsschutz. Demnach ist eine Kündigung rechtlich unwirksam, wenn sie sozial ungerechtfertigt ist. Das ist der Fall, wenn sie nicht aus personenbedingten, verhaltensbedingten oder betriebsbedingten Gründen erfolgt.

Kurzfristige Auftragslücken rechtfertigen keine betriebsbedingte Kündigung, da sie zum typischen Wirtschaftsrisiko von Leiharbeitsfirmen gehören (Urteil des Bundesarbeitsgerichts vom 18. Mai 2006, AZ 2 AZR 412/05). Gegen eine Kündigung können die Betroffenen innerhalb von drei Wochen eine Kündigungsschutzklage beim Arbeitsgericht einreichen.

Kurzarbeit

Zeitarbeitsfirmen können seit November 2008 Kurzarbeit einführen, um in wirtschaftlichen Schwächephasen Entlassungen zu vermeiden. Im Extremfall kann die Arbeitszeit auf Null gefahren werden. Die Beschäftigten erhalten dann Kurzarbeitergeld, das 60 bis 67 Prozent des Nettolohns entspricht. Die Zeitarbeitsfirma muss nachweisen, dass in absehbarer Zeit (sechs Monate) keine Aufträge zu erwarten sind.

Mindestlohn

Die Arbeitgeberverbände BZA und iGZ haben mit dem DGB einen Mindestlohn in Höhe von 7 Euro 31 vereinbart. Die Aufnahme ins Entsendegesetz und in die Allgemeinverbindlichkeitserklärung scheiterte am Widerstand von CDU/CSU. Die Große Koalition will eine nicht verbindliche Lohnuntergrenze im Arbeitnehmerüberlassungsgesetz festschreiben.

Mitspracherecht

Leiharbeitnehmer können sowohl in der Zeitarbeitsfirma als auch im Entleihbetrieb (sofern sie dort länger als drei Monate eingesetzt sind) den Betriebsrat mit wählen. Als Betriebsrat kandidieren dürfen sie nur in der Zeitarbeitsfirma.

Nichteinsatzzeit

Wenn die Zeitarbeitsfirma keinen Arbeitsauftrag für einen Beschäftigten organisieren kann, spricht man von der Nichteinsatzzeit. Der Leiharbeitnehmer hat in dieser Zeit nicht frei. Er erhält weiterhin sein reguläres Entgelt und muss auf Abruf zur Verfügung stehen. Etliche Zeitarbeitsfirmen greifen in Nichteinsatzzeiten auf das Arbeitszeitkonto der Beschäftigten zurück. Arbeitsgerichte haben dies mehrfach für nicht zulässig erklärt.

Niedriglöhne

Von Niedriglöhnen spricht die OECD, wenn die Bezahlung weniger als zwei Drittel des mittleren Lohnes eines Landes beträgt. Für Deutschland liegt die Niedriglohngrenze nach Berechnungen des Instituts für Arbeit und Qualifikation bei Stundenlöhnen von 9 Euro 61 (West) und 6 Euro 81 (Ost).

Soziale Absicherung

Die üblichen arbeits- und sozialrechtlichen Vorschriften gelten auch für Zeitarbeiter: Lohnfortzahlung im Krankheitsfall, Urlaubsanspruch, Arbeitsschutz, Schwerbehinderten- und Mutterschutz sowie Kündigungsfristen. Der Arbeitgeber, also die Zeitarbeitsfirma, führt Beiträge an die Kranken-, Renten-, Arbeitslosen- und Pflegeversicherung ab und meldet die Mitarbeiter bei der Unfallversicherung an.

Synchronisationsverbot

Bis 2003 durften Leiharbeitsfirmen Beschäftigte nicht exakt für die Dauer eines Arbeitseinsatzes einstellen. Mit der Reform des AÜG ist das Synchronisationsverbot vollständig aufgehoben worden.

Tariffähigkeit

Arbeitsgerichte haben die Tariffähigkeit der Tarifgemeinschaft Christlicher Gewerkschaften (CGZP) mehrfach angezweifelt. Zu einer gerichtlichen Klärung ist es bis heute nicht gekommen. Auf Antrag des Landes Berlin und der Dienstleistungsgewerkschaft Verdi prüft das Arbeitsgericht Berlin derzeit die Tariffähigkeit der CGZP. Entscheidend dabei ist, ob die Gewerkschaft über eine ausreichende soziale Mächtigkeit verfügt, um die Interessen ihrer Mitglieder durchzusetzen. Sollten die Richter die Tariffähigkeit der CGZP rechtswirksam bestreiten, wären auch deren Tarifverträge unwirksam, was Tausenden von Beschäftigten Ansprüche auf Lohnnachzahlungen eröffnen könnte.

Tarifverträge

In der Zeitarbeitsbranche existieren mehrere konkurrierende Tarifverträge. Die DGB-Tarifgemeinschaft hat mit den Arbeitgeberverbänden iGZ und BZA Verträge abgeschlossen; der Arbeitgeberverband AMP mit der Tarifgemeinschaft Christlicher Gewerkschaften (CGZP). In den Tarifverträgen sind Mindeststandards festgelegt, etwa für die Vergütung, Arbeitszeiten, Überstunden, Schicht- und Feiertagszuschläge, Urlaub und Sonderzahlungen.

Tarifvorbehalt

Die Tarifparteien können vom gesetzlich formulierten Gleichbehandlungsgrundsatz für Zeitarbeiter abweichen, wenn sie in Tarifverträgen eigene Konditionen festlegen.

Überlassungshöchstdauer

Bis 2003 galt eine maximale Einsatzzeit für Leihkräfte von 24 Jahren. Diese Höchstdauer wurde mit der Reform vollständig gestrichen, Zeitarbeiter können nun zeitlich unbegrenzt eingesetzt werden.

Übernahme

Wenn der Entleihbetrieb einen Zeitarbeiter übernehmen will, dann muss dieser seinen Arbeitsvertrag bei der Zeitfirma kündigen. Es gelten die üblichen Kündigungsfristen. Um schneller aus dem Vertrag herauszukommen, kann ein Auflösungsvertrag geschlossen werden.

Wiedereinstellungssperre

Sie sollte verhindern, dass Zeitarbeiter – je nach Auftragslage – gekündigt und wieder eingestellt werden. Die Wiedereinstellungssperre wurde im Jahr 2004 aufgehoben.

Zeitverträge

Zeitarbeiter können zeitlich befristet eingestellt werden. Grundlage ist das Teilzeit- und Befristungsgesetz (TzBfG). Danach muss der Arbeitgeber bei Verträgen bis zu zwei Jahren keine sachlichen Gründe nennen. Bei einer längeren Vertragsdauer müssen sachliche Gründe angeführt werden. Zeitverträge können maximal dreimal bis zu einer Gesamtlänge von zwei Jahren verlängert werden. Diese Befristungsmöglichkeit existiert nicht, wenn mit demselben Arbeitgeber bereits zuvor ein (un-)befristetes Arbeitsverhältnis bestanden hat. In der Zeitarbeit war die befristete Einstellung bis 2003 durch das sogenannte Synchronisationsverbot und die Wiedereinstellungssperre begrenzt.